절기
설교집

———

절기
따라
가는 길

—

손윤탁 지음

여는 글

유대인들은 절기교육을 통하여 신앙을 훈련시켰습니다.
실제적으로 우리의 선배들도 명절과 절기 행사로 자신들의 신앙을 고백하고 하나님께 영광을 돌렸습니다.

제자들이 중심이 되어 '회갑 기념 설교집'을 만든다는 소식을 듣고 사실은 걱정을 많이 했습니다. 저의 홈페이지(www.love.re.kr)에 있는 설교들 중에서 몇 편을 선별하게 될 것이라고 해서 더더욱 염려스러웠습니다. 평소에도 '원고의 질이나 내용보다는 많은 분들에게 참고가 될 만한 자료를 제공'한다는 마음으로 올린 글들이기 때문입니다.

이러한 제 생각을 알기라도 한 것처럼, 600여 편의 설교 중에서 절기 설교만 따로 분류하여 책으로 출판하게 되었다는 것이 얼마나 고맙고, 감사한 일인지 모르겠습니다. 시중에는 많은 설교집들이 나와 있습니다. 그 중에 저의 설교집도 한 권 끼이는 정도라면 구태여 비싼 비용을 들여가면서 설교집을 출판할 이유가 없다고 생각합니다. 얼마든지 인터넷을 통해서도 수천 명에서 수만 명까지 들어와 참고 자료들을 검색할 수 있기 때문입니다.

그런데 '절기 따라 가는 길'은 절기 설교만 따로 정리한 자료집입니다. 목회자들은 반복되는 절기로 설교 자료를 찾기 위하여 어려움을 겪을 때가 많습니다. 미진한 부분들이 많은 글들이지만 정말 꼭 필요한 자료집이 되었으면 좋겠습니다.

최근 들어 표절 설교에 대한 이야기들이 많습니다. 그러나 설교는 일반적인 논문이나 글과는 다릅니다. 설교는 성경이 텍스트입니다. 성경 말씀을 근거로 하나님의 뜻을 전합니다. 하나님의 말씀을 알기 듣기 쉽게 설명하기 위하여 예화를 사용하기도 합니다. 소위 세상에서 말하는 표절이 자리 잡을 만한 공간이 없습니다. 더구나 하나님의 말씀을 증거 하면서 인간의 이야기를 늘어놓거나, 설명하는 예화마다 일일이 그 근거를 밝히는 것은 바람직한 일이 아닙니다. 물론 일부 목회자들의 베껴 쓰기에 대한 문제점을 지적한 것임을 잘 압니다. 말씀에 대한 묵상이나 기도 없이 줄줄 베껴 쓴 것은 설교라고 할 수 없기 때문에 사실은 더 이상 논란할 여지가 없다고 봅니다. 그래서 부탁을 드립니다. 절기 설교를 준비하는 목회자들에게는 생각할 수 있는 자료를 제공하는 좋은 자료집이 되고, 일반 독자들에게는 이미 선포된 말씀이므로 읽는 그 자체로 은혜가 되고, 가족들을 위한 좋은 교육 도서가 되었으면 하는 바람입니다.

이 책이 출판되기까지 수고해 주신 제자들과 손우정 목사님, 무엇보다 정성껏 교정을 보아주신 이신숙집사님 그리고 선뜻 편집과 제작에 최선을 다해주신 '따스한 이야기'의 김현태 목사님께 깊은 감사를 드립니다. 언제나 주님의 평강이 함께 하소서!

2015년 가을

손 윤 탁

content

여는 글 ___ 05

1 대강절

1. 여호와께서 말씀하셨으나 (이사야 7:10-14) ___ 17

2. 평화의 왕, 우리 주 예수 그리스도 (신약-눅 2:10-14, 구약-슥 8:11-13) ___ 23

3. 온전한 사랑 (고전 13:1-8) ___ 32

4. 베들레헴으로 가는 길 (눅 2:1-5) ___ 40

5. 방 한 칸만 마련합시다 (눅 2:1-7) ___ 47

2 성탄절

6. 기뻐하고 기뻐하더라 (마 2:9-12) ___ 55

7. 성탄절의 의미 (요 1:1, 14) ___ 58

8. 황금과 유향과 몰약 (마 2:10-12) ___ 61

9. 큰 기쁨의 좋은 소식 (눅 2:8-11) ___ 64

3 송년주일

10. 그 날이 오면? (말 4:1-3) ___ 71

11. 우리 주님 다시 오십니다 (행 1:6-11) ___ 78

content

4 신년주일

12. 새 사람으로 옷 입읍시다 (골 3:5-17) ___ 85

13. 인생은 그림입니다 (히 11:1-7) ___ 92

5 사순절

14. 거룩한 만남 (막 10:46-52) ___ 103

15. 거룩한 믿음 (마 8:5-13) ___ 109

16. 거룩한 사랑 (요 3:16) ___ 116

17. 거룩한 소망 (롬 8:24-25) ___ 123

18. 거룩한 헌신 (막 14:3-9) ___ 129

19. 거룩한 희생 (고전 1:18-21) ___ 136

6 종려주일

20. 빛의 자녀들 (요 12:35-36) ___ 143

7 부활절

21. 무덤에서 빨리 떠나자 (마 28:1-10) ___ 151

22. 그의 말씀하시던 대로 (마 28:5-10) ___ 157

8 성령강림절

23. 성령님을 대망하는 사람들 (행 1:4-11) ____ 167

24. 오순절 날이 이미 이르매 (행 2:1-4) ____ 174

9 가정의 달

25. 마땅히 가르쳐야 할 때가 있습니다 (잠 22:6) ____ 183

26. '고르반'보다 더 큰 계명 (막 7:8-14) ____ 192

27. 더 큰 사랑은 없습니다 (눅 15:11-24) ____ 198

28. 말씀으로 지키는 청년신앙 (시 119:9-16) ____ 206

29. 권위 있는 새 교훈 (막 1:21-28) ____ 213

30. 쟤들이 그러면 안 되는데 (삼상 2:12-17) ____ 220

10 감사절 Ⅰ _ 추수감사절

31. 감사로 드리는 제사 (시 50:23) ____ 231

32. 섬김으로 드리는 감사 (행 17:22-25) ____ 237

33. 그 아홉은 어디에 있느냐? (눅 17:11-19) ____ 246

content

11 감사절 II _ 맥추절

34. 더 큰 은혜를 누리는 비결 (빌 4:4-7) ____ 253

35. 여호와의 절기를 지키라 (출 23:16) ____ 258

36. 온전한 감사 (살전 5:16-18) ____ 264

12 국가기념주일 I _ 삼일절

37. 3.1 운동과 교회의 시대적 사명 (마 9:35) ____ 271

38. 위기 극복의 비결 (막 4:35-41) ____ 279

39. 하나님 나라를 상속하라 (마 25:31-46) ____ 287

40. 새 부대를 준비합시다 (눅 5:36-39) ____ 297

13 국가기념주일 II _ 광복절

41. 얻었은즉 누려야 합니다 (수 24:13-18) ____ 309

42. 자유롭게 하시려고 주신 자유 (갈 5:1) ____ 316

43. 참된 자유와 진정한 홀로서기 (출 13:17-22) ____ 323

14 종교개혁주일

44. 오직 의인은 믿음으로 살리라 (롬1:16–17, 엡 2:8–9) ____ 335

45. 처음 신앙을 회복하자 (딤후 2:20–22) ____ 341

46. 새 사람과 성찬예식 (마 26:26–30) ____ 346

15 민족명절(설날)

47. 엘샤다이 하나님 (창 17:1–8) ____ 353

48. 다시 시작합시다 (막 9:14–29) ____ 359

민족명절(추석)

49. 예수님과 명절신앙 (요 5:1–18) ____ 367

50. 명절다운 명절 (스 6:19–22) ____ 373

1
part

대강절
; 待降節 [Advent]

절기 따라
가는 길

1

여호와께서 말씀하셨으나

사 7:10-14

사람들은 의심이 참 많습니다. 선악과 이후로 성경은 아예 인간의 불신 앙을 전제로 하고 믿음을 강조합니다. 모든 인간 자체가 불신으로 가득 차 있기 때문입니다. 무엇보다 하나님에 대한 불신앙이 가장 큰 문제임 을 보게 됩니다.

우리는 당연한 것으로 생각하지만 실제로 하나님에 대한 신앙과 믿음을 가졌다는 것은 대단한 복입니다. 가령 우리는 부모님에 대해서는 "당신 은 나의 아버지(혹은 어머니)임을 믿습니다"라고 고백하지 않습니다. 그러나 우리는 하나님 앞에 우리의 신앙을 고백합니다.

하지만 우리는 시시때때로 하나님을 시험하려고 합니다. 그래서 율법은

"네 하나님을 시험하지 말라"(신 6:16)고 했습니다.

본문은 떨고 있는 아하스에게 온전한 믿음을 주기 위하여 믿음으로 시험을 해 보라는 말씀입니다. 7장 1절과 2절 말씀을 보면 유다의 왕 아하스 때에 아람 왕과 북이스라엘 연합군이 예루살렘을 침략한 적이 있는데, 이들이 서로 동맹을 맺었다는 소식을 듣게 되자 아하스와 백성들은 너무나 두려워했습니다.

> 왕의 마음과 그의 백성의 마음이 숲이 바람에 흔들림같이 흔들렸더라 (사 7:2)

그래서 이사야 선지자가 아하스에게 하나님의 말씀을 그대로 전하며 위로를 합니다.

> 너는 삼가며 조용하라 르신과 아람과 르말랴야의 아들이 심히 노한다할지라도 이
> 들은 연기 나는 두 부지깽이 그루터기에 불과하니 두려워하지 말며, 낙심하지 말라
> (사 7:4)

그리고 7장 11절 본문에서는 "너는 네 하나님 여호와께 징조를 구하되 깊은 데서든지 높은 데서든지 구하라"고 합니다. 아하스는 이 말씀에 "나는 구하지 않겠노라"고 대답합니다. 그리고 대뜸 한 술 더 떠서 한다는 말이 "나는 여호와를 시험하지 아니 하겠나이다"(사 7:12)라고 합니다.

하나님의 의도

하나님을 시험하면 안 됩니다. 그러나 지금 하나님의 의도는 그것이 아닙니다. "믿음으로 구하라. 기도하라. 전적으로 믿으라"고 말씀하신 것입니다.

예수님께서도 모세의 율법은 인간의 완악함 때문이요, 본래 하나님의 의도는 그렇지 않음을 말씀하신 적이 있습니다(마 19:7-8).

하나님은 모세에게 친히 "너희가 맛사에서 시험한 것 같이 너희의 하나님 여호와를 시험하지 말고"(신 6:16)라고 하셨습니다.

비유를 들어 말씀드리면 우리가 '고르반'을 할 수 있습니다. 즉 부모에게 드릴 것을 하나님에게 드릴 수 있습니다. 그것이 유대의 유전이며, 전통이었습니다. 그러나 주님은 사람의 법으로 하나님의 법을 무시하지 말라고 하셨습니다.

이혼증서를 써주고 그 아내를 내 보낼 수 있습니다. 분명한 모세의 율법입니다. 그러나 주님은 본래는 그런 것이 아니라고 하십니다. 너희가 악하기 때문에 하나님께서 허락해 주신 것이라고 말씀하십니다.

> 예수께서 이르시되 모세가 너희 마음의 완악함 때문에 아내 버림을 허락하였거니와 본래는 그렇지 아니하니라 (마 19:8)

하나님의 종인 모세의 말을 따라야 합니다.

그러나 본래는, 처음부터 원천적으로 따지자면 하나님의 말씀을 따라야 합니까? 아니면 모세의 율법을 따라야 합니까?

목사가 강단에서 하나님의 말씀을 선포합니다.

그러나 처음부터 원천적으로 따지자면 예수님의 말씀을 따라야 합니까?
아니면 목사가 하는 이야기를 들어야 합니까?

모세의 법보다, 하나님을 시험하지 말라는 신명기의 율법보다, 원래대로, 하나님께서 말씀하신대로 순종하는 것이 중요합니다. 사람들이 완악해서 여러 가지로 핑계하는 것은 더욱 옳지 않습니다.

그래서 이사야는 선언합니다. 이러한 불신을 해소하도록 하기 위하여 하나님은 친히 징조를 보여주신다는 것입니다.

> 주께서 친히 징조를 너희에게 주실 것이라 보라 처녀가 잉태하여 아들을 낳을 것
> 이요 그이 이름을 임마누엘이라 하리라 (사 7:14)

똑같은 말씀을 듣고도 아하스와 달리 순종한 사람이 있습니다. 바로 마리아와 정혼한 요셉입니다. 그는 정혼한 마리아의 임신 소식을 듣고 가만히 끊고자 하였습니다. 하지만 주의 음성을 들었을 때에 말씀대로 믿었습니다. 그래서 그는 인류 역사상 가장 복 있는 남자가 되었습니다. 예수님을 가장 가까이 모신 육신의 아버지가 된 것입니다.

대강절의 다짐

대강절은 교회력으로는 새로운 한 해를 시작하는 절기입니다.

다시 오실 주님을 기다리며 우리 자신을 새롭게 다짐하는 절기입니다.

이 대강절 첫 주일에는 소망의 촛불을 밝힙니다. 평강과 사랑과 기쁨의 촛불을 밝히게 될 것입니다. 이 대강절에 우리는 중심에서 결단하고 고

백해야 합니다.

"말씀대로 믿고 말씀대로 삽시다."
"여호와의 말씀대로."

스데반은 예수님의 부활 소식을 전하며 새로운 삶을 살자고 외칩니다. 유대인들의 과거에 대한 회개와 각성을 촉구하며 외쳤습니다. 하지만 안타깝게도 사람들은 스데반이 전하는 하나님의 말씀을 듣고 순종대신에 돌을 들고 달려듭니다.
그래서 스데반이 외칩니다. 사도행전 7장 53절 말씀입니다. 꼭 본문의 아하스 왕과 같습니다.

> 너희가 천사가 전한 율법을 받고도 지키지 아니하였도다 (행 7:53)

교회의 직분자들과 성도들이 귀담아 들어야 할 하나님의 말씀입니다. 천사의 전한 율법을 듣고도 믿지 않는다? 하나님의 음성을 듣고도, 선지자의 이야기를 듣고도, 동방에서 온 박사들의 말을 듣고도 따르지 않는 사람들...
우리의 진정한 반성과 각오는 말씀에 대한 믿음입니다. 돌이킴이 없고 다짐이 없다면, 내일을 향한 꿈과 비전이 없다면 대림절 절기의 진정한 의미는 사라지고 말 것입니다.
성경에서 정말 안타까운 이야기는 부자 청년의 이야기가 아닐까요? 그는 주님에게 찾아왔습니다. 영생에 대한 질문과 함께 어려서부터 율법을 다 지켰다고 주장하는 청년입니다. 그래서 주님은 그를 향하여 "사랑하사 가라사대"라고 말씀하셨습니다.

사랑하사 가라사대 (막 10:21)

그러나 그 청년은 예수님의 사랑하신 말씀을 듣고도 근심하며 돌아갔습니다. 안타깝기도 하지만 답답합니다. 하나님은 우리를 사랑하십니다. "사랑하사 가라사대"라고 하시면서 우리에게 직분을 주셨습니다. 복입니다. 큰 복입니다. 너무나 큰 은혜의 기회입니다.

그런데 근심하며 돌아가시렵니까?

주님을 위하여 죽을 것도 각오한 우리들이 아닙니까?

오늘날 이 시대의 상황을 바라보면서 느낌이 없으십니까?

무엇을 원하십니까?

무엇이 두렵습니까?

하나님의 일보다 더 급한 일이 무엇입니까?

근심하며 돌아가시렵니까?

교회의 중직을 맡은 직분자들부터 한국교회의 어머니교회를 지키겠다는 우리가 지금 어떻게 해야 합니까?

변화가 되어야 합니다. 핑계나 변명, 구차한 이유보다는 말씀에 순종하는 믿음이 중요합니다.

2

평화의 왕, 우리 주 예수 그리스도

신약 - 눅 2:10-14, 구약 - 슥 8:11-13

1945년 뉴멕시코 사막에서 처음으로 원자탄 폭발 시험이 있었습니다. 태양 빛의 천 배가 넘는 섬광이 발산되었습니다. 이 사실을 미 의회에서 설명하는 오펜 하이머에게 의원들이 질문합니다.

"이 원자탄을 막을 만한 무기는 없습니까?"

하이머 박사는 대답합니다.

"평화만이 유일한 무기입니다."

대강절 둘째 주일의 주제는 "평화" 입니다. 예수 그리스도는 '평화의 주' 가 되십니다. 평화라는 말은 히브리어로 '샬롬' 입니다.

자기 양떼를 지키던 목자들에게 갑작스럽게 등장한 천사들이 예수님의 탄생 소식과 함께 평화를 선포합니다.

"하늘엔 영광, 땅에는 평화!"

천사들은 먼저 목동들에게 인사합니다.

"무서워하지 말라. 내가 온 백성에게 미칠 큰 기쁨의 좋은 소식을 너희에게 전하노라."

온 백성에게 미치는 큰 기쁨의 좋은 소식입니다. 그 소식을 구체적으로 설명합니다.

"오늘 다윗의 동네에 너희를 위하여 구주가 나셨으니 곧 그리스도 주시니라."

그리고 홀연히 수많은 천군이 천사와 함께 노래합니다.

"지극히 높은 곳에서는 하나님께 영광이요, 땅에서는 하나님이 기뻐하신 사람들 중에 평화로다."

예수 그리스도의 탄생은 하나님께는 영광이지만 하나님의 은혜를 입은 우리들에게는 평화가 된다는 선포입니다.

역사의 어두운 밤길, "새벽이슬처럼 오신 주님!"

주님의 오심에 대하여 의문을 제기하시는 분들이 있습니다. 그렇게 많은 유대인들이 메시야를 기다리고 있었는데 평화의 주가 되신 우리 주님께서는 "왜 한 밤 중에, 그것도 모든 사람들이 알지 못하는 고요한 밤, 거룩한 밤에, 무엇보다 그 어두운 밤에 오셨을까?"라고 말하는 사람들이 있습니다.

저는 그 답을 스가랴서 8장 11절에서 13절에 근거해서 "이슬 같은 평화"라고 이야기합니다.

> 만군의 여호와의 말씀이니라 이제는 내가 이 남은 백성을 대하기를 옛날과 같이 아니할 것인즉 곧 평강의 씨앗을 얻을 것이라 포도나무가 열매를 맺으며 땅이 산물을 내며 하늘은 이슬을 내리리니 내가 이 남은 백성으로 이 모든 것을 누리게 하리라 유다 족속아, 이스라엘 족속아, 너희가 이방인 가운데에서 저주가 되었었으나 이제는 내가 너희를 구원하여 너희가 복이 되게 하리니 두려워하지 말지니라 손을 견고히 할지니라.

이슬은 밤에 내립니다. 이슬은 조용히 내립니다. 그러나 이슬은 열매를 맺게 하며 땅의 산물을 내게 합니다.

이스라엘은 많은 고난을 겪었습니다. 전쟁의 소용돌이와 예루살렘 함락, 성전이 불타는 수모와 폭풍 같은 재난을 겪은 민족입니다.
바벨론 포로와 나라를 잃은 설움을 겪은 후에 놀라운 말씀을 선포하십니다.
"이슬 같은 평강"을 약속하고 있습니다.
역사의 밤! 그 어두운 밤이 지나면 새벽이 옵니다. 그 시간에 이슬이 내린다는 것입니다. 그래서 우리는 이슬은 밤에 내리는 것이라고 합니다.
고난 중에 있던 욥의 고백 가운데에도 이 사실을 강조합니다(욥 29:19).

"내 뿌리는 물로 뻗어 나가고 내 가지는 밤이 맞도록 이슬에 젖으며"
(개역개정판은 "이슬이 내 가지에서 밤을 지내고 갈 것이며"라고 표현했습니다).

어렵고 힘든 밤중에 가장 어둠이 극심한 새벽에 내리는 이슬입니다.

밤에 이슬이 진에 내릴 때에 만나도 같이 내렸더라 (민 11:9)

그렇습니다. 어려울 때에 우리는 주님을 만납니다. 몸이 연약하고 아플 때 우리는 주님을 사모하며 찾게 됩니다. 사람의 힘으로 어찌할 수 없을 때에 더욱 그렇습니다.
답답할 때에, 고통스러울 때에, 배가 고플 때에, 목이 갈할 때에 이슬이 내립니다. 만나도 함께 내립니다.
환난이나 고난을 두려워하지 마십시오. 하나님은 약속하십니다. 미디안으로부터 고통 받는 이스라엘 사사시대에 하나님은 기드온을 부르셨습니다. 그리고 내리는 이슬로 하나님의 임재하심을 보여주셨습니다.

> 보소서 내가 양털 한 뭉치를 타작마당에 두리니 이슬이 양털에만 있고 사면 땅은
> 마르면 주께서 이미 말씀하심 같이 내 손으로 이스라엘을 구원하실 줄 내가 알겠
> 나이다. 하였더니 그대로 된지라 이튿날 기드온이 일찌기 일어나서 양털을 취하
> 여 이슬을 짜니 물이 그릇에 가득하더라. 기드온이 또 하나님께 여짜오되 주여 내
> 게 진노하지 마옵소서. 내가 이번만 말하리이다. 구하옵나니 나로 다시 한 번 양털
> 로 시험하게 하소서. 양털만 마르고 사면 땅에는 다 이슬이 있게 하옵소서 하였더
> 니 이 밤에 하나님이 그대로 행하시니 곧 양털만 마르고 사면 땅에는 다 이슬이 있
> 었더라 (삿 6:37-40)

기드온에게 확신을 준 이슬도 밤중에 내린 이슬입니다. 시험을 두려워
하지 마시기 바랍니다. 고통이나 환난을 두려워하지 마십시오. 이제 우
리들에게 이슬 같은 평화의 주로 예수님께서 오셨는데, 그 시간은 밤중
이었습니다.

평화는 말 그대로 평강이요, 평안입니다

이슬은 조용히 내리는 것입니다. 평온합니다. 평화롭습니다. 그러나 가
장 중요한 것은 평화의 주로 오신 우리 주님께서 평화롭게 이 땅에 임하
셔서 그 아름다운 평화를 우리에게 부어주시겠다는 것입니다.

평화라는 말이 갖는 이미지가 있습니다. 소나기 같은 이미지는 아닙니
다. 폭풍이나 광풍은 더구나 아닙니다. 불같은 성령, 소나기 같은 은혜

와는 아무래도 거리가 있습니다.

일시적인 것이 아닙니다. 온유하고, 부드럽고, 잔잔한 분위기입니다. 소리가 없습니다. 소란하지 않습니다. 불안하지 않습니다. 감격스럽습니다. 난폭하지 않습니다. 거칠지 않습니다. 오히려 부드럽습니다. 촉촉합니다. 생명의 근원이 바로 여기에 있습니다.

> 왕의 노함은 사자의 부르짖음 같고, 그의 은택은 풀 위에 이슬 같으니라 (잠 19:12)

사자의 부르짖음과 구별되는 은택의 이슬입니다. 이슬은 은밀하게 내립니다. 내리는 줄도 몰랐지만 이슬은 이미 내려져 있습니다. 하나님의 은혜가 그렇습니다. 우리가 누리는 평강이 바로 그렇습니다.

백합화도 백향목도 "은밀한 이슬"이 필요합니다.

> 내가 이스라엘에게 이슬과 같으리니 저가 백합화같이 피겠고, 레바논 백향목 같이 뿌리가 박힐 것이라 (호 14:5)

보이는 것에 현혹되지 맙시다. 부푸는 것에도 넘어가지 맙시다. 초목(草木)들이 소리 없는 이슬을 머금고 자랍니다.

시끌벅적하게 오신 것이 아니라 새벽별 빛을 받으며, 양떼들의 울음소리와 함께….

고요한 밤, 거룩한 밤, 그 새벽에 우리 주님은 소리 없이 고요한 그 밤에 우리에게로 오셨습니다.

평화에는 열매가 있습니다. 누리는 평화가 되어야 합니다.

평화는 누리는 것입니다. 폭풍 속에서도 평화를 누리며 환난 중에도 평안함을 누리는 것입니다. 죽음 가운데에서 고요함을 누립니다.

생선으로 말하면 '할렐루야'는 머리와 같고 '아멘'은 생선의 꼬리로 비유된다면 그 몸통은 "샬롬"입니다. 할렐루야나 아멘은 우리의 고백이지만 샬롬은 우리가 누려야 할 삶 자체입니다.

이슬은 열매입니다. 열매를 누리는 그리스도인이 되어야 합니다.

"이슬이 떨어져 열매를 맺는다."

이해가 되지 않습니다. 그러나 사실입니다. 이슬 맞은 과일이 달고 맛이 있는 것처럼 우리의 인생에 이슬 같은 평화가 넘쳐나야 합니다.

하늘 영광을 버리시고 낮고 천한 이 땅에 생명의 열매가 되어 주신 그리스도! 그 분으로 말미암아 우리도 풍성한 복과 은혜를 누릴 수 있습니다. 이삭도 야곱에게 "하늘의 이슬"이 풍성할 것을 기원합니다.

> 하나님은 하늘의 이슬과 땅의 기름짐이며 풍성한 곡식과 포도주로 네게 주시기를
> 원하노라 (창 27:28)

40년 간 광야에서 이스라엘을 먹였던 여호와 하나님은 이슬을 통하여 만나를 주셨습니다.

> 저녁에는 메추라기가 와서 진에 덮이고 아침에는 이슬이 진 사면에 있더니 그 이

슬이 마른 후에 광야 지면에 작고 둥글며 서리같이 세미한 것이 있는지라

(출 16:13-14)

이사야는 주의 이슬은 심지어 죽은 자까지 일으킨다고 고백합니다.

주의 죽은 자들은 살아나고 우리의 시체들은 일어나리이다 티끌에 거하는 자들아
너희는 깨어 노래하라 주의 이슬은 빛난 이슬이니 땅이 죽은 자를 내어 놓으리로다

(사 26:19)

영적으로도 이슬은 말씀이지만 중요한 것은 우리들이 바로 이 '평화를
만드는 사람' (Peace Maker)이 되어야 합니다.
성경은 이슬은 "여호와 하나님의 말씀"이라고 선언합니다.

나의 교훈은 내리는 비요 나의 말은 맺히는 이슬이요 연한 풀 위에 가는 비요, 채소
위에 단 비로다 (신 32:2)

또한 이슬은 "거룩한 옷을 입고 헌신하는 청년들"과 같은 성도들입니다.

주의 권능의 날에 주의 백성이 거룩한 옷을 입고 즐거이 헌신하니 새벽이슬 같은
주의 청년들이 주께 나오는도다 (시 110:3)

무엇보다 이슬은 "이 땅에 평화의 주로 임하신 예수 그리스도"이십니다.

지극히 높은 곳에서는 하나님께 영광이요, 땅에서는 기뻐하심을 입은 사람들 중에 평화로다 하니라 (눅 2:14)

예수님께서 십자가 위에서 제물로 자신을 드리심으로, 구원과 부활의 열매를 위한 새벽이슬로 희생하심으로 믿음의 사람들인 우리들에게 '평화의 열매'를 허락해 주신 것입니다.

"이슬 같은 평화"가 믿음 위에 더욱 넘치시기를 바랍니다. 참된 평화는 예수 그리스도로 말미암습니다.

그래서 역사학자 토인비는 세상의 문명이 치유와 구원을 받을 수 있는 열쇠는 오직 그리스도의 사랑뿐이라고 이야기한 것입니다.

3

온전한 사랑

고전 13:1-8

기독교 신앙의 가장 중요한 핵심은 사랑입니다. 주님은 사랑의 주로 오셨기 때문입니다. 하늘 영광의 보좌를 버리시고 이 땅에 오신 예수 그리스도는 사랑이십니다. 그렇게 오신 주님은 우리에게 사랑하라는 새 계명을 주셨습니다.

예수께서 이르시되 네 마음을 다하고 목숨을 다하고 뜻을 다하여 주 너의 하나님을 사랑하라 하셨으니 이것이 첫째 되는 계명이요, 둘째도 그와 같으니 네 이웃을 네 자신 같이 사랑하라 하셨으니 이 두 계명이 온 율법과 선지자의 강령이니라

(마 22:37-40)

우리 주님은 부활하셔서 하늘로 승천하시기 직전에도 시몬에게 이 사랑을 확인하셨습니다.

요한의 아들 시몬아! 네가 이 사람들보다 나를 더 사랑하느냐?
주님! 그러하나이다. 내가 주님을 사랑하는 줄 주께서 아시나이다

(요 21:15–17)

그래서 사도 요한도 "우리가 서로 사랑하자"라고 호소합니다.

사랑하는 자들아 우리가 서로 사랑하자. 사랑은 하나님께 속한 것이니 사랑하는 자마다 하나님으로부터 나서 하나님을 알고 사랑하지 아니하는 자는 하나님을 알지 못하나니 이는 하나님은 사랑이심이라

(요일 4:7–8)

우리는 대단한 착각을 하고 있는 경우가 많습니다. 사랑은 이론이나 지식으로 알 수 있는 것이 아닙니다. 사랑은 단순한 가슴만으로도 부족합니다. 사랑은 정말 머리와 가슴과 실제적인 행함이 따라야 합니다. 사랑은 단순한 설명이나 강조로 이루어지는 것은 결코 아니기 때문입니다. 사랑은 먼저 이성적이어야 합니다. 사랑은 머리가 필요합니다. 분명한 지성과 이성을 필요로 합니다. 더 쉬운 말로 표현하자면 사랑은 이해가 없이는 불가능합니다.

하나님을 알고 상대방을 이해하여야 합니다

사랑한다고 할 때에 구체적으로 누구를 사랑하는 지를 분명히 하여야 합니다. 그러나 사랑은 가슴으로 하는 것입니다. 감정이 없는 사랑은 사랑이 아닙니다.

사랑은 계산이 아닙니다. 사랑은 이성만으로는 부족합니다. 아무리 주어도 아깝지 않습니다. 계산을 한다든지 사랑의 선물에 대가를 바라면 이미 그것은 식어버린 사랑입니다.

더구나 사랑은 구체적인 행동이 따릅니다. 이성과 감정에서 끝나지 않는 것입니다. 사랑은 온전한 것이어야 합니다.

사랑은 폭과 깊이가 있습니다

예수님은 물으십니다.

"요한의 아들 시몬아! 네가 나를 사랑하느냐?"

몇 번을 물으셨습니까? 베드로가 예수님이 잡히시던 그 날 밤 몇 번을 부인하였습니까?

아마 세 번 부인한 것을 간접적으로 꾸중하시려는 것 같기도 합니다만 중요한 것은 그 내용입니다.

예수님은 두 번이나 "아가파오"로 물으십니다. 그러나 마지막 17절에는 "필레오"로 물으십니다.

더 재미있는 것은 영어 성경(Living Bible)에서는 세 번째의 질문을

"Simon, son of John, Are You even My Friend?" ("네가 진정한 나의 친구냐?")로 묻습니다.

"네가 진정한 나의 친구냐?"

친근한 사랑의 호소입니다. 여기에서 사랑의 종류, 그 깊이와 넓이를 보여줍니다. 사랑이라고 해서 다 같은 것은 아닙니다. 세 종류의 사랑이 있습니다.

첫째, 세속적인 사랑으로서 '에로스'는 정욕적인 사랑으로 이야기합니다. 본래는 순수한 사랑, 남녀 간의 사랑을 이야기합니다. 그리스의 아프로디테의 아들 에로스와 푸시케에 얽힌 신화에서 나온 이야기입니다. 오늘날은 정욕적, 육체적인 사랑을 에로스라고 합니다. 그래서 19세 이하는 보지 못하는 영화를 에로 영화라고 하고 공영방송이나 인터넷에서도 에로틱한 영화의 방영은 금하고 있습니다.

성경에는 이 단어가 나오지 않지만 삼손과 들릴라의 사랑을 흔히 에로스 사랑이라고 이야기합니다.

둘째, '필레오'의 사랑은 주고받는 사랑으로 흔히 우정으로 풀이합니다. 친구나 이성간에도 주고받는 사랑이 있습니다. 우정의 도시를 상징하는 빌라델피아를 생각하면 됩니다. 물론 가족 간의 사랑이라 하여 '스톨게'를 이야기하기도 합니다. 본능적인 사랑입니다.

셋째, '아가페'라고 부르는 하나님의 사랑은 '파격적'인 사랑입니다. 흔히 희생적인 사랑을 아가페라고 부릅니다. 하나님의 사랑, 예수 그리스도의 사랑을 이야기합니다.

그러나 저는 우리말로 파격적인 사랑이 더 맞는다고 생각합니다. 때로 부모님의 사랑도 친구간의 우정도 희생적일 수 있습니다. 그러나 하나님의 사랑은 희생적이라기보다는 정말 파격적입니다. 사랑할 수 없는 사람을 사랑하는 것을 아가페라고 합니다.

온전한 사랑은 성경에서 찾아야 합니다

온전한 사랑의 정의가 중요합니다. "필레오냐? 스톨게냐? 아가페냐?"가 아니라 그리스도인으로서의 사랑은 성경이 말씀하는 사랑이어야 합니다. 그래서 고린도전서 13장에서 말하는 사랑을 알아야 합니다.

사랑은 오래 참고, 온유하며, 시기하지 않습니다. 그 중에서도 인내가 가장 강조됩니다.

주님께서도 "끝까지 견디는 자가 구원을 얻는다"(막13:1)라고 하셨으며, 너희 인내로 너희 영혼을 얻으리라(눅 21:19)고 선포하십니다.

사랑은 온유합니다. 부드러운 것이 오래갑니다. 이보다는 혀가 오래갑니다. 사나운 늑대보다는 개가 더 많습니다. 호랑이보다는 고양이가, 강한자보다 온유한 자가 오래갑니다.

사랑도 오래 참고 온유하며 시기하지 않아야 합니다. 질투와 시기는 사랑이 아닙니다.

사랑은 자랑하지 아니하며, 교만하지 아니하며, 무례하지 않습니다. 자기 것을 내세우지 않습니다. 겸손합니다. 예의가 바릅니다. 양보합니다. 자기 유익을 구하거나 성내지 아니하며, 악한 생각을 하지 않습니다. 주고 또 주어도 또 주고 싶어야 합니다.

부부도 화를 자주 낸다면 관계를 의심해도 된다고 합니다. 정말 사랑을 하게 되면 화를 내지 않습니다. 악한 생각을 버리게 됩니다.

사랑은 모든 것을 참으며(이것이 사랑의 제일 큰 특징입니다),

모든 것을 믿으며(믿음),

모든 것을 바랍니다(소망).

사랑은 불의한 것을 싫어합니다. 참된 진리와 함께 기뻐합니다.

온전한 사랑은 실천적인 것입니다

주님은 베드로에게 매 질문마다 사랑한다는 고백으로 끝나지 않고 "내 양을 먹이라. 내 양을 치라. 내 양을 먹이라"고 명령을 하십니다.

사랑을 고백하는 베드로를 향하여 말로만 사랑한다고 하지 말고 세 번이나 양을 먹이고, 돌보며, 양을 치라고 강조합니다.

이 말씀은 주님을 사랑한다면 주님의 교회를 사랑하고, 그 교회의 성도들인 양떼들을 사랑하며, 그들을 잘 돌보고 먹이면서 주님으로부터 받은 그 사랑을 구체적으로 실천하라는 명령인 것입니다.

정말 주님을 사랑하십니까?

그렇다면 주님의 사랑을 어떻게 실천하고 있습니까?

사랑은 인내하는 것이며, 용서하는 것이며, 나누는 것이라고 했습니다.

이해하는 것이며, 남을 나보다 낮게 여기는 것이며, 겸손한 것이라고 했습니다.

사랑의 실천 운동은 중요합니다. 손 한 번 잡아주면 되는 데, 사랑한다는 말 한 마디면 되는 데, 다정한 눈길 한번 만 보내주어도 되는 데, 고개

한번 숙이고, "고맙습니다. 미안합니다. 안녕하세요. 감사합니다. 사랑합니다"라고 한 마디를 실천하면 되는 데, 왜 그리 힘들어 하는 걸까요?

정말 주님을 사랑하십니까?
정말 베드로처럼 대답하실 수 있습니까?

"내가 주를 사랑하시는 줄 주께서 아시나이다."
고린도전서 13장 1절부터 3절까지 다시 한 번 확인합니다. 사랑이 없으면 사람의 방언도 천사의 말도 울리는 꽹과리가 되고 맙니다. 예언의 능력이나 산을 옮길만한 믿음이 있어도 사랑이 없으면 아무 것도 아닙니다. 어떤 구제나 희생이나 헌신도 사랑이 없으면 아무 유익이 없습니다. 그러므로 성탄과 함께 주님의 재림을 기다리는 우리들은 주님 주신 계명도, 승천하시기 직전의 마지막 부탁도 다 잘 지켜야 합니다.
아무리 잘한다고 몸부림치고, 성탄절 행사 준비에 몸부림을 친다고 해도 사랑이 없으면 아무 것도 아닙니다.

뜨겁게 사랑합시다

성탄절을 앞두고 대림절을 지키는 우리 모두는 정말 아름다운 사랑의 실천자로서 주님의 나라를 이 땅에 건설하는 데 더욱 전력할 수 있는 성도들이 되어야 합니다.

그가 우리를 위하여 목숨을 버리셨으니 우리가 이로써 사랑을 알고 우리도 형제들을 위하여 목숨을 버리는 것이 마땅하니라. 누가 이 세상의 재물을 가지고 형제의 궁핍함을 보고도 도와 줄 마음을 닫으면 하나님의 사랑이 어찌 그 속에 거하겠느냐 자녀들아 우리가 말과 혀로만 사랑하지 말고 행함과 진실함으로 하자

(요일 3:16)

4

베들레헴으로 가는 길

눅 2:1-5

성탄절은 온 세계의 명절입니다. 기독교, 비기독교국가 할 것 없이 이 날만은 기쁨으로 즐기며 아기 예수의 탄생을 축하합니다.

너무나 분명한 사건이기 때문입니다. 그러나 가장 분명한 기록은 성경입니다. 구약성경이 이를 예언하고 있으며 신약성경이 이를 증거하고 있습니다.

이 분명한 성경을 근거로 아기 예수의 탄생의 의미를 본문에 나오는 아구스도의 명령인 호적 기사를 중심으로 살펴보겠습니다.

가장 낮은 곳으로 오신 예수님

예수님의 탄생 기사는 마태복음과 누가복음에만 나옵니다. 마가복음과 요한복음에는 탄생 기사가 없습니다. 그러나 마태와 누가 두 복음서도 자세히 읽어보면 정반대의 성격이 나타납니다.

마태복음에서는 예수님의 탄생을 왕으로 오신 분으로 표현하고 있습니다. 동방에서 온 박사들도 묻고 있습니다.

> 유대인의 왕으로 나신 이가 어디에 계시뇨? (마 2:2)

왕으로 오신 그 분! 하늘로부터 오신 그 분을 유대인들과 인간들이 배척합니다. 동방에서 온 박사들은 별만 보고 따라 왔지만 예루살렘 거민과 유대인 지도자들은 베들레헴에서 탄생하신 것을 다 압니다. 그러나 한 명도 이 소식을 듣고도 달려가지 않습니다. 오히려 헤롯왕은 2세 이하의 유아들을 처참하게 학살합니다.

그러나 누가복음에서는 천한 곳으로 오신 인간 예수님으로 묘사합니다. 짐승의 우릿간에서 탄생하신 주님이십니다. 그러나 천사들이 노래합니다. 목자들이 경배합니다.

낮고 천한 곳으로 오셨으나 오히려 경배를 받으시고 높임을 받으십니다. 천사들과 인간들의 경배를 받으시기에 합당하신 분이심을 나타내고 있습니다.

특별히 예수님의 족보에 대한 기록에서 이러한 차이를 나타냅니다. 마태복음의 족보는 위로부터 내려옵니다. 아브라함이 이삭을 낳고, 이삭은 야곱을 낳고, 야곱은 유다와 그의 형제를 낳고... 아브라함에서 예수님의 육신의 아버지인 요셉까지 말입니다.

그러나 누가복음 3장 23절 이하에 보면 예수는 요셉의 아들이니, 요셉의 이상은 헬리요, 헬리의 이상은 맛닷이요, 그 이상은 레위요, 그 이상은 멜기요, 그 이상은 안나요, 그 이상은 요셉이요... 아래에서 위로 올라갑니다. 에노스, 셋, 아담 그리고 하나님까지 올라갑니다.

더욱 누가복음은 구유로 오신 주님을 강조합니다. 누우실 곳이 없어서 구유에 누우셨던 주님입니다. 특별히 누가복음의 섬김은 무릎으로 시작됩니다. 가장 낮은 곳으로 오셔서 자신이 오셨던 하늘로 오르신 것처럼 우리의 삶도 그래야 합니다. 우리의 꿈과 이상은 하늘입니다. 천국입니다. 그러나 이 땅에서는 섬기는 삶을 살아야 합니다.

마태복음의 예수 탄생의 의미도 중요합니다. 왕으로 오신 분이십니다. 그러나 그 분은 낮은 곳에서 시작하셨습니다.

모든 영광은 오직 하나님께!

예수님의 탄생은 가이사 아구스도, 즉 아우구스티누스 황제 때에 있었던 실제적인 사건입니다. 가이사라는 말을 학교 교과서에서는 '시이저'로 번역했습니다. 황제라는 뜻입니다.

기록에 의하면 로마는 대개 14년마다 한 번씩 인구조사를 실시하였다고 했습니다. 그러나 본문은 이 호적이 구레뇨가 수리아 총독이 되었을 때 처음 한 것이라 합니다.

"왜 호적을 하라고 했을까요?"

당시 로마는 천하를 다스리고 있었습니다. 황제의 명령은 "천하로 다 호적을 하라"는 것이었습니다. 군사적인 목적이나 세금을 거두어들이 거나 정치적인 목적 때문일 수도 있습니다. 그러나 가장 큰 이유는 온 천하 만민으로부터 칭송을 받고 영광을 받고, 자신을 과시하기 위함이 었습니다. 틀림없습니다.

우리는 모든 영광을 누구에게 돌려야 합니까?

"오직 영광을 하나님께!"

오직 영광은 하나님께만 돌려야 합니다. 사도행전 12장 23절에 보면 영 광을 하나님께 돌리지 아니하고 자신에게 돌리게 함으로 충에 먹혀 죽 은 사람이 있습니다. 분봉 왕 헤롯입니다.

왜 하필이면 이때에 우리 주님이 탄생하셨는지 이해가 되십니까? 모든 사람들이 호적 하러 고향을 찾는 그 때에 사람들이 너무 많아 누우실 방 도 없는 그 때에 왜 주님이 오셨을까요?

모든 영광을 하나님께 돌리게 하시기 위하여....

그러므로 우리는 더욱 이 성탄 절기에 오신 주님께 영광을 돌려야 합니다.

찬송으로 영광을 돌리고, 예배로, 섬김으로, 봉사함으로, 이웃에게 사랑 을 베풂으로...

그러나 가장 중요한 것은 온 천하가 다 하늘나라 호적 장부에 그 이름을 등록하고 모두가 다 하나님께 찬송해야 하는 것입니다. 이것이 전도입니다. 이것이 선교입니다. 이것이 오늘날 이 시대에 우리가 해야 할 가장 중요한 일입니다.

영원한 고향

그 분에게 영광을 돌리기 위하여 호적이 주는 가장 큰 의미는 교적부에, 하늘나라 생명책에 그 이름을 등재하는 것입니다. 모든 사람이 호적을 하러 각각 고향으로 돌아갔습니다. 호적은 반드시 고향에 가서 합니다. 우리나라도 마찬가지입니다. 지금은 전산처리가 되니까 자기가 사는 동사무소에 출생신고만 하면 자동적으로 고향의 구청이나, 면사무소에 등재가 됩니다. 전산시대니까 그렇게 하지만 그 기록의 원부는 본적지에 있습니다.

이제는 호적이 없고 가족등록부만 있지만 사실은 마찬가지입니다. 어떤 방법이든지 기록을 남기는 데 그 원부는 고향에 있습니다.

요셉도 마찬가지입니다. 요셉은 다윗의 후손입니다. 다윗은 베들레헴 사람입니다. 우리는 룻기를 읽었습니다. 룻과 나오미가 베들레헴으로 돌아왔다는 사실을 기억합니다.

베들레헴이라는 말은 '떡집' 이라는 뜻입니다. '벧' 이라는 말은 '집' 이라는 뜻이며 '레헴' 은 '떡' 이라는 말입니다. 우리들의 영원한 생명의 양식인 주님은 이 베들레헴에서 탄생하였습니다.

요셉의 고향!
다윗의 고향!

영원한 우리들의 고향입니다.

목수 요셉은 이 고향 길을 혼자가지 않았습니다. 그 아내 마리아를 데리고 갔습니다. 주석가들은 해석하기를 호적은 가장이 혼자 가도 되는 것인데 그렇잖아도 소문에 마리아의 배를 보면서 정혼한 여자가 결혼도 하기 전에 임신했다고 혹시나 남편 없이 홀로 출산하다가 사람들에게 손가락질 받을까 싶어서 요셉은 그 아내를 함께 데려갔을 것이라는 것입니다. 물론 다른 해석도 있습니다. 하나님의 계획과 섭리라는 것입니다.

우리들에게도 영원한 고향이 있습니다. 우리의 이름이 하늘나라 생명책에 기록되어야 한다고 말씀드렸습니다. 홀로 가서는 아니 됩니다. 함께 가야 합니다. 우리의 가족 가운데 단 한 명도 지옥가게 해서는 안 됩니다. 같이 갑시다. 영원한 고향에는 같이 가야합니다. 손가락질 받게 해서는 아니 됩니다. 성경책을 펼칠 때마다 그 이름 부르며 기도합시다. 절대로 지옥 보내면 안 될 사람의 명단! 함께 천국 가야 할 사람의 명단을 가지시기를 바랍니다.

우리의 인생길은 나그네와 같습니다. 요셉과 마리아가 다윗의 후손인고로 고향인 베들레헴으로 가는 것과 같이 우리들도 언젠가 우리의 고향으로 가야 합니다. 이 사실을 기억하면서 우리들 모두도 이번 성탄절은 무릎으로, 기도로 맞읍시다. 이번 성탄은 겸손하게 맞읍시다. 처음부터 다시 시작한다는 마음으로 아래로부터 새로운 마음으로 시작합시다. 하나님께만 영광을 돌립시다. 왜 우리 이름을 그 책에 기록해야만 하겠습니까? 오직 영광을 주께 돌립시다. 주의 은혜로, 하나님의 사랑으로, 이것이 참된 호적의 목적입니다.

그리고 함께 갑시다. 우리 가족, 내 사랑하는 형제, 나의 친구들을 지옥으로 보내지 맙시다. 좋은 일이 생깁니다. 요셉이 호적을 위해 고향으로 갈 때에 만삭이 된 아내지만 마리아를 데리고 함께 갔습니다. 가족은 함께 가야합니다. 우리의 고향 길도 함께 가는 길이 되어야 합니다.

성탄도 같이 즐기고 설교도 같이 듣고 복도 같이 받는 여러분들이 되시기 바랍니다.

5

방 한 칸만 마련합시다

눅 2:1-7

2000년 전 예수께서 이 땅에 오셨을 때에 누우실 방 한 칸도 없었습니다. 그래서 그는 말구유로 오셨습니다. 짐승의 우리 간으로 오셨던 것입니다. 만삭이 된 아내 마리아를 데리고 호적하기 위하여 베들레헴으로 온 요셉! 여관마다, 집마다 문을 두드렸으나 모두가 대답은 한결 같았습니다.

"빈 방 없어요."

우리를 위하여 이 땅에 오신 예수님은 목수이셨습니다. 그러나 그는 일생동안 자신을 위하여 방 한 칸 만들지 않으셨습니다. 다만 우리를 위한 맨션을 만드시기 위하여 일생을 사셨습니다. 그래서 요한복음 14장 2절에 보면 "내가 먼저 너희를 위하여 처소를 예비하러 간다"라고 말씀하신 것입니다. 주님은 구유로 오셨으나 머무실 방 한 칸이 없었습니다. 그래서 제자들에게 말씀하셨습니다.

여우도 굴이 있고 공중의 새도 집이 있으되 인자는 머리 둘 곳이 없도다

(눅 9:58)

그러나 주님은 이 세상 떠나실 날이 가까워지자 빈방을 요구하셨습니다. 제자들은 주님의 명령을 따라 방 한 칸을 준비하였습니다. 하지만 그 방 역시 다락방일 뿐이었습니다. 주님은 바로 그곳에서 당신의 살과 피를 나누셨습니다.

받으라. 이것은 내 몸이니라.

이것은 많은 사람을 위하여 흘리는 나의 피, 곧 언약의 피니라. (막 14:22-23)

그리고 명령하셨습니다. 내가 올 때까지 먹고 마심으로 나를 기념하라.
주님을 위하여 마련한 방 한 칸은 오늘날의 교회가 되었습니다.
오순절의 성령님이 바로 그 방에 임하셨습니다. 120 문도가 모여 기도한 바로 그 방입니다. 간절히 기도하였습니다. 전혀 기도에 힘썼습니다.
최초의 교회! 예루살렘교회는 바로 그 곳에서 시작되었습니다.
주님은 이 땅에 오실 때 방 한 칸이 없었습니다. 그러나 떠나실 때에는 요구하셨습니다. 바로 그 방 한 칸을 말씀하셨습니다. 그래서 그곳이 교

회가 되고 그곳에서 성도들의 모임이 이루어지고 바로 그 방에서 떡을 떼며 물건을 유무상통하며 교제하므로 세계 교회의 어머니 교회가 되었습니다. 이제 또 한 번의 성탄절을 맞는 여러분은 아직도 "빈방 없어요" 입니까?

빈 방을 내어드립시다

저는 지난 주중에 선교지를 다녀왔습니다. 몇 년 전만 해도 고생을 했습니다. 교회가 없는 그 나라에서 학교나 호텔에서 성경을 공부할 수가 없었기 때문입니다. 그런데 이번에 제가 깜짝 놀랐습니다.

우리나라와 같은 자본주의 국가에서도 자기 집이 있다고 그렇게 내어놓기 힘든데 학생들의 숙소로 자기 집을 비워주고 강사의 숙소로 집을 내어놓고 강의하는 장소로 자기의 아파트를 그냥 헌물하고...

단순한 제공이 아닙니다. 그것 때문에 다 잃을 수도 있습니다. 엄청난 위험을 감수하고 있는 것입니다. 보통 우리는 성도라고 해도 전세금을 받으면 얼만데, 월세를 받으면 얼만 데라고 계산할 텐데 그들은 기꺼이 자기 집을 내어 놓았습니다.

혹시 우리는 누가 하룻밤만 자고 가자고 해도 "빈방 없어요"라고 하지 않을까요? 방만 그렇습니까? 내가 사용할 방은 있어도 주님께 드릴 방한 칸은 없습니다. T.V. 볼 시간은 있어도 예배를 드릴 시간은 없고 잡담하고 떠들 시간은 있어도 기도회에 참여할 여유는 없습니다.

내 배 채우고 밥 먹을 시간은 있어도 주님께 드릴 시간이 없습니다. 내이름, 나의 명예, 나의 편안을 위하여 사용할 물질은 있어도 주님께 드릴 물질은 없습니다.

2천 년 전에도 그랬습니다. 주님께 대하여 인색한 사람들! 그들은 오신 주님 앞에서 방 한 칸을 마련하지 못했습니다. 여관마다 꽉꽉 들어찬 사람들은 자신들의 기쁨과 안락만을 위하다 보니 주님은 말구유로 오실 수밖에 없었습니다.

만듭시다. 없으면 만들어야 합니다. 빈방을 만듭시다. 마련합시다. 방 한 칸만 마련합시다. 놀라운 일이 생깁니다. 엄청난 결과가 있게 됩니다. 주님은 보여주셨습니다. 다락방을 통하여 보여주셨습니다.

마음의 빈방을 내어놓으십시오.
머릿속에 무엇으로 가득 차 있습니까?
비우십시오. 빈방을 내어놓으십시오. 시간의 빈방을 내어놓으십시오. 왜 그렇게 바쁘십니까? 시간을 주님께 드리면 주께서 해결해 주시는 데 무슨 걱정이 그리도 많고, 무슨 시간이 그렇게 도 없습니까?

시간의 빈방! 예배를 드릴 수 있는 한 시간도 내어놓을 수 없는 사람들! 물질의 빈방까지도 내어놓으십시오. 주님 앞에 내어놓으면 30배, 60배, 100배가 되는 데 빈방이 없답니다. 여유가 없답니다. 내가 쓰기에도 모자란 답니다.

마음을 비우십시오. 주님은 빈방을 찾으십니다. 가난하셔서가 아닙니다. 그 분은 목수이십니다. 자신을 위해서가 아니라 우리들을 위하여 빈방을 찾으십니다.

거룩한 성탄절! 우리는 구유에 오신 주님 앞에 갈 때 요구하신 다락방을 내어놓을 수 있어야 합니다.

골방을 내어놓으십시오. 기도의 방입니다. 초대교회 성도들도 다락방에서 전혀 기도에 힘썼다고 했습니다. 골방을 통하여, 기도의 방을 통하여 놀라운 일을 경험하시는 여러분이 되셔야만 합니다.

공부방을 내어놓으십시오. 성경을 읽을 시간도 없단 말입니까? 밥 먹을 시간은 있는 데… 초대교회 성도들도 다락방에서 주님의 피와 살을 나누는 성찬에 동참하였습니다. 공부방은 말씀을 나누는 곳입니다. 공부방 때문에 큰 사건이 일어납니다. 그리스도인의 능력은 말씀 가운데, 성경 가운데 있습니다.

사랑방이 필요합니다. 나 혼자 잘 먹고 잘 사는 것은 의미가 없습니다. 사랑방은 성도와 이웃과 교제하는 방입니다. 초대교회 성도들도 다락방에서 물질을 나누며, 구제하며, 봉사하며 교제함으로 그 사명을 다 감당하였습니다. 사랑방이 필요합니다. 교회의 성장도, 성도의 교제도, 사업의 확장도 사랑방에서 일어납니다.

감동적인 크리스마스 성극을 기억하실 것입니다. 어린이들의 연극이지만 누가복음 2장을 배경으로 한 성탄극 말입니다. 어린이가 맡은 역은 여관 주인이었습니다. 마리아를 데리고 대문마다 기웃거리던 요셉은 여관집 대문을 두드립니다.

"방 한 칸만 빌립시다. 아내가 출산하려고 합니다. 아기를 낳으려고 합니다. 방 한 칸만 빌려 주세요."

대사는 성경대로 해야 합니다.
"방이 없습니다. 빈방이 없단 말입니다."

여관집 주인의 역을 맡은 어린이는 주어진 대본대로 외칩니다. 이제 출산할 날이 다가왔기에 만삭이 된 마리아의 걸음이 거북스럽습니다. 돌아서는 요셉은 눈가에 슬픔이 가득합니다. 그 때였습니다. 여관집 주인의 역을 맡은 소녀는 외칩니다.

"아저씨! 여기 방이 있습니다."
"여기에 방이 있습니다. 제가 쓰는 방을 비워드리겠습니다."

우리들에게도 빈방이 있습니다. 다시 오실 주님을 기다리는 성도라면 소녀가 외친 것처럼 중심에서 빈방이 있다고 외쳐야 합니다. 주님 앞에 서는 내 물질도, 시간도, 내 방들도, 내 자존심이나, 내 고집도 없어야 합니다. 오직 빈방만이 드려져야 합니다.

"방 한 칸만 마련합시다."

2
part

성탄절
; 聖誕節 [Christmas]

절기 따라
가는 길

6

기뻐하고 기뻐하더라

마 2:9-12

동방박사들은 별을 보고 가장 크게 기뻐하고 기뻐하였습니다. 우리들도 동방박사들처럼 별을 찾는 성도들이 되어야 합니다. 별을 따라 가는 성도들이 되어야 합니다. 별을 놓치지 않는 그리스도인이 되어야 합니다.

동방박사들은 유대 땅에 들어서자 별을 놓쳐버렸습니다. 그들의 지식과 경험을 의존하였을 것이라 추측됩니다. 그래서 유대의 수도인 예루살렘으로 찾아갔고 유대인의 왕으로 나실 이를 찾다보니 헤롯 궁으로 찾아가게 된 것입니다.

별을 따라가는 자는 자기 경험을 내세우지 않아야 합니다. 자기 학문이나 재주나 지식을 내세우지 않아야 합니다.

오직 말씀의 별! 예수 그리스도의 별을 그대로 따라가는 성도들이 되어야 합니다. 그런데 이 별은 중요한 사실을 깨우쳐 줍니다.

성탄의 별은 깨우쳐 주고 회복시켜 주는 별입니다

그들은 베들레헴을 잊고 있었습니다. 라헬의 무덤이 있는 곳, 이방 여인 룻이 시어머니 나오미를 따라와 정착한 이 곳, 다윗의 고향! 떡집(베들레헴의 본래적 의미)을 잊어버린 것입니다.

동방 박사들에게 유대인의 왕으로 태어난 자가 어디에 있느냐는 질문을 받은 헤롯왕은 대제사장들과 서기관들을 불러서 같은 질문을 하였습니다. 그들은 그때에야 비로소 미가선지자의 예언을 기억해 냅니다.

베들레헴 에브라다야! 너는 유다 족속 중에 작을 지라도... (미 5:2)

성탄의 별은 우리들의 소망과 신앙을 회복시켜 주는 별입니다. 잊어버린 사랑을 회복시켜줍니다. 잃어버린 능력을 회복시켜 줍니다. 성탄의 별을 바라보면서 성도들의 본래 모습을 회복해야 합니다.

성탄의 별은 생명의 별입니다

동방박사들이 예루살렘을 벗어나자 별이 다시 보였습니다. 그들은 너무나 기뻐서 어떤 말로도 표현할 길이 없어서 "가장 크게 기뻐하고 기뻐하더라"고 성경은 기록합니다.

이 별을 따라 가면 주님을 만납니다. 생명의 주님이십니다. 동방박사들도 주님을 만나 예물을 드렸습니다. 황금과 유향과 몰약을 말입니다.

가장 귀한 것(황금)을 주님께 드려야 합니다.
향기로운 삶(유향)을 통하여 영광을 돌려야 합니다.
세상의 방부제 역할(몰약)을 다하는 그리스도인이 되어야 합니다.
전적으로 그 분만을 의지해야 합니다.

우리는 그의 별이 되어야 합니다

언제나 주인공은 한 사람입니다. 조연이 주인공 노릇하면 그 영화나 드라마는 쓸모없는 것이 되고 맙니다. 슈퍼스타는 예수 그리스도이십니다.

그 별을 찾고 따라 사는 성도는 그분의 별 곧 His Star가 되어야 합니다. 세상은 우리를 보고 그리스도를 봅니다. 세상은 우리 교회를 보고 주님을 판단합니다. 불신자들은 우리들의 삶을 보고 믿음 여부를 결정합니다. 그러므로 우리는 또 다른 그분의 별이 되지 않으면 안 됩니다.

동방박사들은 지시에 따라 다른 길로 돌아갔습니다. 주님(아기 예수님)을 위해서입니다. 자신들 뿐만이 아니라 모든 이들을 위해서이기도 합니다.

성탄절에는 말씀의 별을 통하여 생명의 주가 되신 예수님을 만나야 합니다. 잃어버린 능력을 회복해야 합니다. 우리 모두가 그의 별이 되어 온 세상 사람들에게 예수님을 알리는 귀한 성도들이 되어야 합니다.

7

성탄절의 의미

요 1:1, 14

성탄절은 지역과 민족과 종교를 초월한 세계적인 명절입니다. 그러나
성탄의 진정한 의미를 바로 아는 것이 중요합니다. 그러기 위해서라도
우리들이 먼저 이 절기의 의미를 바로 알아야합니다.

하나님이 사람이 되셔서 이 땅에 오셨습니다

본문은 태초에 말씀이 계셨으며 그 말씀이 곧 하나님이심을 선포합니다
(요 1:1). 14절에서는 그 말씀이 육신이 되어 우리 가운데 오셨다고 기록하
고 있습니다(요 1:14).

성탄절은 하나님께서 사람이 되어 오신 날을 기념하는 절기입니다. 이것을 우리는 성육신(成肉身, Incarnation)이라고 합니다.

그래서 우리는 기뻐합니다. 하나님이 사람까지 되셔서 우리 곁에 오신 날이기 때문입니다.

영원이 제한된 시간 속으로 오셨습니다

더 감격적인 것은 영원하신 그 분이 제한 된 시간 속으로 오셨다는 것입니다. 역사 이래로, 아니 천지창조 이후에 전혀 없었던 사건입니다.

우주를 창조하신 그 분이 직접 만드신 피조물 세계로 오신 것입니다. 가장 위대하면서도 가장 놀라운 사건이기에 우리는 주님께서 오신 때를 기준으로 BC와 AD를 구분합니다.

중요한 것은 왜 그렇게 하셨을까 하는 것입니다

죄인인 우리들에게 구원의 옷을 입히시기 위함입니다. 미국의 반기독교 작가로 알려진 유명한 문학가가 있습니다. 사실은 반기독교 운동가는 아니고 기독교의 문제점들을 지적하는 작가로 유명합니다.

우리에게는 톰 소여의 모험이나 헉클베리 핀으로 유명한 소설가입니다. 영국의 옥스퍼드 출신입니다. 그가 쓴 동화 중 유명한 "왕자와 거지"를 기억하실 것입니다.

반기독교 동화가 아니고 오히려 성탄의 의미를 가르쳐줍니다. 우리 주님의 하신 일을 어린이들이 알기 쉽게 설명한 동화책입니다. 왕자가 거지와 옷을 바꿔 입습니다. 그래서 거지는 왕자가 되고 왕자는 다리 밑으로 쫓겨나서 거지 생활을 합니다.

우리 주님도 그렇게 오신 것입니다.

> 그 분은 근본 하나님이십니다.
>
> 하나님과 동등 됨을 취하지 아니하셨습니다.
>
> 오히려 자기를 비워 종의 형체를 입으시고 사람의 모양으로 오셨습니다.
>
> 자기를 낮추시되 죽기까지 복종하셨습니다. (빌 2:5-11)

그 결과가 무엇입니까?

결국은 모든 무릎을 그 분의 이름 앞에 꿇게 하셨습니다. 그래서 우리들도 그를 주님이라 부르며, 하나님을 아버지라 부릅니다. 모든 영광을 그 분에게 돌려드리기 위함입니다.

주님과 같이 사는 삶을 성육신적 삶이라고 합니다. 우리도 버리면 얻습니다.

포기하면 받습니다.

하나님이 사람이 되신 이 날!

우리에게 필요한 것은 무엇일까요?

무엇을 하여야 할까요?

성육신하신 주님을 깊이 묵상하는 한 주간이 되시기를 바랍니다.

8

황금과 유향과 몰약

마 2:10-12

일 년에 한 번 있는 성탄절은 온 세상에 미칠 큰 기쁨의 좋은 소식이 되신 우리 주님께서 탄생하신 날입니다.

"기쁘다 구주 오셨네, 만 백성 맞으라."
"저들밖에 한 밤중에 양 틈에 자던 목자들!"
"메리 크리스마스!"

동방의 박사들은 이방인들이었습니다. 유대인들은 이방인들을 사람으로 취급하지 않았습니다. 마태는 유대인들에게 그리스도의 탄생 기사를 소개하면서 아기 예수의 탄생을 준비한 사람들은 이방인인 동방박사들이라고 이야기합니다.

동방박사들이 들고 온 세 가지의 예물, 황금과 유향과 몰약에 대해 살펴보기로 하겠습니다.

예수 그리스도의 탄생은 베들레헴 말구유입니다. 그의 탄생은 요한복음에서 이야기하는 것처럼 "하나님이 세상을 이처럼 사랑하사" 우리에게 보내어 주신 독생자 예수님이십니다.

그러나 그 궁극적인 방향은 골고다! 예루살렘의 언덕길 골고다였습니다. 십자가였습니다. 그 길을 가야하는 어린 아기 예수에게 드린 선물은 황금과 유향과 몰약입니다.

황금은 보물입니다

보석입니다. 보배입니다. 가장 귀한 것입니다. 주님은 우리 인생의 보석이십니다. 그래서 우리가 부르는 찬송이 있습니다.

"주 예수 보다 더 귀한 것은 없네!
이 세상 부귀와 바꿀 수 없네."

유향은 향기로운 예물입니다

막달라 마리아는 예수님의 장례를 위하여 향유 옥합을 깨뜨렸습니다. 예수님은 복음이 증거 되는 곳에서는 항상 이것을 기념해야 한다고 말씀하셨습니다.

그리스도는 우리 인생의 향기이십니다. 예수 그리스도가 없는 세상을 상상해 보시기 바랍니다. 오늘 우리가 누리는 이 모든 행복과 문화의 혜택이 어디로부터 온 것입니까?

그리스도는 우리에게 향기로운 예물이 되시려고 오신 분이십니다. 우리들도 그 분에게 드려야 합니다. 동방의 박사들처럼 그분에게 향기로운 예물이 되어야 합니다. 온 세상을 위한 향기가 되어야 합니다.

몰약은 방부제입니다

유대인은 영원히 썩지 않는 몰약을 귀한 것으로 여겼습니다. 더구나 시신에 몰약을 바르는 행위는 장례 중 중요한 절차였습니다. 부패하지 아니하고 썩지 않게 하는 방부제였습니다.

영생입니다. 그리스도가 우리들의 몰약이 되어 주신 것처럼 우리들도 그리스도의 몰약이 되어야 합니다. 변치 않는 믿음을 가져야 합니다.

동방박사와 같은 마음으로 예물을 드리되 우리 자신이 예물이 되어야 합니다. 보배로운 믿음으로 그리스도의 향기가 되어 영생을 누리며 섬기는 복된 성도들이 되시기를 바랍니다.

9

큰 기쁨의 좋은 소식

눅 2:8-11

성탄이 가장 큰 세계적인 명절인 이유는 예수 그리스도의 오심이 가장 큰 기쁨의 좋은 소식이기 때문입니다.

한 밤중에 자기 양떼를 지키는 목자들에게 나타난 천사들은 "무서워 말라! 내가 온 백성에게 미칠 큰 기쁨의 좋은 소식을 너희에게 전하노라"고 했습니다.

온 백성에게 미칠 만큼 큰 소식입니다

큰 소식! 외국인들이 좋아하는 말은 "Great", "Wonderful"입니다. 세상에는 그런 소식이 없습니다.

마라톤 전쟁의 승리 소식을 전하기 위하여 병사는 42.195Km를 달렸습니다. 자기 백성에게는 큰 기쁨의 소식이었는지 모르지만 온 백성에게 미치는 기쁨의 소식은 아니었습니다. 패전국에게는 큰 슬픔의 소식이었을 것입니다.

합격과 수석의 기쁜 소식이 탈락자, 불합격자에게는 아픔일 수 있습니다. 그러나 우리 주님의 성탄 소식은 온 백성에게 미칠 큰 소식입니다.

기쁨의 소식입니다

"오늘날 다윗의 동네에 너희를 위하여 구주가 나셨으니 곧 그리스도 주시니라."

이 소식이 온 백성에게 미칠 큰 기쁨의 소식이 되는 이유는 너무나 분명합니다. 하나님께서 친히 인간으로 이 땅에 오셨기 때문입니다. 임마누엘(God with us)의 역사보다 더 큰 사건이 없습니다.

만왕의 왕이시고 만주의 주가 되시는 그 분이 우리 가운데 오신 것입니다. 그 분이 우리를 도우십니다. 대적이 하나님을 꺾지 않는 한 우리를 꺾을 수 없습니다. 이 얼마나 큰 기쁨의 소식입니까?

좋은 소식입니다

그 분이 우리들의 죄 문제를 모두 해결해 주셨기 때문입니다. 주님의 십자가의 구속보다 더 큰 역사가 없습니다.

언제 제일 부끄럽습니까? 사람들 앞에 죄를 지었다 생각될 때가 있으시지요? 돈이 문제가 아닙니다. 지위나 명예가 문제가 아닙니다. 진짜 내가 실수하고 죄짓고 잘못했다 싶을 때 그 참담함을 겪으신 적이 있으신지요?

우리 인생이 어떤 상황인지를 아십니까?

죽을죄만 가득한 우리 인생들을 위하여, 덜덜 떨고 있는 우리 인생을 위하여, 이 사람 저 사람 눈치 보면서 살아가야 하는 우리 인생들을 위하여 그 분이 오셨습니다.

모든 문제를 그것도 죄의 근본적인 문제까지도 완전하게 해결해 주시기 위하여 우리 주님이 친히 오신 것입니다. 그래서 우리 주의 탄생은 베들레헴의 말 구유에서 갈보리 언덕을 바라보는 탄생인 것입니다.

성육신 하신 그 분은 영원한 생명의 주가 되셨기 때문입니다. 부활과 영생보다 더 큰 선물은 없습니다. 그러므로 우리도 이 큰 기쁨의 좋은 소식이 되신 주님을 만나야 합니다.

첫째, 동방 박사들처럼 준비된 사람이 주님을 만납니다.

그들은 동방에서 별을 보고 황금과 유향과 몰약을 준비하여 찾아온 사람들입니다.

둘째, 자기 맡은 일에 충성을 다하는 자가 주님을 만납니다.

한 밤중에 자기 양떼를 지키는 목자들에게 천사들이 이 소식을 전해 주었습니다. 우리들도 목자들처럼 자기 사명을 다해야 합니다.

셋째, 기다리는 자들이 주님을 만납니다.
시므온이나 안나처럼 인내하며 기다려야 합니다.

'큰 기쁨의 좋은 소식' 은 전파되어야 합니다. 땅 끝까지 전해야 합니다.
이것이 우리의 사명이며, 본분임을 기억하시기 바랍니다.
우리는 온 백성에게 미칠 큰 기쁨의 좋은 소식을 접한 자들입니다. 그러므로 우리들도 섬기고 베풀고, 이 소식을 전파하는 자들이 되어야 합니다.

3
part

송년주일

; 送年主日

[day of the old year out]

절기 따라
가는 길

10

그 날이 오면?

말 4:1-3

제가 초등학교 교사로 근무할 때의 일입니다. 평소에는 몰랐다가 새로운 사실을 깨닫게 된 일이 있습니다.

그 당시 수학여행은 기차를 이용하였습니다. 여행단 일행이 3박 4일의 여정을 끝내고 부산역에 도착하였습니다. 마중 나온 교장선생님께 인사를 하고 학생들에게 해산 명령이 떨어지면 아이들은 마중 나온 부모님들과 함께 자기 집으로 돌아갑니다.

통일된 울타리에서 같이 다닐 때에는 모두가 똑 같았습니다. 그러나 돌아가는 모습은 제 각각입니다. 어마어마한 자가용 승용차를 타고 가는 학생이 있는가하면 부모님이 시장에서 일하시다가 몰고 온 트럭을 타고 가는 학생도 있습니다. 택시를 타고 가는 학생도 있고 엄마 아빠 손을 잡고 버스를 타고 가는 학생들도 있습니다.

아무도 마중 나올 사람이 없어서 자기가 알아서 가는 학생이 있는가 하면 집이 가깝다면서 그냥 걸어가는 학생도 있습니다. 다행인 것은 그들은 다 각각 자기의 부모님이 계시는 집으로 돌아간다는 것입니다. 모르긴 해도 그 집들의 모양이 각각 다를 것입니다.

우리 인생도 마찬가지입니다. 학교에서는 모릅니다. 그러나 돌아가는 걸 보면 명확히 다릅니다. 우리들에게도 극렬한 풀무불 같은 날이 이릅니다. 돌아가는 모양이 다른 것처럼 분명히 다릅니다.

풀무 불에 타는 초개같은 인생이 있습니다

새 번역은 용광로 불에 타는 지푸라기 같은 자가 있을 것이라고 말씀합니다.

> 만군의 여호와가 이르노라 보라 용광로 불같은 날이 이르리니 교만한 자와 악을 행하는 자는 다 지푸라기 같을 것이며 그 이르는 날에 그들을 살라 그 뿌리와 가지를 남기지 아니할 것이로되 (말 4:1)

똑 같은 논밭에서 추수하였지만 마지막 추수 때에는 구분합니다. 곡식과 쭉정이가 구별되는 것처럼, 알곡과 가라지가 구별되는 것처럼, 겸손한 자와 교만한 자가 구별되는 것처럼, 선을 행하는 자와 악을 행하는 자들이 구별되는 것처럼 분명하게 구별될 것입니다.

옛날 성경은 "만군의 여호와가 이르노라 보라 극렬한 풀무 불같은 날이 이르리니 교만한 자와 악을 행하는 자는 다 초개같을 것이라"고 표현했습니다.

그 날이 이르면 풀무불 속에서 타는 초개같은 인생이 있다는 말씀입니다. 그 뿌리도 남기지 아니하고 그 가지까지도 남기지 아니하고 다 불살라지게 되는 인생이 있다는 이야기입니다. 어떤 자들이라고 했습니까? 교만한 자와 악을 행하는 자라고 했습니다.

어느 국회의원이 남이 하면 불륜이고 내가 한 것은 로맨스라고 이야기한 적이 있다고 합디다만 다른 사람이 도로를 무단횡단하면 교통법규 위반이고 내가 무단 횡단한 것은 바빠서 그러니까 봐 주어야 한다고 합니다.

남이 이야기하는 것은 모두 잔소리이고 내가 이야기하는 것은 모두 잘되라고 하는 이야기입니다. 다른 사람이 하는 실수는 도저히 용납할 수 없는 잘못이 되지만 내가 저지른 일은 어쩔 수 없이 범한 실수가 됩니다. 결국 나는 다 옳고 남은 다 그른 일만 저지릅니다. 이것이 교만입니다.

우리는 사실 죄악으로 똘똘 뭉쳐져 있습니다. 어느 누가 나는 선하다고 감히 이야기할 수 있습니까?

우리 모두는 다 극렬한 풀무불 같은 날이 이르면 다 초개처럼 뿌리도 남기지 않고 가지도 남기지 않고 다 타버리고 말 인생들입니다. 그래서 이 날이 무서운 것입니다. 여호와께서 정하신 이 날은 정말 무섭고 떨리는 날입니다.

그러나 피할 수 있는 길도 있습니다. 오히려 기쁨으로 이 날을 맞이할 수 있습니다. 이것이 우리들에게는 복입니다. 은혜입니다. 능력입니다. 외양간에서 나온 송아지처럼 기뻐하며 이 날을 맞이할 수 있습니다.

외양간에서 나온 송아지 같은 인생이 있습니다

중요한 단어는 "여호와를 경외하는 너희에게는"입니다. 우리는 여호와를 경외하는 자들입니다. 경외한다는 말은 두려워 한다는 말과 같은 말이지만 공포나 무조건적인 무서움과는 구별됩니다.

마치 자식이 아버지를 대하는 것과 같은 마음입니다. 어머니를 대하는 것보다는 조금 더 두려워하는 심정이지만 존경함으로 두려워하는 심정을 이야기합니다.

> 내 이름을 경외하는 너희에게는 공의로운 해가 떠올라서 치료하는 광선을 비추리
> 니 너희가 나가서 외양간에서 나온 송아지같이 뛰리라 (말 4:2)

사실 우리는 교만한 자나 악인들과 다를 바가 없는 자들이지만 여호와를 경외하는 자들입니다. 지옥에 갈 사람들도 아니거니와 하늘나라의 백성으로서, 하나님을 경외하는 하나님의 자녀들로서 극렬한 풀무불과는 상관이 없는 자들입니다.

노아의 홍수 시대에도 방주에 들어가지 않았음에도 불구하고 마음대로 살 수 있었던 물고기들처럼, 극렬한 풀무 가운데에서도 머리털 하나 상하지 않고 그 풀무 불 속에서 마음대로 뛰어 놀았던 사드락, 메삭, 아벳느고처럼 우리들은 여호와를 경외하는 자들로서 그 날을 두려워하지 않습니다. 오히려 그 날을 기다리는 사람들입니다.

이 날이 되면 의로운 해가 떠오릅니다. 그 빛은 모든 질병과 아픈 심령을 치료하는 광선을 발하게 됩니다. 그래서 여호와를 경외하는 그의 백성들은 마치 외양간에서 나온 송아지마냥 자유롭게 뛰게 됩니다.

그날이 다가옴을 두려워하는 사람들과는 달리 우리들은 그 날을 기다리는 사람들입니다. 그러나 성경은 언제나 그 시대적인 배경을 학인하며 읽어야 합니다.

선지자는 이 놀라운 일들이 일어나는 날을 메시야가 오는 날로 보았습니다. 하나님의 아들이신 예수 그리스도가 오시는 날로 알고 선포하였습니다. 메시야는 오셨습니다. 놀라운 일들을 행하셨습니다. 지금도 여전히 주님은 우리와 함께 하시고 이 놀라운 일들을 행하십니다.

말세 중에서도 지금이 마지막 때라고 하여 우리는 "말세지말"이라고 부릅니다. 바로 이러한 때에 하나님의 능력이 나타납니다.

여호와를 경외하는 성도들에게 의로운 해가 떠오르게 될 것을 확신합니다. 치료하는 능력이 나타나게 될 것으로 믿습니다.

어려운 가운데 잔뜩 움츠리고 있던 성도들이, 힘든 일들 때문에 가슴 조이던 성도들이 외양간에서 나온 송아지처럼 마음대로 뛰고 구르는 복된 한 해가 되고 물질적으로, 경제적으로, 사회적으로 자유롭게 뛰고 구를 수 있는 복되고 아름다운 새로운 한해가 되시기를 주님의 이름으로 기도합니다.

"그 날은 틀림없이 옵니다."

그 날에 승리의 개가를 높이 부르는 성도들이 되어야 합니다

억울하고 답답하고 안타까운 일들이 있습니까?
이제 고개를 드시기 바랍니다. 아름다운 날들을 바라보시기 바랍니다.

고난과 고통 가운데 우리를 괴롭히던 모든 것들이 정하신 그 날 우리들의 발바닥 밑에 재와 같이 되고 말 것이라는 말씀입니다. 악인을 밟고 서는 그 날입니다.

> 또 너희가 악인을 밟을 것이니 그들이 나의 정한 날에 너희 발바닥 밑에 재와 같으리라 만군의 여호와의 말이니라 (말 4:3)

우리 기독교인들은 잘 안 쓰는 한(恨)이라는 말이 있습니다. 참 무서운 말입니다. 어느 글에 보니까 우리 민족은 한이 많은 민족이랍니다. 이 한이라는 말은 단순한 고통과 다릅니다. 어려움이라는 말과도 다릅니다. 아픔이라는 말은 더구나 아닙니다.

고통은 참으면 됩니다. 어려운 것은 해결될 수 있는 길을 찾으면 됩니다. 아픔은 고치고 치유하면 됩니다.

그러나 이 한이라는 것은 가슴 속에 스며든 아픔이요, 고통이요, 고난입니다.

마음속에 꽉 맺혀 있어서 떨어버리기가 쉽지 않습니다. 마음속에 걸려 있어서 숨쉬기조차 어렵습니다.

그래서 이 한은 풀어야 한다고 해서 '한풀이'라는 말까지 등장합니다. 이 용어는 기독교적인 용어는 아닙니다. 본문 3절의 말씀이 뜻하는 바가 무엇입니까?

마음을 누르고 있는 것들을
마음에 걸려 있는 것들을

마음속에 쌓여 있는 것들을

마음속에 맺혀 있는 것들을

마음속에 엉켜 있는 것들을

다 풀어 버리는

다 해결함을 받는

다 녹아져 버리는

놀라운 역사가 우리 주님의 크신 능력으로 이루어진다는 말씀입니다.

말라기 선지자의 예언은 종말에 국한되지 않습니다. 메시아 되시는 예수 그리스도가 오시는 그 날을 의미하기도 합니다. 이제 묵은 해를 보내면서 새해를 맞습니다. 그리스도 안에 사시고 그리스도와 함께 새해를 시작하는 우리들에게 하나님께서 약속하시는 복된 말씀을 기억합시다. 그날의 삶을 누립시다. 우리 주님은 오셨습니다. 십자가 위에서 다 해결하셨습니다. 믿는 자들에게는 이 모든 것을 능력으로 우리에게 주셨습니다. 이 아름다운 복을 마음껏 누리시는 귀한 여러분들이 되시기 바랍니다.

11

우리 주님 다시 오십니다

행 1:6-11

몇 번의 실수를 저지른 제자들이라 이제는 다소 신중해졌습니다. 제자
들의 잘못은 아니지만 예수님의 초림부터 유대인들은 실수를 저질렀고,
예수님의 제자들은 계속해서 실수를 연발합니다.

벳세다 들녘에서, 갈릴리 호수가에서, 사마리아 지경에서, 예루살렘 입
성 직전에도...

가장 결정적인 실수는 주님은 십자가를 지고 골고다 언덕길로 올라가시
는데 제자들은 제 각각 뿔뿔이 흩어져서 자기 살 길만 찾아 나섰던 것입
니다.

그래서 부활하신 주님 앞에서는 절대로 실수를 저지르지 않겠다는 마음

에서 질문을 합니다.

"예수께 여쭈어 이르되 주께서 이스라엘 나라의 회복이 이 때니이까?"

그러나 가만히 보면 분명하게 방금 이야기하신 말씀조차도 이해하지 못하고 있습니다.

> 예루살렘을 떠나지 말고 내게 들은 바 아버지께서 약속하신 것을 기다리라
> (행 1:4)
> 요한은 물로 세례를 베풀었으나 너희는 몇 날이 못 되어 성령으로 세례를 받으리라
> (행 1:5)

제자들이 주님께서 부활 승천하신 후에도 가장 중요한 주님의 분부를 잊어버리고 실수를 저지릅니다. 땅 끝까지 이르러 내 증인이 되라는 명령은 사실상 주님의 유언입니다.

> 성령이 너희에게 임하시면 너희가 권능을 받고 예루살렘과 온 유대와 사마리아와
> 땅 끝까지 이르러 네 증인이 되리라 (행 1:8)

그러나 사도행전 2장 이후를 보면 성령을 받고도 그들은 떠나지 않습니다. 스데반 순교로 주님이 직접 그들을 흩으실 때까지 그들은 모여 있습니다.
이 해의 마지막 달인 12월을 보내면서 다시 오실 주님을 대망하는 대림

절과 성탄절을 보낸 우리들은 주님의 다시 오심을 기다리는 자세가 무엇인지를 생각해 보아야 합니다.

갈릴리 사람들아 어찌하여 서서 하늘을 쳐다보느냐? 너희 가운데서 하늘로 올려지신 이 예수는 하늘로 가심을 본 그대로 오시리라 (행 1:11)

본문 말씀의 핵심은 주님 다시 오실 날을 기다리는 성도로서 메시아를 기다리던 유대인들처럼 실수하지 말자는 것입니다. 말씀대로 믿고, 순종하되, 미련한 처녀들과 같이 되지 말고(마 25:1-13) 깨어서 기다리자는 것입니다.

먼저 "말씀대로 믿고"가 중요합니다. 사실은 깨어 기다리자고 했지만 미련한 처녀도, 슬기로운 처녀도 다 졸며 잤습니다(마 25:5). 마태복음 25장 7절에 보면 "다 일어나 등을 준비할 새"라고 했습니다.

등도 다 준비했습니다. 그런데 모자라는 것은 무엇입니까? 한 가지입니다. 기름입니다. 기다립니다. 등도 있습니다. 기름만 있으면 됩니다.

사모하며 기다려야 합니다. 사랑하는 마음으로 기다려야 합니다. 결혼식을 기다리는 신부가 남편을 사모하며 기다리는 것처럼 기다려야 합니다. 사랑해 보셨습니까?

기회만 있으면 만나고, 전화하고, 보고 싶어 합니다. 애인이 생기면 사람은 그렇게 됩니다. 아까운 것도 없답니다. 물질도, 시간도, 마음도 모두 다 갑니다. 정말 우리의 마음이 그렇게 주님을 사모합니까?

한 해를 보내며 저는 직분자들을 위해 기도를 하는 중에 도저히 글자로나 표어로는 내 걸 수는 없고 제 마음에 각오할 세 가지를 정했습니다.

가족부터 챙기고 확실하게 믿으며 한 가지만 더 하자는 것입니다.

내 가족부터 챙기자

바깥사람들이 들으면 너희들끼리 잘해 봐라 그러겠지요? 그러나 사실 그래야 되는 거 아닙니까?

전쟁이 일어났다면 누구부터 가장 먼저 챙길까요? 그런데 기다리는 우리들이 정말 내 가족을 사랑한다면 누구부터 챙기겠습니까?

이왕 믿는 거 확실하게 믿자

기다린다고 고생하고 편히 못자고 졸다가 기름 준비도 못하고 뒤늦게 갔다가 대문도 닫혀 버리면 이것도 아니고 저것도 아닙니다.

안 됩니다.

확실하게 합시다.

미지근하지 맙시다.

한 가지만 더 하자

한 가지만 더...

그 중에서도 예배만큼 중요한 것이 없습니다. 별안간 힘들게, 크게 하자는 것이 아닙니다. 한 가지만 더 하자는 것입니다.

낮 예배만 드리시는 분, 찬양 예배 하나 더 드리고, 낮 예배와 찬양예배만 드리시는 분, 수요예배 하나 더 드리자는 것입니다.

낮 예배와 찬양예배 드리시는 분, 금요기도회 참석하고, 낮, 찬양, 수요, 금요기도 나오시면 이제 한 달에 한 번 월삭(초하루) 기도회는 꼭 나오자는 것입니다.

예배 훈련과 찬양 훈련은 반드시 필요합니다. 훈련 받지 못한 사람은 견디기 어렵습니다. 그래서 예배가 중요합니다.

중요하니까 자꾸 강조하는 것입니다. 지옥 갈 사람을 천국에 데려놓으니 자기 발로 지옥 가더라는 썬다 씽의 말을 기억하시기 바랍니다. 훈련이 안 되어 있으니까 그런 겁니다.

새해부터는 출석을 잘 합시다.
새해부터는 가족들도 잘 챙깁시다.
새해부터는 솔선하여 봉사합시다.

우리 주님은 분명히 다시 오십니다. 지금은 말세지말(末世之末)입니다. 그 날이 멀지 않았습니다.

깨어서 기다려야 합니다. 준비된 마음으로 우리 자신이 '기다리는 사람들'임을 바로 알고 우리의 자신의 할 일에 최선을 다합시다.

4
part

신년주일
; 新年主日
[New Year's Day]

절기 따라
가는 길

12

새 사람으로 옷 입읍시다

골 3:5-17

명절이 되면 새 옷을 입었습니다. 명절이 아니면 새 옷을 입기 어려운 때가 있었습니다. 그러나 성경은 새 옷보다 사람을 강조합니다.

바울이 골로새서와 같은 시기에 로마 감옥에서 쓴 편지가 있습니다. 이것을 우리는 옥중서신이라고 부릅니다. 감옥에서 쓴 편지라는 뜻입니다.

"에베소서," "빌립보서," "골로새서," "빌레몬서."

그 중에서도 에베소서와 골로새서는 내용이 비슷합니다. 같은 로마감옥에서, 같은 시기에 쓴 편지니까 당연한 것인데 어떤 사람은 이것까지도 의심합니다.

같은 편지를 여러 사람에게 보낸 적이 있을 것입니다. 그럴 수 있다고 봅니다. 골로새서와 비슷한 내용이 에베소서에도 나옵니다. 그 중에서도 에베소서 4장 22절에서 24절을 읽습니다.

> 너희는 유혹의 욕심을 따라 썩어져 가는 구습을 좇는 옛사람을 벗어버리고 오직 너희의 심령이 새롭게 되어 하나님을 따라 의와 진리의 거룩함으로 지으심을 받은 새 사람을 입으라 (엡 4:22-24)

핵심적인 내용이 무엇입니까? 본문 9절 말씀에도 "너희가 서로 거짓말하지 말라 옛 사람과 그 행위를 벗어버리고"(골 3:9)라고 했습니다. 그 다음 10절에서 "새 사람을 입었으니"라고 하였습니다.

새 옷을 입자는 말이 아닙니다. 명절의 진정한 의미는 "새 사람이 되고, 새 사람으로 옷 입는 것"입니다.

새 옷을 입으려면 먼저 벗어야 할 것들이 있습니다

옛 사람을 벗어버려야 합니다. 던져 버려야 합니다. 벗어버려야 새 옷을 입습니다. 그래서 5절에서 '죽여 버려야 할' 땅의 지체를 열거합니다. 음란과 부정과 사욕과 악한 정욕과 탐심이라고 했습니다. 5절에는 이 탐심이 바로 우상 숭배라고 말씀하고 있습니다.

저는 종교학을 전공한 사람으로서 '왜 종교가 생겼으며 우상을 만들었을까?' 라는 생각을 많이 했습니다. 저는 이 문제의 대답을 위하여 수많은 책들을 읽었습니다. 하지만 성경이 말하는 분명한 답, '탐심' 만큼 분명한 대답을 하는 책은 없었습니다.

탐심을 버려야 하나님이 보입니다. 모든 우상은 자기 욕심과 탐욕 때문에 자신을 위하여 만들게 됩니다. 인간이 만든 것입니다.

그러나 하나님은 그렇지 않습니다. 내 마음대로 좌지우지되지 않습니다. 우리 자신을 버리지 아니하면 하나님을 만날 수 없습니다. 우리가 벗어던져야 할 첫 번째가 나를 죽이는 것입니다. 나를 죽이고 탐심을 버리는 것입니다.

6절 말씀이 무섭습니다. 그렇게 하지 아니하면 그 음란과 부정과 사욕과 악한 정욕과 탐심 때문에 하나님의 진노가 임한다고 말씀하고 있기 때문입니다.

8절에는 직접 벗어버려야 할 것들을 열거합니다. 분함과 노여움과 악의와 비방과 부끄러운 말입니다.

분한데 어떻게 합니까? 화가 나는 데 어떻게 합니까? 억울하고 분하게 죽는 사람도 한 두 명이 아니고 하나님이 계시면서 어떻게 이런 일이 일어나느냐고 노여워하고 참지 못할 일 때문에 화를 낸 적도 있을 것입니다.

주님보다 더 억울하고, 주님보다 더 분하고, 더 답답한 일을 당하셨다면 그렇게 하십시오. 그러나 주님을 믿으시고 하나님이 섭리를 믿으신다면 부탁입니다. 새해에는 벗어 던지시기 바랍니다.

더구나 악의와 비방과 부끄러운 말들에 대해서는 더 이상 설명할 필요가 없습니다. 특별히 9절에는 너희가 서로 거짓말을 하지 말라고 경고합니다. 다른 것은 몰라도 거짓말은 정말 안 해야 합니다. 부득이 실수를 할 때도 있고 아무리 믿는 사람이라고 해도 연약함으로 잘못을 저지를 때도 있지만 "예수 믿는 사람은 거짓말은 안해야지!" 하는 말들을 참 많이 듣습니다.

어쩔 수 없는 상황도 있다고 변명하는 분들도 있습니다. 정직하게 말하면 남에게 피해를 주니까 타인을 위해서 거짓말을 할 수밖에 없었다고 합니다. 이것을 하얀 거짓말이라고 말합니다.

성경은 그렇게 가르치지 않습니다. 차라리 침묵할지언정 거짓말은 벗어던져야 할 가장 중요한 옛 습관입니다.

새 사람이 되었다면 반드시 거룩한 새 옷을 입어야 합니다

새 옷을 입어야 합니다. 성경대로 '새 사람'을 입어야 합니다. 본문 10절 말씀을 확인합니다.

"새 사람을 입었으니 이는 자기를 창조하신 이의 형상을 따라 지식에 까지 새롭게 하심을 입은 자니라."

새 사람의 정의를 분명하게 선언합니다. 창조하신 이의 형상을 따라 지식에 이르기까지 새롭게 하심을 입어야 한다고 말씀하십니다. 차별이 없습니다. 헬라인이나 유대인이나 할례파, 무할례파, 야만인이나 스구디아인이나 종이나 자유인이나 누구나 다 그리스도 안에 있으면 새 사람이 될 수 있습니다. 중요한 것은 12절 이하에 새 사람, 곧 새로운 옷이 무엇인지를 열거합니다.

"긍휼과 자비와 겸손, 온유와 오래 참음으로 옷 입고"
13절입니다.

"누가 누구에게 불만이 있거든 서로 용서하되 주께서 너희를 용서하신 것 같이 너희도 그리하고"

14절은 여기에 그치지 아니하고 더하는 것이 있다고 말씀하십니다.

"이 모든 것 위에 사랑을 더하라. 이는 성도들을 온전하게 매는 띠니라."

저는 이 명절에 15절의 말씀대로 그리스도의 평강이 여러분들의 마음을 주장하심으로 여러분들 모두가 그리스도의 평강으로 충만하시기를 축원합니다.
가장 중요하게 드러나는 그리스도인의 모습은 '감사하는 자세' 입니다
그리스도로 말미암아 새 옷을 입은 그리스도인의 온전히 드러나는 모습이 무엇인지를 아십니까?

  너희는 또한 감사하는 자가 되라 (골 3:15 下)

제대로 공부도 하고, 훈련도 받고, 자본도 넉넉한 어떤 사업가가 있었습니다.
말 그대로 모든 것을 다 갖춘 사람이었습니다. 그런데 이상한 것은 하는 일마다 실패를 합니다.
그 이웃에는 같은 종류의 사업을 운영하는 기업가가 있었습니다. 배운 것도 부족하고 특별한 훈련을 받은 적도 없었습니다. 자연히 어려운 가

운데 시작한 사람이라 자본도 그리 넉넉하지 않았습니다. 그런데 이상합니다. 하는 일마다 잘 풀립니다.

똑똑한 기업가는 사업을 1년간 덮기로 결심했습니다. 그리고 1년 동안 이 형통한 사업가를 미행하기로 했습니다. 지금 말로 하면 벤치마킹인데 실제로는 금지된 스토킹입니다.

1년 동안을 따라 다녀봐도 배울 것도 없고, 별 신통한 것도 없었습니다. 그런데 단 하나 다른 게 있다면 그가 예수님을 믿는다는 것입니다. 그래서 단 하나 다른 그것을 따라 하기로 하였습니다. 1년 동안 따라했습니다. 그리하였더니 달라졌습니다. 모든 것이 너무 감사하다는 것입니다. 그래서 그는 감사의 사람이 되었노라고 고백했습니다. 누구나 다 아시는 분이라 이름을 밝히지 않음을 용서바랍니다. 그 분이 다니시는 교회의 담임 목사님으로부터 간접적으로 들은 간증입니다.

우리는 성경 말씀대로 따라하고 성경 말씀대로 새 옷을 입읍시다. 본문 마지막 16, 17절을 확인합니다.

첫째, 그의 말씀이 우리의 삶 속에 풍성히 거하므로 감사해야 하며
둘째, 시와 찬미와 신령한 노래를 부르며 감사하여야 합니다.
셋째, 말에나 일에나 주의 이름으로 하나님께 감사해야 합니다.

생수의 강이 흘러나오리라

예수님은 명절 끝 날, 바로 오늘과 같은 날에 말씀하셨습니다.

명절 끝 날 곧 큰 날에 예수께서 외쳐 이르시되 누구든지 목마르거든 내게로 와서

마시라 나를 믿는 자는 성경에 이름과 같이 그 배에서 생수의 강이 흘러나오리라

(요 7:37–38)

예수님께서는 먼저 찾아오셔서 말씀하십니다. 그리고 목마른 자들과 갈
급해 하는 사람들을 부르십니다. 그에게로 나아오면 그 배에서 생수의
강이 흘러나리리라고 말씀하십니다.
심령이 가난하고 주님의 부르심에 응답하므로 그리스도로 옷 입는 새사
람이 되시기 바랍니다.

13

인생은 그림입니다

히 11:1-7

복을 싫어하는 사람은 없습니다. 다만 그 복이 무엇인가에 대해서는 사람들마다 그 해석이 다른 것 같습니다.

부유하다거나 권세나 지위가 있고 아는 것이 많다고 해서 다 복은 아니기 때문이기도 하지만 가난하고 약하고 남에게 업신여김을 받거나 힘들게 산다고 해서 복이 없는 사람이라고 단정할 수는 없습니다. 그렇다고 해서 고통 받고 어려운 사람들을 꼭 복 받은 사람이라고 하지는 않습니다.

복을 영어로는 'fortune' 이나 'happiness' 라고 하지만 복에 관한 한자어가 더 분명하게 설명을 해 줍니다.

복(福)자는 하나님을 뜻하는 시(示)변에 가득할 복(畐)이 붙어 있습니다. 본래 이 보일 시(示)변은 귀신 신(神)에서 사용되는 변으로서 예(禮)는 하나님(示)에게 제사를 지낸다는 의미이고(豊 ⇦ 豐) 복이라는 말은 하나님(示)으로 가득 차 있다(畐)는 뜻입니다.

흔히 가득할 복(畐)을 대답할 답(畗) 혹은 간직할 부(畗)로 보기도 하는데 이는 곧 하나님의 부르심에 대답하는 것이 복이라는 뜻도 되지만 하나님을 간직함, 곧 하나님을 모시고 사는 것이 복이라는 뜻입니다.

福 = 示 + 畐

示 ⇨ 禮(示 +豊 ⇦ 豐: 풍성하다. 제사상)

畐(가득할 복) ⇐ 畗(대답할 답, 간직할 부)

그러므로 복있는 사람은

1) 하나님으로 가득한 사람(성령 충만한 사람)

2) 하나님의 부르심에 응답한 사람

3) 하나님의 말씀을 간직하고 사는 사람이라고 정의를 내려놓습니다.

그러나 이것은 동양철학을 공부한 저의 주장이고 중요한 것은 성경 말씀입니다.

대개 인본주의자들은 복은 내가 만들어 가는 것이라고 하고 기복주의자들은 복을 구하기만 하면 주는 것이라고 가르칩니다. 그러나 성경은 확실하게 복의 조건을 이야기합니다.

성경에서 복이라는 단어가 가장 많이 나오는 곳이 신명기 28장입니다.

네가 네 하나님 여호와의 말씀을 삼가 듣고 내가 오늘 네게 명령하는 그의 모든 명령을 지켜 행하면 네 하나님 여호와께서 너를 모든 민족 위에 뛰어나게 하실 것이라 (신 28:1)

사실 신명기 28장에는 저주에 대한 선포가 더 많습니다. 신명기 28장 15절 이하입니다.

네가 만일 내 하나님 여호와의 말씀을 순종하지 아니하여 내가 오늘 네게 명령하는 그의 모든 명령과 규례를 지켜 행하지 아니하면 이 모든 저주가 네게 임하며 네게 이를 것이니

결국 복은 주어지는 것은 사실이지만 그냥 주어지는 것은 아닙니다. 물론 구원은 전적인 은혜로 이루어집니다. 그러나 세상적인 복은 내가 만들어 나가는 것도 맞습니다만 나 혼자 만들어 나가는 것도 아닙니다. 성경 말씀처럼 복은 하나님이 주시는 것입니다. 그러나 내가 그려나가야 하는 부분도 있습니다.

저는 그림이라고 한다면 꼭 드리고 싶은 말씀이 있습니다. 우리교회에는 어르신 가운데 유명한 화가도 계시고, 전문적인 예술가들도 계십니다. 하나의 작품을 만드시기 위하여 미리 구상을 하고, 그 구상하신 내용을 디자인 하십니다. 그리고 그림을 그리거나 글을 쓰시거나 작품을 만듭니다. 작품을 만들어 나가는 과정 중에도 많은 변화가 생깁니다. 하나님의 도움심이 따릅니다.

저는 인생이 그렇다고 생각합니다. 우리들도 이러한 삶을 살다가 '손윤

탁' 이라는, '김구선생님' 이라는, '안창호' 라는 그림을 남깁니다.

예수님의 생애도 마찬가지입니다. 세상을 이처럼 사랑하신 하나님께서 구상하시고 디자인 하신 예수라는 이름의 '그리스도' 는 모든 인생을 능히 구원하실 만한 거룩한 이름이 되신 것입니다.

그런데 안타까운 것은 주님의 33년의 생애 가운데 이 아름다운 목적을 이루셨으나 우리가 주님에게는 전혀 미칠 수 없는 부족한 인생이지만 70, 80년을 살아도 천국에 갈 수 있는 자격 하나도 얻지 못하는 인생이 있고 20, 30년을 살아도 자기 목적을 다 이루어 내는 사람들도 있습니다. 왜 이것을 구태여 그림으로 이야기합니까?

초등학교 교사를 지낸 저로서는 이와 같은 모습을 가장 생생하게 본 사람입니다. 일주일에 미술 시간이 대개 두 시간입니다. 하나의 작품을 만들기 위해서는 부득이 두 시간을 붙여 놓습니다. 국어나 산수 시간은 월요일 한 시간, 화요일 한 시간이지만 미술은 같은 날 두 시간인데도 부족해서 저는 곧잘 네 째 시간 미술, 점심시간, 다섯 째 시간을 미술로 만들었습니다. 그러면 밥을 먹는 시간 빼고도 대개 세 시간을 확보할 수 있습니다.

중요한 이야기는 그 다음입니다. 1학년부터 6학년까지 6년 동안 단 한 번도 그림을 완성해 보지 못하고 졸업하는 학생이 태반이 넘습니다. 성질 급한 부산 아이들도 못해 내는 데, 어디 서울 아이들은 다릅니까? 똑같습니다.

주어진 시간 내에 자기 일을 해 내는 학생들이 혹 있습니다만 솔직히 저도 6년 동안 제 힘으로 주어진 시간 안에 작품을 완성한 적이 없습니다. 중학교, 고등학교 때도 마찬가지입니다.

대학에서도 교육대학생들은 그림을 그립니다. 저는 언제든지 숙제로 집에 가서, 수업이 끝 난 후 완성을 했습니다. 그런데 수업 시간에 완성 한 적도 있습니다. 선생님이 지나가시다가 조금만 도와주셔도, 약간만 설명을 해주셔도 가능했습니다.

우리 인생도 마찬가지 아닙니까?

어떤 도움도 필요 없습니까?

혼자 힘으로 천국 갈 수도 있고, 내 인생의 그림을 그릴 수 있습니까?

아닙니다. 인생은 그림을 그리는 것과 같습니다. 주어진 시간 안에 우리의 이름이 생명책이 기록될 수 있어야 합니다.

예술을 하시는 분들에게 여쭈어 보십시오. 작가의 명부에 그 이름이 기록되고 작품 전시회에 출품하시기까지 그 과정을 들어보십시오. 그래서 세상에서는 예술을 종교에 버금가는 위치에 두고 있는 것입니다. 그렇다면 우리 인생의 그림을 어떻게 그려야 할까요?

설날 아침! 복이 무엇이며 복을 받는 삶이 어떤 것인지를 간단하게 말씀드립니다.

인생의 그림은 믿음으로 시작해야 합니다

모든 복은 믿음으로부터 시작됩니다. 그래서 본문은 "믿음은 바라는 것들의 실상"이라고 선포합니다. 믿음이 눈에 보입니까? 안 보입니다. 그러나 성경은 모든 보이는 것들도 이 보이지 않는 믿음으로 말미암는다는 것을 분명하게 선포합니다.

그냥 그림을 그립니까? 완성될 것을 믿고 그리는 것처럼, 설계도를 그리는 사람도 먼저 머릿속에 완성될 건물을 먼저 생각하면서 믿음으로 시작하는 것처럼, 우리 인생도, 우리가 꿈꾸고 계획하는 것도 믿음으로 시작해야 합니다.

하나님의 약속의 말씀도 마찬가지입니다. 주신 말씀을 삼가 듣고 지켜 행하는 것이 바로 믿음입니다(신 28:1).

설계도를 주와 함께 그려갑니다

홀로 시작하면 실패하기 쉽습니다. 그림을 그리다가 잘못 그렸다면 찢어버릴 수 있지만 우리의 인생은 그럴 수 없습니다. 그러므로 우리 인생의 주인을 바로 알아야 합니다.

우리를 불러주셔서 이 그림을 그리게 하신 주님이십니다. 제멋대로 그린 그림이 되지 않게 해야 합니다. 더구나 미완성 작품이 되지 않게 해야 합니다.

복은 그 분과 함께 하는 것입니다. 그 분의 요구에 응답하는 것입니다. 그러면 그 분이 도와주십니다.

> 두려워말아 내가 너와 함께 함이니라 놀라지 말라 내가 너의 하나님이다 내가 너를 도와 주리라 내가 너를 굳세게 하리라 참으로 의로운 오른 손으로 너를 붙드리라
>
> (사 41:10)

복을 알고 복을 받고 복을 그려나가야 바른 복이 될 수 있습니다.

하나님을 기쁘시게 하는 그림으로 완성합시다

결국 우리의 인생이 목적은 분명합니다. 하나님을 영화롭게 하며 영원토록 그를 즐거워하는 것이 인생의 목적입니다. 본문 말씀이 강조하는 것은 아벨이나 에녹, 노아나 아브라함과 같은 삶을 살아야 한다는 것입니다.

> 믿음이 없이는 하나님을 기쁘시게 못하나니 하나님께 나아가는 자는 반드시 그가 계신 것과 그가 자기를 찾는 자들에게 상주시는 이심을 믿어야 할지니라 (히 11:6)

이것이 승리하는 삶이며, 하나님을 기쁘시게 하며, 자기를 기쁘게 하는 인생입니다.

의로운 자라는 증거와 죽음을 보지 않고 들림을 받은 에녹처럼, 가족이 구원을 받고 의와 약속을 유업으로 받는 자가 된 노아처럼, 믿음으로 시작하여 주님과 함께 동행을 한 아브라함처럼 그 목적(완성)이 무엇이냐 하는 것이 중요합니다.

믿음은 보이지 않습니다. 그러나 믿음은 큰 꿈을 가지게 합니다. 설날이라 좋은 꿈을 꾸었느냐고 흔히 묻곤합니다. 우리가 말하는 꿈은 단순한 꿈이 아닙니다. 꿈이라기보다는 오히려 소망입니다. 비전입니다. 내일입니다.

이제 구체적으로 그림을 그립시다. 우리의 선배들이 보이지 않음에도 불구하고 그 그림을 그렸던 것처럼 말입니다. 그래서 우리는 설날이 되면 조상을 생각하고 추모하는 것도 마찬가지입니다. 이 아름다운 일들을 결국 이루셨던 선조들을 기억하시기 바랍니다.

우리들도 아름다운 인생의 그림으로 하나님께 영광을 돌립시다. 그림을 그리는 중에 주님의 도우심으로 완성된 아름다운 그림들을 남기시기 바랍니다.

"주여 지난 밤 내 꿈에 뵈었으니 그 꿈 이루어 주옵소서!"

5
part

사순절
; 四旬節 [Lent]

절기 따라
가는 길

14

거룩한 만남

막 10:46-52

만남이 중요합니다. 바른 만남이어야 합니다. 깊은 만남이어야 합니다. 단순한 만남(Meeting)이 아니고 인격적인 만남(Encounter)이 되게 하여야 합니다.

보고, 만나고, 듣고, 구경하고, 이야기하고, 의논하는 정도가 아니라 이해하고, 용서하고, 받아들이고, 진정으로 교제하는 만남이 있어야 합니다.

본문 말씀은 주님께서 세 번이나 자신의 죽음에 대하여 말씀하신 후 예루살렘으로 올라가시다가 여리고에 들르게 되었을 때의 이야기입니다. 앞을 보지 못하는 맹인 바디매오가 길가에 앉았다가 예수님께서 마침 길을 지나가신다는 소식을 들었습니다.

사람들이 웅성거리며 지나가는 데 직감적으로 '예수님이다'라고 바디매오는 느꼈습니다. 본문은 "나사렛 예수시란 말을 듣고"라고 했습니다. 이 기회를 놓칠세라 그는 소리를 지릅니다.

다윗이 자손 예수여! 나를 불쌍히 여기소서 (막 10:47)

주어진 기회는 잡아야 합니다

주님과의 만남을 원하십니까? 그렇다면 만날 수 있을 때에 만나야 합니다. 기회를 놓치지 않아야 합니다. 기회가 중요합니다. "지나가시기" 때문입니다.

분명히 마태복음 20장 30절과 누가복음 18장 37절은 "예수께서 지나가신다"라고 기록했습니다. 지나가 버리면 기회가 없습니다. 그래서 이들은 소리를 지릅니다. 마태복음에는 "맹인 두 사람"이라고 기록하였습니다. 어려운 상황으로 인하여 고통을 받을 때가 있습니까? 디매오의 아들 맹인 바디매오처럼 앞도 보이지 않는데 당장 먹을 것까지도 없어서 어려운 분들이 계십니까?

"위기는 기회입니다."

주님께 부르짖을 수 있는 기회입니다. 세월만 흐르는 물, 곧 유수와 같은 것이 아닙니다. 시간만 화살처럼 지나가는 것이 아닙니다. 아직도 청춘과 같은 데 언제 그 세월이 다 지나갔습니까?

부모 섬기는 일도 마찬가지입니다. 가지는 고요하기를 원하지만 바람이 그치지 아니하고 부모님 봉양코자 하나 부모님이 기다려 주시지 않는다는 시를 저는 종종 기억하곤 합니다.

은혜도, 복도, 기도 응답도, 하나님의 사랑도 마찬가지입니다.

지금입니다.

보라 지금은 은혜 받을만한 때요 보라 지금은 구원의 날이로다 (고후 6:2)

장애물이 있어도 포기하지 않습니다

또 하나의 문제가 있습니다. 맹인은 앞을 보지 못합니다. 구걸하는 사람입니다. 그런데다가 많은 사람들이 말립니다. 꾸짖으며 잠잠하라고 만류합니다.

"예수님이 너 같은 사람을 상대할 줄로 아느냐?"

"교회가 어떤 곳인데?"

"믿는 사람들이 어떤 사람들인데?"

말리면 말릴수록 바디매오는 더욱 더 크게 소리를 지르며(눅 18:39) 부르짖습니다.

주여 우리를 불쌍히 여기소서! 다윗의 자손 예수여! (마 20:31)

방해꾼들이 있습니다. 속으면 안 됩니다. 은혜가 크면 클수록 방해하는 일들이 더 많다고 합니다. 이겨야 합니다. 극복해야 합니다.

누가복음에 보면 세리장 삭개오의 이야기가 나옵니다. 그는 예수님이 보고 싶었습니다. 하지만 예수님을 볼 수가 없었습니다. 이유는 예수님 주위에 너무 많은 사람들, 그 중에도 키가 큰 사람들이 예수님을 둘러싸고 있었기 때문이었습니다.

엎친 데 덮친 격으로 말리는 사람도 문제지만 맹인이니까 더욱 소리치는 것처럼 삭개오는 자신의 키가 작음을 알았습니다. 그래서 올라갑니다. 옛날 성경은 뽕 나무라고 했습니다. 개역개정판은 돌 감람나무라고 했습니다.

어쩝니까? 내가 작으니까 할 수 없습니다. 뽕 나무 위로 올라갑니다. 주님이 발걸음을 멈춥니다. 누가복음 19장 5절입니다.

"예수께서 그곳에 이르사 쳐다보시고 이르시되 삭개오야 속히 내려오라 내가 오늘 네 집에 유하여야 하겠다 하시니."

맹인 바디매오도, 세리 장 삭개오도 장애물이나 방해꾼들의 문제를 극복합니다. 아랑곳하지 않습니다. 포기하지 않는 이 믿음이 중요합니다.

부르심에 대한 응답이 중요합니다

주님이 발걸음을 멈추게 한 믿음! 맹인 바디매오의 부르짖음입니다. 세리장 삭개오의 순수한 마음입니다. 주님께서 멈추어 서십니다.

예수께서 머물러 서서 그를 부르라 하시니 (막 10:46)

맹인 바디매오의 반응을 보십시오. 예수님께서 부르시니 "겉옷도 내버리고", "뛰어 일어나", "달려갑니다."
주님께서 우리를 부르실 때 어떻게 대답해야 합니까? "밭도 갈아야 하고 소도 사야하고 장가도 가야하고…"라고 해서는 안 됩니다. 저는 어릴 때에 명심보감을 통하여 배운 구절을 아직도 기억합니다.

"어른이 부르면 입에 든 밥도 뱉고 대답해야 한다"
(子曰 父命召하면 唯而不諾이요 食在口라도 則吐之라).

이것을 사자성어로 吐哺捉髮(토포착발) 혹은 吐哺握髮(토포악발)이라고 합니다. 손님이 오면 입에 있는 것도 내뱉고 머리를 감고 있었다면 머리를 잡고 나오라는 것입니다.
주님이 부르시는 데 핑계하지 마십시오. 변명하지 마십시오. 동냥하던 깡통도 던지고 거지의 상징인 겉옷도 버리고 맹인에게 필수적인 지팡이도 버리고 달려 나가야 합니다.
그러면 주님께 칭찬을 받습니다.

"네 믿음이 너를 구원하였느니라."

어느 누구도 흉내를 낼 수 없는 아름다운 그림이 있습니다. 렘브란트라는 화가가 그린 성화들입니다. 웬만한 성경 이야기는 렘브란트를 검색하면 그가 그린 그림들을 볼 수 있습니다.

제가 큰 감동을 받은 것은 '돌아온 탕자' 라는 그림입니다. 그래서 저는 예수님과 바디매오의 만남에 대한 그림도 있을 것이라 여겨 인터넷을 검색하였습니다. 예수와 바디매오의 만남에 대한 그림이 있는지 없는지 저도 모릅니다.

그러나 찾다가 그만 두었습니다. 내 머리 속에 생각하는 것보다 더 아름다울 것 같지 않아서입니다. 상상해 보십시오. 저는 인터넷 검색을 하다 말고 울었습니다. 혼자서 소리를 내어가며 울었습니다. 흐느끼며 울었습니다.

거룩한 주님과 가장 초라하고 보잘 것 없는 맹인 바디매오의 만남! 이 만남보다 더 아름답고, 더 거룩한 성화는 없을 것입니다. 제 마음속에 그린 그림에서 그 바디매오는 바로 나의 모습이었습니다.

초라하고 남루한 옷차림에 한 끼 밥이라도 얻어먹기 위해 고개 숙이고 제대로 앞을 보지 못하는 맹인과 같은 내 인생이지만 주님 품에, 주님 부르시기에 달려와 그 품에 안긴 나의 모습에…

이 거룩한 만남의 주인공이 바로 여러분들이 되시기를 기도합니다.

"네 믿음이 너를 구원하였느니라."

얼마나 듣고 싶은 말씀입니까?

아름다운 봄날도 중요합니다. 그러나 이 거룩한 사순절 절기 앞에 모든 것을 팽개침으로 주님과의 거룩한 만남이 이루어지는 맹인이 되시고 거지가 되시기를 간절히 소원합니다.

15

거룩한 믿음

마 8:5-13

거룩한 만남!

우리는 주님과의 만남을 그렇게 불렀습니다. 주님과의 만남에는 언제나 믿음이 전제가 됩니다. 주님을 설령 만났다하더라도 믿음이 없는 만남은 무의미하기 때문입니다.

주님에게 찾아온 부자 청년의 이야기를 예로 들 수 있습니다(막 10:17-22). 분명히 예수님께 영생의 문제를 가지고 찾아온 청년이었습니다. 그는 주님과 대화를 나누었습니다.

"네가 율법을 아느냐?"

"예, 제가 어려서부터 잘 지켰습니다."

아는 정도가 아니라 율법을 잘 지킨 이 청년!
더구나 영생의 문제를 주님께 의논하기 위하여 찾아 온 이 청년!
주님은 사랑스러웠습니다. 그래서 마가복음 10장 21절에서 "사랑하사
가라사대"라고 표현하고 있습니다. 우리 성경 표현은 "가라사대"를 전
부 "이르시되"로 기록하고 있습니다.
중요한 것은 주님께서 그 청년을 사랑하사 말씀하셨으나 안타깝게도 그
청년은 오히려 근심하며 돌아갑니다. 슬픈 기색을 띠고 돌아갔다고 성
경은 기록하고 있습니다. 예수님은 이 상황을 부자가 천국에 들어가기
어렵다는 것으로 설명하십니다.
약대가 바늘귀에 들어가는 것만큼 어렵다고 이야기하시자, 제자들이 그
러면 누가 천국에 갈 수 있느냐고 질문합니다. 주님은 바로 이 문제까지
도 믿음의 문제로 말씀하십니다.

사람으로는 할 수 없으되 하나님으로서는 다 하실 수 있느니라 (막 10 :27)

결국 믿음입니다. 믿음으로는 다 하실 수 있으신 하나님입니다. 이 청년
은 재물이 많아서 근심하며 돌아갔다고 기록하고 있지만 사실은 다 하
실 수 있으신 하나님을 믿는 믿음이 없어서 주님을 만나고도 "슬픈 기색
을 띠고 근심하며"(막 10:22) 돌아간 것입니다.
거룩한 만남! 아름다운 만남! 새로운 만남은 '거룩한 믿음'을 전제로 합
니다.

거룩한 믿음은 세속적인 믿음과 차원이 다릅니다

거룩하다는 말 자체가 구별되었다는 뜻입니다만 세상에서 말하는 믿음은 대개 그 대상이 사람이거나 환경에 대한 것입니다. 즉 사람들끼리의 믿음을 신뢰라고 합니다. 그러나 이웃끼리, 사람들끼리의 믿음, 소위 '신뢰' 를 두고 거룩하다는 표현을 쓰지는 않습니다.

믿음이란 말을 사회적으로 적용할 때에는 신용이라는 말을 씁니다. 신용사회! 서로 믿고 의지할 수 있는 사회가 되어야 합니다. 특히 오늘날과 같은 경제가 중심이 되는 사회에서, 경제적인 생활을 평가하면서 사회적으로 믿을 수 없는 사람을 두고 '신용 불량' 이라는 말을 쓰고 있습니다. 그래서 이들은 사회적으로 많은 경제적인 제약을 받습니다. 워낙 복잡한 시대라 그럴 수도 있을 것입니다.

자기 자신과의 관계에서도 믿음이라는 단어를 사용합니다. 내가 내 자신을 얼마나 믿느냐에 대한 믿음을 '신념' 이라고 합니다. 자신을 믿고 굳은 의지로 나아가는 사람을 신념이 강한 사람이라고 합니다.

그러나 하나님에 대한 신앙은 자신에 대한 신념이나 타인에 대한 신뢰나 사회에 대한 신용과는 다릅니다. 물론 이러한 믿음도 중요합니다. 필요합니다. 그러므로 신념이나 신뢰, 신용과 같은 믿음도 가져야 합니다. 하지만 하나님에 대한 신앙이야 말로 정말 중요합니다.

'거룩한 믿음' 은 '신앙' 에만 적용되는 말입니다.

성경에는 예수님도 놀라게 한 신앙인들이 있습니다

성경에는 거룩한 믿음에 대한 이야기가 많이 나옵니다. 본문에 나오는 백부장의 믿음이 그렇습니다.

마태복음 9장에 보면 혈루증을 앓던 여인의 믿음이 나옵니다. 예수님께서 회당장 야이로의 딸이 병들었다는 이야기를 들으시고 제자들과 함께 길을 가고 계실 때였습니다. 그 때에 열 두해 동안 혈루병을 앓던 여인이 예수님의 뒤로 다가 왔습니다. 그리고 그 겉옷 가를 만집니다. 성경은 그 이유를 설명합니다.

이는 제 마음에 그 겉옷만 만져도 구원을 받겠다 함이라 (마 9:21)

예수님은 말씀하십니다.

"딸아 안심하라. 네 믿음이 너를 구원하였다."

그러자 그 여인이 즉시 구원을 받았다고 말씀하고 있습니다.

우리는 마태복음 15장에 나오는 가나안 여인의 믿음에 대하여 잘 압니다. 부르짖는 여인의 소리를 들으신 주님은 전혀 뜻밖의 말씀을 하십니다.

자녀의 떡을 취하여 개에게 던짐이 마땅치 아니하니라 (마 15:26)

여인의 반응은 어떻습니까? '개'라는 모욕적인 말에도 아랑곳하지 않고 딸을 위해 간구합니다. 예수님은 말씀하십니다.

여자여 네 믿음이 크도다 네 소원대로 되리라 (마 15:28)

아들을 제물로 바치라는 명령을 듣고 장성한 이삭을 모리아 산에서 제물로 드리려고 했던 아브라함의 믿음! 칼로 아들을 내리치려고 하는 아브라함을 보신 하나님은 다급하게 소리를 치십니다.

"아브라함아! 아브라함아!"
"내가 여기 있나이다."
"그 아이에게 손을 대지 말라. 그 아이에게 아무 일도 하지 말라. 네가 네 아들 네 독자까지도 내게 아끼지 아니하였으니 내가 이제야 네가 하나님을 경외하는 줄을 아노라"(창 22:11-12).

거룩한 믿음이 어떤 믿음입니까?
- 예수님을 놀라게 한 믿음
- 예수님의 걸음을 멈추게 한 믿음
- 하나님께 인정받는 믿음

백부장의 믿음이 어떤 믿음이기에 주께서 칭찬하셨을까요?

그는 하인의 중풍병을 가족의 일처럼 여겨 사람을 보냅니다. 당시 하인이나 가정에서 부리는 노예는 가족으로 취급하지 않았습니다. 더구나 백부장은 로마 군대의 장교입니다. 유대인마저도 제대로 사람으로 인정하지 않았습니다.
그런데 이 백부장은 하인의 아픔을 자신의 아픔과 같이 여겼고 중풍이라고 하면 고칠 수 있다고 생각조차 못하던 시대인데, 백부장은 이 문제를 가지고 직접 예수님께로 나아옵니다.

> 예수께서 가버나움에 들어가시니 한 백부장이 나아와 간구하여 이르되 주여! 내 하
> 인이 중풍병으로 집에 누워 몹시 괴로워하나이다 (5-6절)

이 믿음만 해도 보통 믿음이 아닙니다. 그런데 "내가 가서 고쳐주리라"는 주님에게 백부장이 무엇이라고 아뢰고 있습니까?

당시의 로마인들은 유대인을 인간으로 생각하지 않았습니다. 그러나 로마의 백부장은 예수님을 분명한 하나님이심을, 확실한 메시야로 고백합니다. 말씀만 하시면 모든 질병까지도 다 낫게 되리라고 믿고 있습니다. 우리의 믿음은 어떠합니까? 이 로마 백부장의 고백을 보시고 어떻게 생각하십니까?

물론 우리 교회에서도 저는 이만한 믿음을 가지신 분들을 봅니다. "목사님! 기도만 해 주십시오. 목사님께서 기도만 해 주신다면 문제 없습니다"라고 하시는 분들이 있습니다. 그러나 지극히 소수입니다. 대부분 "목사님! 아무리 그렇게 기도한다고 낫겠습니까?"라고 합니다.

어느 암 환자를 위하여 병원을 방문한 적이 있습니다. 확신이 있어서 간절히 기도했습니다. 동행하신 집사님도 "아멘, 아멘" 하셨습니다. 그런데 병원 문을 나서면서 제게 살짝 하시는 말씀이 "목사님! 아무래도 돌아가시겠지요?"라고 하는 것입니다.

우리는 백부장의 믿음을 가져야 합니다. "말씀으로만 하옵소서! 그러면 내 하인이 낫겠나이다"라고 믿음의 고백을 할 수 있어야 합니다.

핵심은 예수님께서 말씀만 하셔도 하인의 병이 나을 것이라는 백부장의 믿음입니다. 말씀만 하시면 모든 문제가 해결되리라는 믿음입니다. 예수님은 백부장의 믿음을 보시고 칭찬하십니다.

내가 진실로... 이스라엘 중 이만한 믿음을 보지 못하였노라... 가라 네 믿은 대로 될 지어다 (마태 8:10-13)

혈루증을 앓던 여인에게도, 가나안 여인에게도 칭찬하신 우리 주님은 오늘도 우리들을 향하여 이 말씀을 주셨습니다. 우리들이 생각하는 것보다 훨씬 더 큰 기대를 가지시고 우리들에게 말씀을 하십니다.
주님께서도 놀라실 수밖에 없는 믿음으로, 거룩한 믿음으로 응답하는 성도들이 되시기 바랍니다.
주님 앞에 이렇게 큰 믿음으로 기도하신다면, 주어진 시간을 카이로스가 되게 하기 위하여 믿음으로 주님 앞에 나아오신다면, 우리 주님께서도 우리들이 상상도 못하셨던 놀라운 사랑으로, 능력으로, 말씀으로 응답해 주실 것입니다.

16

거룩한 사랑

요 3:16

본문은 신구약 성경의 요절입니다. 지구상에서 성경이 한 권도 없이 사라지거나 없어져 버린다고 해도 이 한 구절만 있으면 신구약 성경 66권을 그대로 복원할 수 있다고 합니다.

본문은 짧은 한 구절이지만 엄청난 내용을 담고 있습니다. 구원을 주제로 살펴보아도 다음과 같은 내용으로 요약할 수 있습니다.

하나님 : 구원의 주체	**세 상** : 구원의 대상
사 랑 : 구원의 이유	**독생자** : 구원의 내용
믿 음 : 구원의 방법	**영 생** : 구원의 목적

우리를 사랑하시고 구원해 주신 주체는 하나님이십니다. 모든 일은 하나님이 하십니다.

"하나님의 일은 하나님이 하신다."

그 구원과 사랑의 대상은 세상입니다.

"하나님이 세상을 사랑하셨다."

하나님께서 아브라함을 선택하신 것도 세상을 위해서입니다. 창세기 12장은 선언합니다.

"네가 복이다. 내가 너에게 복을 준다. 너의 그 복으로 말미암아 천하 만민이 복을 받을 것이다."

그런데 이스라엘은 착각하고 있습니다. 이스라엘의 복이 천하 만민 곧 이방인으로 흘러가게 하기 위한 통로이지만 유대인들은 자기들만을 위한 복으로 생각합니다.

오늘날 그리스도인들도 착각해서는 안 됩니다. 하나님은 세상을 사랑하십니다. 그래서 우리를 부르신 것입니다. 하나님이 구원을 주시고 복을 선포하시는 이유는, 독생자를 주신 이유는 우리들을 사랑하시기 때문입니다.

본문 말씀의 주제가 "거룩한 사랑"입니다. 이 사랑의 구체적인 표현이 예수님입니다. 요한복음 3장 16절에 근거하면 독생자입니다.

흔히 세상에서는 그리스도인들을 독선적이라고 합니다. 배타성이 강하다고 합니다. 고집이 세다고 합니다. 그러나 이것만은 양보할 수 없습니다. 우리들이 구원받는 길은 예수님뿐입니다. 다른 길은 없습니다. 천하인간에 구원을 얻을만한 다른 이름을 주신 적이 없습니다(행 4:12). 오직 예수님만이 길이요, 진리요, 생명이 되십니다(요 14:6). 예수님 외에 다른 복음이 있다고 한다면 하늘에서 내려온 천사라도 저주를 받습니다(갈 1:8).

믿어야 합니다. 그래야 영생을 얻습니다. 멸망하지 않습니다. 이것이 요한복음 3장 16절입니다.

성경 전체의 요절인 본문이 강조하는 것은 '하나님의 사랑'입니다

하나님의 사랑이 거룩한 이유는 세속적인 사랑과 구별되기 때문입니다. 고대 그리스에서는 최고의 사랑으로 에로스(Ερως)를 이야기했습니다. 순수한 사랑, 남녀 간의 사랑, 주고받는 애정을 에로스라고 불렀습니다. 그러나 오늘날은 이 에로스를 정욕적인 사랑, 육체적인 사랑으로 봅니다. 그래서 성경에는 에로스적인 사랑을 나눈 사람의 이야기는 나오지만 에로스(Ερως)라는 단어는 나오지 않습니다.

삼손과 들릴라의 사랑이 바로 이 에로스적인 사랑입니다. 흔히 미성년자인 19세 이하에게 금지시키는 영화, 즉 빨간 딱지가 붙은 비디오와 같은 것을 에로물, 에로영화라고 하는 데, 바로 이 에로스라는 단어에서 연유됩니다.

성경에는 주고받는 사랑, 즉 우정에 해당하는 단어가 있습니다. 필레오 (φιλεω)라는 단어입니다. 우정이라는 뜻이 강합니다. 우정의 도시를 의미하는 '필라델피아' 라는 단어를 기억하시면 됩니다.

예수께서 승천하시기 전, 베드로와의 대화중에 이 단어가 나옵니다. 주님은 "요한의 아들 시몬아 네가 나를 아가파이하느냐?" 라고 물으시자 베드로는 "내가 주를 필레오하는 줄 주께서 아시나이다" 라고 대답합니다.

물론 헬라어에는 가족 간의 사랑을 표현하는 단어도 있습니다. 스톨게 (στοργη)라는 단어가 바로 그것입니다. 이 단어 역시 성경에서는 찾아보기 힘든 단어입니다. 부모님의 사랑은 희생적입니다. 에로스는 물론 아니고, 그렇다고 주고받는 우정과도 다릅니다.

성경에서 강조하는 거룩한 사랑은 아가페(αγαπη)입니다. 하나님께서 우리를 사랑하신 사랑입니다. 세속적인 사랑과 구별이 됩니다. 그래서 아가페적인 사랑을 "희생적인 사랑" 이라고 번역합니다.

루이스(C. S. Lewis)라는 유명한 신학자는 이러한 사랑을 종합적으로 표현한 적이 있습니다.

"사람은 에로스의 사랑에 의해서 태어나며, 스톨게의 사랑에 의해서 양육을 받고, 필로스의 사랑에 의해서 성숙된다. 그리고 사랑의 완성은 아가페의 사랑에 의하여 이루어진다."

아가페의 사랑을 흔히 희생적인 사랑이라고 번역하는 데 저는 이것으로 부족하다고 봅니다. 오히려 하나님의 사랑을 아가페라고 하는 것이 옳습니다. 본래 이 아가페의 사랑은 거룩한 사랑으로 단순한 희생이 아님니다. 부모님의 사랑도 희생적입니다. 그러나 이것은 스톨게는 될지언정 아가페는 아닙니다.

깔뱅(John Calvin)은 아가페의 사랑을 조건이 없는 사랑이라고 했습니다. '무조건적 사랑'이라 하였습니다.

기독교의 인간관은 선악설입니다. 본래 하나님은 선하게 지으셨으나 선악과 이후 인간은 태어날 때부터 죄인입니다. 깔뱅은 이것을 ① 전적으로 타락(Total Depravity)한 존재로 설명합니다.

그런데 하나님은 이러한 인간을 아무런 조건 없이 선택하셨습니다. 이것을 ② 무조건적 선택(Unconditional Election)이라고 합니다.

부유한 자를, 똑똑한 자를, 힘 있는 자를 선택하신 것이 아니라 우리 같은 사람을, 타락한 인간을 조건 없이 선택하셨습니다. 이것 자체가 사랑입니다. 사랑 받을만한 가치가 없고 사랑할 수 없는 우리들을 사랑하신 것입니다. 그래서 하나님의 자녀가 되게 하셨습니다. 그것도 ④ 강권적으로 사랑(고후 5:14)하셨습니다. 이것을 신학적으로 불가항력적인 은혜(Irresistible Grace)라고 합니다. 거절 할 수 없는 은혜와 사랑입니다.

이로 인하여 우리들은 그리스도 안에서 큰 구원을 얻었습니다. ③ 제한속죄(Limited Atonement, In His Name)입니다. 그 이름으로만, 오직 예수 그리스도의 이름으로 구원을 받았습니다.

그러므로 거룩한 사랑, 하나님의 사랑, 아가페적인 사랑은 단순히 희생적인 것만을 의미하지 않습니다.

그래서 저는 이것을 '파격적인 사랑'이라고 부릅니다. 십자가를 통하여 그의 독생자까지도 내어주신 '아낌없는 사랑'입니다. 어디 그 뿐입니까? 우리를 끝까지 붙잡아 주십니다. 견인해 주십니다. 한없는 용서와 사랑으로 우리를 끝까지 이끌어 주십니다. 이렇게 ⑤ 견인해 주시는 사랑 (Perseverance of the Saints)을 우리는 '끝이 없는 사랑' 이라고 합니다. "끝이 없는 사랑!"

이 거룩한 사랑을 신학적으로 표현한 것이 장로교에서 말하는 깔뱅의 5 대 교리입니다. 참 설명이 딱딱하고 어려운 것이 교리 설교입니다. "오 늘 제가 교리 설교를 하겠습니다" 라고 말씀드리면 지루해 하실 것 같아 서 부드러운 사랑으로 설명을 드렸지만 정말 중요합니다.

칼뱅의 5대 교리는 다음과 같습니다.
① 인간의 전적 타락(Total Depravity)
② 하나님의 무조건적 선택(Unconditional Election)
③ 예수 안에서의 제한 속죄(Limited Atonement)
④ 거절할 수 없는 불가항력적 은혜(Irresistible Grace)
⑤ 성도의 견인(Perseverance of the Saints) 다섯 개입니다.

쉽게 요약하면 첫째, 우리들은 전적으로 타락한 죄인들입니다. 그래서 사랑을 받을 만한 아무런 자격이 없습니다. 그러나 과분한 사랑을 받았 습니다.
둘째, 아무런 이유나 조건을 붙이지 아니하시고 선택하셨습니다. 무조 건 선택입니다. 이것을 사랑으로 표현하면 무조건적인 사랑입니다.
셋째, 그러나 선택받은 우리들이라 할지라도 한 가지의 조건을 붙였습 니다. 예수 안에서 죄는 내가 지었으나 벌은 주님이 받으셨습니다. 예수님의 사랑 때문입니다.

넷째, 이 사랑은 거절할 수가 없습니다. 불가항력적인 사랑이요, 은혜입니다.

강권적인 사랑, 거절할 수 없는 사랑입니다.

다섯째, 하나님의 사랑은 변치 않습니다. 끝까지 붙들고 가십니다. 영원한 사랑입니다.

17

거룩한 소망

롬 8:24-25

보이는 것은 현실입니다. 그러나 소망은 보이지 않습니다. 본문 말씀대로 소망은 "보이지 않는 것을 잡으려고 달려가는 것"입니다.

예수님께서도 베드로와 야고보와 요한에게 먼저 꿈을 심어주십니다. 그래서 주님은 그들을 데리시고 변화산으로 올라가셨습니다. 그들에게 먼저 천국을 보여주십니다. 그러나 산에서 내려오시며 말씀하십니다.

인자가 죽은 자 가운데서 살아나기 전에는 너희가 본 것(ὅραμα)을 아무에게도 이르지 말라 (마 17:9)

너희가 '본 것'은 헬라어로 호라마(ὅραμα)라고 합니다. 이 말을 영어로는 비전(Vision)으로 번역합니다. 주님께서 이 '비전'은 소중한 것이기에 함부로 이야기하지 말라고 경계하십니다.

참된 소망은 마음으로, 영으로, 하나님을 믿는 믿음으로 봅니다. 우리들은 본래부터 소망이 없던 자들이었습니다. 바울은 에베소 교회 성도들에게 우리들의 옛 주소를 상기시킵니다.

> 그 때에 너희는 그리스도 밖에 있었고 이스라엘 밖의 사람이라 약속의 언약들에 대하여는 외인이요 세상에서 소망이 없고 하나님도 없는 자이더니 (엡 2:12)

우리는 하나님 나라의 백성입니다. 권속입니다. 그래서 우리는 모두 거룩한 소망을 소유한 사람들입니다. 하나님 나라에 대한 비전을 가진 자들입니다. 하나님의 사람들로서 분명한 '소망의 사람들'이라는 것입니다.

거룩한 소망은 현실적인 문제에 집착하지 않습니다

> 우리가 소망으로 구원을 얻었으매 보이는 소망은 소망이 아니니 보는 것을 누가 바라리요 (24절)

현실적으로 보이는 것과는 다릅니다. 그러므로 때때로 현실적인 눈으로 보면 소망의 사람들은 이상한 사람들로 보일 수도 있습니다. 그래서 일흔이 넘은 아브라함도 어디로 가는지도 모르면서 하나님의 지시를 따라, 믿음으로 새로운 땅을 향하여 나아갔습니다.

여든 살의 모세도 서슬이 퍼런 바로 왕을 무서워하지 아니 하고 민족을 구하기 위하여 애굽으로 내려갔던 것입니다.

거룩한 소망은 세속적인 것과는 다릅니다. 더구나 〈거룩한 소망〉은 단순한 꿈을 이야기하는 것이 아닙니다.

요셉의 꿈은 단순한 꿈이 아니었습니다. 열 한 별과 해와 달이 자기에게 엎드려 인사하는 것과 형제들의 볏단이 자기에게 경배하는 꿈을 꾸었기 때문에 그 꿈 이야기를 하다가 형제들의 미움을 받고 종으로 팔려가고 억울한 누명을 쓰고 감옥에서 지내야 하는 그 고통 중에 보이는 것은 아무 것도 없었습니다. 그러나 그는 하나님의 섭리를 믿었습니다.

저는 우리 권사님들과 구역장들과 함께 '섭리신앙 회복운동'을 하고 있습니다. '섭리 신앙'은 거룩한 소망을 가진 자들만이 가질 수 있는 신앙입니다. 물론 '창조 신앙'도 중요합니다. 그러나 창조신앙은 과학이 발달할수록 회복되어 갑니다. 과학이나 문명이 발달할수록 하나님의 창조가 더욱 분명해 지고 있기 때문입니다. 너무나 신비하고, 광대하고, 조직적이기 때문에 하나님의 창조를 부인할 수가 없습니다.

그러나 섭리 신앙은 사라져 가고 있습니다. 예전에는 "고통에도 뜻이 있고, 내 고생하는 것 옛 야곱이 돌베개 베고 잠 같습니다. 하나님을 사랑하는 자 곧 그 뜻대로 부르심을 입은 자들에게는 모든 것이 합력하여 선이 됩니다"라고(롬 8:28) 고백하였는데 오늘날은 "세상에 하나님이 계시다면 이런 일이 어떻게 일어날 수 있는가?"라고 하면서 하나님을 등지려고 합니다.

하나님의 뜻이 있을 것이라고 믿는 섭리 신앙의 회복이 필요합니다. 거룩한 소망을 가진 사람은 보이지 않을지라도 낙심하지 않습니다. 섭리 신앙을 가졌기 때문입니다.

인간적인 야심이나 욕심을 소망이라고 하지 않습니다. 거룩한 소망은 야망이나 욕망과는 분명히 구별됩니다. 섭리 신앙을 가진 사람은, 거룩한 소망을 소유한 사람은 결코 편협하거나 옹졸하지 않습니다.

거룩한 소망을 가진 자는 인내합니다

소망이라는 말은 '기다림' 이라는 뜻을 가지고 있습니다. 어려운 때에도 우리 아버지와 어머니들은 자녀들을 잘도 키웠습니다. 바라는 소망이 있었기 때문에 힘들어도 힘이 든다는 말을 하지 않았습니다. 참고 이겨 내었습니다. 그래서 훌륭한 아버지와 어머니 역할을 잘 해 내었습니다. 오늘날의 아버지와 어머니는 똑똑합니다. 삶이나 교육의 방식도 훨씬 더 좋아졌습니다. 그런데 힘들어합니다. 소망은 '미래에 대한 확신' 입니다. '미래에 대한 믿음' 입니다. 소망이 없으니까, 미래에 대한 확신이 없으니까 좌절합니다. 하나님에 대한 '섭리 신앙' 이 사라져버려서 그렇습니다.

아프리카에 대한 어느 보고서에서 읽은 것이 기억납니다. 너무 살기가 힘들고 어려워서 씨앗까지 다 먹어버린 아프리카 현지인들! 그래도 씨앗은 남겨야 하는 데, 너무 힘드니까 그거 남기고 죽을 바에야 그거라도 먹자고 해서 씨앗을 할 곡식까지 다 먹어 치워버렸습니다.

그래서 우리나라에서 씨앗을 공급하게 되었답니다. 그런데 씨앗이 부족하였던 모양입니다. 그러다보니 어느 지역에는 씨앗이 공급이 되었는데 어느 지역에는 씨앗 공급을 할 수가 없었답니다. 문제는 너무 비가 오지 않고 가뭄이 계속되자 추수기가 되어 씨앗을 뿌린 동네에서도 전혀 수확이 없었다고 합니다. 씨앗을 뿌린 동네에서도 헛수고만 한 것입니다. 그런데 씨앗을 뿌린 곳이나 씨앗을 뿌리지 못한 동네나 수확물이 없는 것은 똑 같은 데 이상한 것은 죽은 사람들의 숫자입니다.

씨앗을 뿌린 동네는 그 어려운 중에서도 죽은 사람이 소수인데 반하여 씨앗을 뿌리지 않은 동네에서는 엄청난 사람들이 굶어죽었다는 것입니다. 똑 같이 굶었는데...

그 이유가 무엇일까요? 씨앗을 뿌린 사람들은 기다렸습니다. 가을이 되면 수확이 있을 것이라는 기대가 있었습니다. 소망이 있었습니다. 그러나 씨앗을 뿌리지 않은 사람들은 꿈이 없습니다. 소망이 없습니다. 그들은 낙심해서 죽었습니다.

소망을 가진 자들은 인내합니다. 기다립니다. 뒤돌아보지 않습니다.

만일 우리가 보지 못하는 것을 바라면 참음으로 기다릴지니라 (롬 8:25)

우리에게 이러한 소망을 주시기 위하여 주님도 인류를 향한 뜨거운 사랑으로 십자가의 고난을 참으셨습니다. 그리고 그가 말씀하신 대로 죽음을 극복하시고 사흘 만에 다시 사셨습니다. 예수님의 제자 베드로의 선언입니다.

너희가 그를 죽은 자 가운데서 살리시고 영광을 주신 하나님을 그리스도로 말미암아 믿는 자니 너희 믿음과 소망이 하나님께 있느니라 (벧전 1:21)

거룩한 소망을 가진 자들은 내일을 바라봅니다

하늘의 소망을 가진 성도들은 좌절하지 않습니다. 절망하거나 낙심하지 않습니다.

어느 땐가 CBS 기독교 방송에서 늘 광고를 하던 내용이 생각납니다. 어느 가게에 불이 났습니다. 다 타버렸습니다. 남은 것이 아무 것도 없습니다. 모든 것이 끝이 났다고 생각했습니다. 그러나 며칠 후 불타버린 가게 문 앞에 현수막이 걸렸습니다.

"모든 것이 다 불타 버렸습니다. 그러나 우리의 희망은 불타지 않았습니다."

거룩한 소망은 영원한 것입니다. 불에 탈 수가 없습니다. 이 일을 위하여 주님이 오셨고 이 일을 이루시기 위하여 고난을 받으셨습니다.

"예수 그리스도! 그는 우리의 소망이십니다."

마음대로 되지 않는다고 해서 함부로 살면 안 됩니다. 우리는 주님을 만납니다. 영원한 세상을 바라보고 사는 자들입니다. 하늘이 열려 있습니다. 그래서 권면합니다. 소망이 있기 때문에 오히려 고난 중에도 자기 책임과 사명을 다하는 성도들이 되어야 합니다.

거룩한 소망을 가진 자로서 내일을 바라보며 생기와 활력이 넘치는 삶을 사시기 바랍니다.

18

거룩한 헌신

막 14:3-9

예수님께서 나사로의 마을이라고 불리는 베다니에 가셨을 때의 일입니다. 한 여자가 값진 향유옥합을 깨뜨려 주님의 머리에 붓는 사건이 일어납니다. 마태와 마가는 나병환자 시몬의 집에서 식사 할 때였다고 기록하지만 요한복음 12장에는 마르다는 일을 하고 나사로는 예수와 함께 앉았으며 이 일을 한 사람의 이름이 '마리아' 임을 구체적으로 밝힙니다.

주님은 "복음 전파되는 곳에는 이 일을 기억하리라"(9절)고 말씀하십니다. 대개 아름다운 헌신과 과분한 희생이 있었기 때문이라고 해석합니다. 물론 유다의 속셈은 달랐습니다만 유다가 이야기하는 것처럼 가난한 자를 위한 헌신도 필요합니다.

그러나 주님은 "가난한 자들은 항상 너희와 함께 있다"고 하셨습니다. 주님을 위한 '거룩한 헌신'은 일상적인 것과는 분명히 구별이 됩니다.

먼저 생각해 보려고 하는 것은 유다가 한 말입니다

요한복음에서 가룟 유다가 한 말이라고 밝힌데 반하여 마가복음에는 "어떤 사람들이 화를 내어 서로 말하되"라고 이야기합니다. 그 내용인 즉 "어찌 이 향유를 허비하는가? 이 향유를 삼백 데나리온 이상에 팔아 가난한 자들에게 줄 수 있었겠도다"라고 합니다.

세상에서 보면 맞는 말입니다. 유다가 한 말은 잘못된 말이 아닙니다. 때때로 매스컴이나 아름다운 미담이 소개된 잡지들을 읽으면서 큰 감동을 받을 때가 많습니다.

어떻게 저렇게 헌신적일 수가 있을까? 평생 동안 안 먹고, 안 입고, 아끼고 번 돈을 장학금으로 내어 놓고 된장국에 김치 하나 놓고 밥을 먹으면서도 이웃에게는 고기반찬 만들어 대접하는 모습이며, 자신의 몸을 가누지 못하면서도 봉사하고 남을 우선적으로 섬기는 삶을 살아가는 것을 보면 너무 감격적입니다. '그리스도인이라고 하면서, 목사라고 하면서도 흉내도 못 내겠구나!' 라고 느낄 때가 많습니다.

그런 눈으로 보면 맞습니다. '비싼 향유를 세상에 우리 선생님의 머리에 부어버리다니, 우리 선생님은 병들고 가난하고 어려운 사람들을 위하여 사시는 분이신데, 그걸 팔아서 가난한 사람들에게 주면 얼마나 좋을 까!' 라고 생각할 수도 있습니다.

맞습니다. 그렇게 해야 합니다. 우리 믿는 사람들도 그렇게 살아야 합니다. 지금 세상 사람들이 그렇게 이야기합니다. 왜 교회를 그렇게 크게 짓느냐? 아름답게 꾸미는 이유가 무엇이냐? 꽃꽂이는 왜 하냐? 왜 비싼 대리석이야?

바닥은 왜 고가의 카페트냐? 일주일에 한 번 모이는데 무슨 조직과 구성이 그렇게 화려하냐?

정말 옳은 말이라는 생각이 들 때가 있습니다. 자기 집을 화려하게 꾸며도 교회는 그러면 안 되고 자기는 최고의 장식품과 명품 가방을 들고 다녀도 교인들은 그렇게 해서는 안 된다고 생각합니다.

말은 가룟 유다의 말이 맞습니다. 예수님도 부인하지 않으십니다. 가난하거나 어려운 사람들에 대한 동정심이나 사랑도 중요합니다. 주님은 이러한 헌신이나 희생을 결코 과소평가 하시지 않으십니다. 본문 7절 말씀을 확인합니다.

"가난한 자들은 항상 너희와 함께 있으니 아무 때라도 원하는 대로 도울 수 있거니와..."

평소에 그렇게 해야 합니다. 함께 살아가는 가난한 자와 병든 자와 어려운 자들을 위하여 아무 때든지 도울 수 있는 자들을 원하는 대로 도와야 합니다. 그래서 때가 중요합니다.

거룩한 시간! 하나님의 시간인 카이로스가 중요합니다. '거룩하다' 는 말은 구별되었다는 말입니다. 하나님에 대한 헌신이요, 희생이요, 사랑입니다.

가치로 따진다면 우리 같은 인생을 위하여 하나님이 왜 인간이 되시고 인간이 되셨던 주님이 무슨 이유로 십자가에 못 박히시겠습니까?

우리들이 하나님께서 독생자를 십자가에 내어주고 그 값으로 우리들을 사실만한 가치가 있는 존재들입니까?

아름다운 꽃들을 들고 남녀 간에 서로 사랑한다고 프로포즈도 하고 졸업, 생일, 수상, 입학 등을 축하하고, 슬픈 일을 당하면 조화를 들고 가서 위로하기도 합니다만 어디 비교할 수 있습니까? 우리 주님께 영광을 돌리기 위하여 매 주일마다 최고의 마음으로 꽃을 장식하고, 최고의 음악을 통하여 하나님께 영광을 돌리기 위하여 준비하는 찬양! 최고의 마음을 담아 주님께 드리는 아름다운 예물들! 이것을 지금 세상의 구제와 헌신으로 비교합니다.

필요가 없다는 것이 아닙니다. 오해하지 마십시오. 가룟 유다의 말은 맞습니다. 그러나 거룩한 하나님께 드려진 것과 소위 주님의 장례식을 준비하는 향유 옥합을 깨뜨린 것인데, 거룩한 주님의 말씀과 세상의 윤리와 도덕과 같을 수가 있느냐는 것입니다.

가룟 유다의 생각이나 삶은 어떤 것입니까?

우선 가룟 유다의 말을 들어보면 이웃을 생각하고 가난한 자를 위하여 무척이나 애쓰는 사람처럼 보입니다.

"어찌 이 향유를 허비하는가? 이 향유를 삼백 데나리온 이상에 팔아 가난한 자들에게 줄 수 있었겠도다."

그런데 이런 말을 하게 된 이유가 무엇이라고 합니까? 요한복음은 구체적으로 설명을 합니다. 요한복음 12장 6절입니다.

"이렇게 말함은 가난한 자를 생각함이 아니요, 그는 도둑이라. 돈궤를 맡고 거기 넣은 것을 훔쳐 감이라."

개척교회를 목회할 때의 일입니다. 이 어려운 교회에 웬 꽃꽂이냐고? 어려운 사람들도 많은 데, 우리 보기 좋으라고 이러지 말고 그 돈으로 구제금으로 쓰자는 사람이 있었습니다.

사실은 우리 보기 좋으라고 하기보다는 하나님 앞에 드리는 정성입니다만 교인들이 하도 소수이다 보니 그 분 하자는 대로 하기로 했습니다.

그래도 강단이 너무 허전하니까 화분을 사다 놓았습니다만 사실은 구제도 하고 실제로 이웃을 위하여 헌신도 하고 봉사하시는 분은 꽃을 드리는 성도이지 그 말 많은 사람이 아니었습니다.

결국 그 분이 우리 교회를 떠나는데 이유가 뭔지 아십니까? 우리 교회 같이 어려운 개척교회가 경노잔치는 왜 하며, 독거노인들이지만 같이 살지 않아서 그렇지 그들도 자식들이 있는데, 일주일에 한 번씩 반찬은 왜 만들어 주느냐는 거였습니다.

후에 안수집사님이 제게 더 우스운 이야기를 합니다. "목사님! 순진하게 집사들 이야기하는 대로 곧이듣지 마세요." 물론 그 어려운 개척교회에 다른 계산이야 있었겠습니까만 자기에게 구제부장 안 시켜 주고, 다른 부장 시켰다고 삐져서 다른 교회로 갔답니다.

전혀 본문내용과 유사하지도 않은 이야기지만 본문만 읽으면 생각이 나서 드리는 말씀입니다.

어느 것이나 다 중요합니다. 그러나 가룟 유다인들 그렇게 나쁜 생각을 가졌을까요? 정신 차리지 않으면 호시탐탐 노리는 사탄의 하수인이 된다는 것입니다.

본문 말씀의 핵심은 무엇입니까? 복음이 전파되는 곳에는 꼭 기억되어야 할 이 여인의 헌신! 일반적인 사회봉사나 헌신과는 분명히 구별되는 거룩한 헌신입니다.

이 여인(마리아)은 자신의 생애를 통하여 모은 재산을 전부 드렸습니다. 무엇보다 중요한 것은 그의 정성, 곧 있는 힘을 다하여 준비한 것입니다. 더구나 이 일이 거룩한 이유는 주님의 장례를 위하여 미리 준비하였다는 것이기 때문입니다.

누구보다 주님의 은혜를 크게 입었고, 그 사랑을 깨달은 마리아입니다. 은혜를 입은 자가 은혜를 베풀고, 사랑을 입은 자가 사랑을 압니다.

죽음에서 구원함을 받은 마리아입니다. 병든 오빠 나사로와 아둔한 언니 마르다를 부양하여야 할 여인 마리아는 대낮에 간음하다 잡혀 옵니다. 그러나 주님의 사랑과 은혜로 구원함을 받았습니다. 얼마 후 오빠 나사로가 병들어 죽었습니다. 가정의 기둥이 무너졌습니다. 그나마 위안이 되었던 오빠 나사로인데 말입니다. 주님이 오셔서 살려 놓았습니다.

정말 묻고 싶은 말이 있습니다. 옥합을 깨뜨린 마리아의 헌신이 오늘 우리가 생각하는 것처럼 이 향유의 가격이 3백 데나리온이고 가난한 자를 먼저 생각하고 봉사할 것이냐 마냐 할 그런 문제입니까? 우리도 마리아와 같은 은혜를 입은 사람들이라면 여기에 더 이상 무슨 논쟁이 필요합니까?

예수님께서 마지막으로 예루살렘에 들어가시면 어떤 일이 일어나게 될지 마리아는 전혀 알지 못하였다 할지라도 주님이 우리 동네에 오셨는데 '아깝다, 내가 장차 시집갈 밑천인데, 이건 정말 내 살림 밑천으로 모아둔 비싼 향유인데' 라는 생각이 들었겠느냐 하는 이야기입니다.

예수님에 대한 마리아의 생각과 가룟 유다가 말하는 헌신은 다릅니다. 은혜 안에 거하는 우리들과 세상 사람들의 생각은 분명히 구별됩니다.

> 나를 사랑하는 자들이 나의 사랑을 입으며 나를 간절히 찾는 자가 나를 만날 것이라 (잠 8:17)

거룩한 헌신은 하나님의 거룩한 사랑과 은혜를 체험하고 깨달은 자 만이 할 수 있는 헌신입니다. 그 사랑과 그 은혜를 바로 깨닫고 헌신할 수 있는 성도들이 되시기 바랍니다.

19

거룩한 희생

고전 1:18-21

지혜로운 자가 되어야 합니다. 성경은 지식이나 지능을 강조하지 않습니다. 우리들은 머리 좋은 사람, 아이큐 곧 지능지수가 높은 사람을 원합니다. 그러나 유대인들은 지혜를 강조합니다.

지식은 한계가 있습니다. 지식이나 정보는 컴퓨터나 스마트 폰을 통하여 얼마든지 확인하고 얻을 수 있습니다. 그러므로 우리들은 성경의 교훈대로 지혜로운 사람이 되어야 합니다.

사도 바울은 강력한 어조로 되묻습니다. 20절 말씀입니다.

"지혜 있는 자가 어디에 있느냐? 선비가 어디 있느냐? 이 세대에 변론가

가 어디에 있느냐? 하나님께서 이 세상의 지혜를 미련하게 하신 것이 아
니냐?"

"지혜 있는 자가 어디에 있느냐?"고 묻습니다. 선비나 변론가에 대해서
도 마찬가지입니다.

사실은 같은 질문입니다. 지혜가 필요합니다. 지혜 있는 자가 중요한 만
큼 선비도 필요합니다. 본래 헬라어 원어에 나오는 선비라는 말은 '그
람마테이스' (γραμματείς)입니다. 현대중국역본에서는 '박학자' (博學
者)로, 1912년 상해판 번역에는 '경사' 로 번역된 말로 바울 당시에는 율
법학자나 서기관 혹은 바리새인을 향하여 '선비' 라 부를 수도 있었을
것입니다. 오늘날로 말하면 어떤 분야의 대가나 전문가, 지식인이나 학
자들을 의미합니다.

바울은 선비가 어디에 있느냐고 묻습니다. 변론가도 필요합니다. 변호
사, 논증가, 토론자도 필요합니다. 그러나 바울은 이 세대에 무슨 변론
가냐고 묻습니다. 필요 없다는 이야기가 아닙니다. 바울이 이렇게 절규
하는 것은 "십자가의 도" 때문입니다. 아무리 지혜를 이야기하고, 선비
라고 우겨도, 뛰어난 변론가라고 할지라도 십자가가 없는 지혜와 학문
과 변론도 무익하다는 것입니다.

그래서 바울은 본문 말씀을 통하여 먼저 선언합니다. 18절입니다.

"십자가의 도가 멸망하는 자들에게는 미련한 것이요 구원을 받는 우리
들에게는 하나님의 능력이라."

멸망할 수밖에 없는 우리들이었습니다. 결과가 지옥과 고통과 죽음이라면 부귀영화도 아무 소용이 없습니다. 미련하기 그지없는 우리들이었습니다. 지옥과 죽음과 고통을 향하여 달려가는 우리들이었으나 십자가는 구원을 받은 우리들에게 하나님의 능력입니다(18절).

비웃는 사람들

사실은 지금도 교회 밖에서 우리들을 비웃는 사람들이 있습니다. 이 과학 시대에 무슨 십자가냐고, 이 학문의 시대에, 전자 과학과 컴퓨터와 사이버 공간을 이야기하는 멀티미디어의 시대에, 무슨 십자가냐고 손가락질 하는 사람들이 있습니다.

저는 묻습니다. "그 인터넷이나 과학이나 디지털이나 우주 과학을 이야기하기까지 학문을 연구하고 일으킨 사람들이 그리스도인이었느냐? 아니면 불신자였느냐?"

오늘날 우리들이 누리는 혜택은 모두 십자가 이후의 역사 속에서 일어난 사건들입니다. 지금도 십자가를 부인하는 종교나 나라나 백성들은 과학이나 학문을 누리지 못하고 있는 사람들입니다. 잘 태어난 줄 알아야 합니다. 좋은 나라 좋은 배경에서 자라는 줄 알아야합니다.

흔히 이야기합니다. 북한을 동경하고 남한에서 누리는 자유를 모르고 비방하며 북한을 찬양하는 사람들에게 북한에 보내 보아야 한다고 이야기합니다.

저는 똑 같은 이야기를 하고 싶습니다. 주님의 십자가의 은혜를 누리고 그 사랑에 힘입어 자유 함을 누리기 때문에 우리는 과학과 학문의 자유도 누리고 십자가가 사실이냐 아니냐는 논쟁도 하는 것입니다.

그런데 십자가의 공로를 모르고 부인하고 폄훼하고 손가락질 하는 자들을 십자가를 부인하는 사회주의 국가나 공산주의 국가로, 십자가를 모르기 때문에 과학도 모르고 학문도 모르는 나라로 보내보면 어떨까요? 하나님을 아는 지혜도 마찬가지입니다. 마지막 21절입니다.

"이 세상이 자기 지혜로 하나님을 알지 못하므로 하나님은 전도의 미련한 것으로 믿는 자들을 구원하시기를 기뻐하셨도다."

세상 지혜로는 부족합니다. 그런데 참 안타까운 것은 성령에 대해서 알지도 못하는 사람들이 교회의 일에 대하여 좌지우지 하려고 하고, 교회의 일에 대하여 간섭하려고 하고, 성령에 대해서는 알지 못하는 사람들이 자기 지혜로 교회를 판단하고 평가합니다.

십자가의 도(道)

현혹되지 마시기 바랍니다. 세상의 눈으로는 미련하게 보이지만 우리의 도는 십가가의 도입니다. 그래서 십자가가 위대합니다. 십자가는 거룩한 주님의 희생을 의미합니다.

그 십자가가 아니었다면 오늘날 우리들은 어떤 자리에 있을까요?

그 십자가가 없다면 장차 우리들은 어떻게 될까요?

지혜도, 능력도, 구원도, 사랑도, 영생도 모두 십자가 때문입니다. 우리 주님은 친히 십자가를 지시고 십자가 위에서 희생하셨습니다. 희생 제물을 드리는 제사장으로서 자신의 몸을 희생 제물로 드리셨습니다. 죄는 분명히 내가 지었습니다. 그러나 그 죄의 대가는 주님이 친히 해결하셨습니다. 그리고 우리들에게 영생을 주시고 하나님의 자녀가 되게 하셨습니다.

아무리 지혜롭다고 해도 십자가가 없다면 오히려 미련한 것입니다. '도'를 따르는 것이 선비지만 '십자가의 도'를 알지 못하면 바른 선비가 아닙니다. 이 세대의 변론가를 자처하는 사람도 십자가와 무관하면 거짓입니다. 이 일을 위하여 주님은 세상이 말하는 가장 미련한 방법을 택하셨습니다. 그렇기 때문에 이 십자가보다도 더 거룩한 희생은 없습니다.

6
part

종려주일
; 棕櫚主日 [Palm Sunday]

절기 따라
가는 길

20

빛의 자녀들

요 12:35-36

주님은 스스로 "세상의 빛"이라고 하셨습니다

나를 따르는 자는 어두움에 다니지 아니하고 생명의 빛을 얻으리라 (요 8:12)

그러나 빛으로 오신 그 분을 어두움인 세상은 깨닫지 못했습니다. 요한 사도는 요한복음 1장 5절에서 "빛이 어두움에 비취되 어두움이 깨닫지 못하더라"고 기록하였습니다.

본문 말씀의 교훈도 마찬가지입니다. 예수님 스스로 말씀하십니다. 아직 잠시 동안 빛이 너희 중에 있다고 말씀하십니다. 빛의 자녀들인 우리들은 어두움에 붙잡히지 않아야 함을 강조하십니다. 그런데 문제는 그 빛이 있을 동안에도 어둠에 다니는 자는 빛이신 주님께서 가시는 곳을 알지 못한다고 말씀하십니다.

36절에서 주님은 이렇게 권면하십니다.

"너희에게 아직 빛이 있을 동안에 빛을 믿으라! 그리하면 빛의 아들이 되리라."

그 다음 말씀을 놓치지 않아야 합니다. 36절 하반부입니다.

"예수께서 이 말씀을 하시고 그들을 떠나서 숨으시니라."

성경학자들은 예리합니다. "빛이신 그 분을 아무도 맞아주지 아니하니까 예수님이 숨으셨다. 예수님을 반기고 좋아하며 사랑하는 사람들이 있는 베다니 마을로 가셨을 것이다"라고 합니다.

종려주일인 오늘 우리가 생각하려고 하는 것은, 주님은 오셔서 예루살렘 성에 입성하셨으나 맞아들인 사람은 "호산나"라고 찬양하던 몇몇 무리에 불과하였지만 주님을 필요로 하는, 순수하고도 주님을 사랑하였던 베다니 사람들처럼 우리도 주님의 피와 살을 기념 하는 성찬예식과 함께 주님과 내가 하나가 되자는 것입니다.

빛이신 그 분을 영접하는 자가 되어야 합니다

주님도 본문을 통하여 빛이 있을 동안에 빛을 믿으라고 하셨습니다만 우리는 빛이신 그 분을 영접하여야합니다. '영접 한다' 는 말은 받아들인다는 것을 의미합니다. 그런데 세상은 빛이신 그 분을 영접하지 안 했습니다(요 1:10-11). 예루살렘 거민들도 마찬가지였습니다.

성경이 강조하는 것은 무엇입니까? 요한복음 1장 12절은 다 외우시는 말씀입니다.

"영접하는 자 곧 그 이름을 믿는 자들에게는 하나님의 자녀가 되는 권세를 주셨으니."

베다니 마을! 우리 주님은 예루살렘에 오시면 꼭 베다니 마을로 가셨습니다. 베다니 마을에서 주무시고, 베다니 마을에서 식사를 하시고, 베다니 마을에서 기적을 베푸시고...

왜 그러셨습니까? 베다니 마을에는 ①예수님을 사모하는 사람들이 살고 있었습니다. 아니 ②예수님의 사랑이 꼭 필요한 사람들이 사는 마을이었습니다. 마리아와 마르다, 병들어 죽었다가 살아난 나사로가 사는 마을이었습니다. 나병환자 시몬이 거기에 살았고 그 집에서 잔치를 베풀었던 것을 기억하실 것입니다.

베다니 마을에는 ③순진한 사람들이 사는 곳이었습니다. 우리 주님께서 예루살렘 성에 입성하시기 전에 제자들을 베다니 마을로 보내십니다. 거기 가서 나귀새끼 한 마리를 끌고 오라고 하십니다. 베다니 마을 사람은 낯선 사람이 자기 동네 나귀새끼를 끌어가는 것을 보았습니다. 그러나 그들은 "주가 쓰시겠다" 는 한 마디에 이론을 제기하지 않습니다. 그만큼 순진한 사람들이 베다니 마을 사람입니다.

베다니 마을 사람들은 슬퍼하는 자들과 함께 울고 어렵고 힘들어도 잔치하는 자들과 함께 잔치하는 자들이었습니다. 한경직 목사님께서 처음 영락교회를 세우실 때에 왜 베다니 선교교회라고 불렀을까요? 베다니 마을 사람들이야 말로 주님을 영접한 사람들의 모습 그대로였습니다. 우리들도 영접하는 자가 되어야 합니다. 성찬예식은 우리를 위하여 피 흘리신 예수님을 나의 주로 고백하는 것입니다.

그 분의 빛 안에 거하는 자가 되어야 합니다

하나님은 빛이시니 그에게는 어두움이 조금도 없으시니라 (요일 1:5)

우리는 모두 빛의 자녀들입니다. 그러므로 이제 우리들은 모두 어둠의 일을 벗고 빛의 갑옷을 입어야 합니다(롬 13:12). 하나님은 우리를 이방의 빛으로 삼아 땅 끝까지 구원하시기를 원하십니다(행 13:47).
아무도 알지 못할 거라고 생각하던 일들이, 깜깜한 가운데 이루어진 일이라 아무도 보는 이가 없는 별장 안에서 이루어진 일이라 묻혀버릴 줄 알았던 일들이 신문지상이나 TV 뉴스를 통해서 온통 드러납니다. 그래서 개인적으로나 국가적으로나 사회적으로 부끄러운 일들이 연일 터지고 있습니다.
하나님의 빛은 더 밝습니다. 어느 분이 며칠 동안 저 세상에 갔다가 온 이야기를 하는 데, 불과 1분 안에 다 지나가더랍니다. 아주 명확하게 비디오를 보는 것처럼, 그것도 낱낱이 말입니다.

우리는 더욱 빛 속에 거하여야 합니다. 자신을 주님보다 더 내세우지 마시기 바랍니다. 주님의 빛으로 우리를 덮어버려야 합니다. 우리의 허물과 죄악과 연약함을 그 분의 빛으로 덮어주십니다. 우리의 모습을 볼 때, 우리의 삶을 세상 사람들이 볼 때에도 주님만 보이는 삶을 사셔야 합니다.

누구나 죄를 지으면 두려움을 느낍니다. 그 두려움 때문에 더 큰 죄를 지을 수 있습니다. 다윗이 우리아의 아내 밧세바를 탐한 후에 임신 소식을 듣고 그것을 덮으려고 했습니다. 그래서 더 큰 죄를 짓습니다. 충성스러운 우리아 장군을 살해하는 죄까지 범하게 됩니다.

죄악은 그렇게 덮여지는 것이 아닙니다. 더욱 더 큰 빛이신 주님 앞에 자신을 던져야 합니다. 회개하고 뉘우치고 그 죄를 끊어버리고 자신을 십자가 앞에 던져야 합니다. 큰 빛이 되신 우리 주님의 일에 충성하시기 바랍니다. 내 모습은 십자가 뒤에 감추어지고 거룩한 주님의 모습만 드러나는 그리스도인들이 되시기 바랍니다.

성경은 빛의 자녀들처럼 행하라고 말씀합니다

주께서 이 땅에 오셔서 십자가를 지신 것은 이 일 때문입니다. 에베소서 5장 8절 말씀으로 결론을 맺겠습니다.

"너희가 전에는 어둠이더니 이제는 주 안에서 빛이라. 빛의 자녀들처럼 행하라."

우리는 더 이상 어둠의 자식들이 아닙니다. 사도 바울은 로마서 1장 28절 이하에서 어둠에 속한 행위들을 열거합니다.

"그들은 마음에 하나님 두기를 싫어합니다. 불의와 추악과 탐욕과 악의가 가득합니다. 시기, 살인, 분쟁, 사기, 악독이 가득합니다. 수군수군합니다. 비방합니다. 하나님께서 미워하십니다. 교만합니다. 자랑하며 악을 도모합니다. 부모를 거역합니다. 우매합니다. 배약하는 자요, 무정하며, 무자비합니다."

그러나 빛의 자녀들은 착합니다. 의롭습니다. 진실합니다. 어떻게 하면 주를 기쁘시게 할 것인가를 생각합니다. 지혜가 있는 자같이 세월을 아낍니다. 술 취하거나 방탕하지 않습니다. 성령으로 충만합니다. 시와 찬미와 신령한 노래로 화답하며 주님께 찬송합니다. 범사에 예수 그리스도의 이름으로 하나님 아버지에게 감사하는 삶을 삽니다. 그리스도를 경외함으로 피차 복종합니다(엡 5:9-21).

종려주일인 오늘 우리들은 성찬예식을 행합니다. 성찬예식은 빛의 자녀들에게만 주어진 특식(特食)입니다. 빛의 자녀들은 거룩한 삶을 위하여 반드시 성찬 상 앞으로 나와야 합니다. 거룩한 성도로서의 힘과 능력을 공급받기 위하여 더욱 그렇습니다. 주께서 친히 이 일을 위해 그 몸을 찢으시고 피를 흘리심으로 거룩한 성찬을 위한 희생제물이 되셨기 때문입니다.

찬송가 143장을 부르며 성찬식 앞으로 나아갑시다. 빛이신 그 분을 우리의 몸으로 받아들입시다. 빛이신 그 분을 영접하고, 그 빛 안에 거하며, 그 빛으로 살아가는 우리들이 되기 위하여 믿음으로 성찬 상 앞으로 나아갑시다.

7
part

부활절
; 復活節 [Easter]

절기 따라
가는 길

21

무덤에서 빨리 떠나자

마 28:1-10

안식 후 첫날, 곧 주일 아침이었습니다. 막달라 마리아와 다른 마리아가 예수님의 무덤을 보려고 찾아갑니다. 두려움으로, 떨리는 마음으로, 사모하는 마음으로 갑니다.

그러나 그들이 만난 것은 큰 지진이었습니다. 하늘로부터 내려 온 주의 천사였습니다. 빈 무덤이었습니다. 하늘로부터 온 천사들의 모습은 그 형상이 번개 같고 그 옷은 눈과 같이 희었습니다. 4절에 무덤을 지키던 자들의 모습이 나옵니다. 무서워 떨며 꼭 죽은 사람과 같았습니다.

너희는 무서워 말라 십자가에 못 박히신 예수를 너희가 찾는 줄 내가 아노라 그가

여기 계시지 않고 그가 말씀하시던 대로 살아 나셨느니라 와서 그의 누우셨던 곳을 보라 (5-6절)

그리고 천사는 여인들에게 말합니다.

빨리 가서 그의 제자들에게 이르라 그가 죽은 자 가운데서 살아 나셨고 너희보다 먼저 갈릴리로 가시나니 거기서 너희가 뵈오리라 (7절)

여인들은 무서움과 큰 기쁨으로 빨리 무덤을 떠나 달음질합니다(8절). 우리도 빨리 무덤을 떠나 달려야 합니다.

"빨리 무덤을 떠나자!"

제가 교사시절에 6학년 아이들을 데리고 경주로 수학여행을 간 적이 있습니다. 관광지들이 많지만 주로 무덤들이 많습니다.
대능! 오능! 설총의 묘! 무열왕릉! 김유신장군 묘! 진평 왕릉! 선덕왕릉! 탈해왕릉!
선생님 뒤를 졸졸 따르던 학생이 묻습니다.

"선생님! 다음은 누구의 무덤에 가는데요?"

불국사, 석굴암, 첨성대, 박물관도 있습니다만 막상 학생의 질문을 받는 순간

"아! 우리의 문화가 글쎄?"

우리의 문화가 무덤의 문화가 되어서는 안 될 것입니다. 우리들 자신이 이 무덤으로부터 떠나는 삶이 되어야 합니다. 주님은 우리에게 생명을 주시기 위하여 오셨는데 말입니다.
무덤을 찾아가는 여인들을 보십시오. 그들이 가진 몇 가지의 특징이 있습니다.

첫째, 무덤의 문화는 슬픔의 문화입니다.
우리는 그 슬픔을 문화라고 합니다. 여인들은 슬펐습니다. 그토록 따랐던 예수님인데 십자가에서 죽으시고 그 돌무덤 속에 갇히셨습니다. 그 돌무덤을 깨고 나오신 우리 주님! 아! 세월호안에 있는 아이들이 그 철판을 깨고 나올 수 있게만 해 주신다면... 그 슬픔이 사라지게 하옵소서!

둘째, 무덤은 그녀들로 하여금 큰 근심과 걱정을 주었습니다.
마가복음 16장 3절입니다.

서로 말하되 누가 우리를 위하여 무덤 문에서 돌을 굴러 주리요 (막 16:3)

그런데 그 돌문은 열려져 있었습니다. 지진이 일어나면서 우리 주님이 무덤을 깨치시고 일어나시면서 그 돌은 이미 굴러져 있었습니다.

셋째, 죽음은 좌절과 낙심만이 있을 뿐입니다.

고통과 절망뿐입니다. 장례식에서 인사법은 "무어라 위로할 말이 없습니다" 입니다. 유족들은 그저 "망극합니다"로 대답합니다. 더 이상 무어라 위로할 말이 없습니다. 그러나 무덤을 찾은 이 여인들에게 천사는 빨리 이 무덤을 떠나라고 이야기합니다. 여인들은 무섭기도 하였지만 큰 기쁨으로 빨리 무덤을 떠나갑니다.

> 그 여자들이 무서움과 큰 기쁨으로 빨리 무덤을 떠나 제자들에게 알리려고 달음질 할 새 (마 28:8)

빨리 무덤을 떠나야 합니다. 빈 무덤으로 무덤의 문화를 바꾸어야 합니다.

"그가 여기 계시지 않고"

예수님은 더 이상 무덤에 계시지 않습니다. 우리는 주님과 함께 살기를 원합니다. 공자도 무덤이 있습니다. 석가도 무덤이 있습니다. 그러나 우리 주님의 무덤은 빈 무덤입니다. 부활하셨기 때문입니다.

"너희보다 먼저 갈릴리로 가시나니"

그렇습니다. 주님을 만나야 합니다. 제자들이 그물을 깁고 던지던 그 갈릴리! 마태가 세관에 앉아 일하던 갈릴리! 우리 주님이 물고기 두 마리와 보리 떡 다섯 개로 오천 명을 먹이시던 그 곳! 각색 병든 자들과 약한 자들을 고치시며 기적과 능력을 행하시던 그 갈릴리! 부활하신 주님은 우리의 직장에, 가정에, 우리가 살고 있는 바로 그 갈릴리에 먼저 가 계십니다.

"제자들에게 알리려고 달음질할 새"

여인들은 복음을 전하기 위해서 달려갔습니다. 이 사실을 알리기 위해 달려 가서야 합니다. 이 기회 놓치지 마세요. 특히 여자 성도들은 힘으로 남편을 변화시킬 수 없습니다. 구원할 수 없습니다.

지금 대한민국이 변하고 있습니다. 어머니들 때문에, 아버지들 때문에... 주님이 기다리고 계십니다.

이 복음을 전하기 위해 달려 가서야 합니다. 여인들이 제자들에게 이 사실을 알리기 위하여 달려 나갔던 것처럼...

부활의 소식은 정말 기쁜 소식이지만 여인에게는 '무서움' 이 있었습니다. "그 여자들이 무서움과 큰 기쁨으로 빨리 무덤을 떠나"(8절 上). 우리 주님은 그것까지 아시고 계셨습니다. 그래서 부활하신 주님은 직접 여인들을 만나주십니다.

"평안하냐?"(9절) 물으신 주님은 10절 "무서워 말라. 갈릴리로 가라. 거기서 나를 보리라"고 말씀하십니다.

우리 모두는 무덤을 떠나야 합니다. 빨리 떠나야 합니다. 내 마음에 있는 무덤의 문화를 씻어버립시다. 슬픔과 근심과 걱정과 두려움 좌절과 낙심과 상심한 마음으로부터 떠납시다.

이제 우리도 부활의 주님이 가신다고 하신 갈릴리로 나아갑시다. 생명의 현장인 갈릴리로 나아갑시다. 죽음의 현장을 떠나 무덤을 떠나 비록 대적들과 바리새인들과 방해꾼들이 있지만 병자들이, 맹인들이, 병든 자들이 고아와 과부들이 있는 그 곳! 눈물이 있어도 웃음이 있고, 슬픔이 있어도 위로가 있고, 아픔이 있어도 소망이 있는 그 곳, 갈릴리로 나아갑시다.

말씀이 있고, 생명이 있고, 아이들이 따르고 순진하고 순수한 무리들이 있는 곳이 갈릴리입니다. 갈릴리로 나아갑시다. 그리고 그곳에다가 출렁거리는 갈릴리 호수와 같은 생명의 문화를 심읍시다.

우주 시대를 이야기하고 과학을 이야기하면서도, 뻔히 눈앞에서 고통당하는 우리 아이들을 보면서도 아무런 힘을 쓰지 못하는 어리석은 인간의 과학이나 무덤 속에 갇혀 버린 교회가 되어서는 안 됩니다.

함께 울고 함께 웃을 수 있는, 우리의 소망이요, 기쁨이요, 부활의 주가 되신 우리 주 예수님을 만나러 갈릴리로 나아가는 교회가 되고, 성도가 되어야 합니다.

22

그의 말씀하시던 대로

마 28:5-10

이른 새벽이었습니다. 평소에 예수님을 사랑하고 따르던 여인들이 예수님의 무덤을 찾아갔습니다. 그러나 무덤은 비어있었고, 대신 천사들이 그 자리를 지키고 있었습니다.

"너희는 무서워 말라 십자가에 못 박히신 예수를 너희가 찾는구나 그가 여기에 계시지 않고 말씀하신 대로 살아 나셨느니라."

이미 주님께서 말씀하셨습니다. 사흘 만에 살아나리라고 여러 번 예언을 하셨습니다.

마태복음에만 세 번이나 예언하신 기록이 있습니다.

첫 번째는 서기관과 바리새인들이 예수님께 표적을 요구하자 말씀하신 내용입니다. 주님은 이들의 요구에 대하여 말씀하십니다.

> 악하고 음란한 세대가 표적을 구하나 선지자 요나의 표적 밖에는 보일 표적이 없느니라 (마 12:39)

그리고 구체적으로 설명하십니다.

> 요나가 밤낮 사흘 동안 큰 물고기 뱃속에 있었던 것 같이 인자도 밤낮 사흘 동안 땅 속에 있으리라 (마 12:40)

예수님은 요나보다 더 큰 선지자이십니다. 예수님은 솔로몬보다 더 큰 왕이십니다. 예수님은 모세보다, 아론 보다 더 탁월하신 제사장이십니다. 밤낮 사흘을 무덤 속에 계셨으나 무덤 문을 여시고 다시 사셨습니다. 두 번째는 베드로와(마 16:21) 그 제자들에게 친히 이야기하셨습니다(17:23). 가이사랴 빌립보 도상에서 베드로가 예수님의 주되심을 고백합니다.

"주는 그리스도시요 살아계신 하나님의 아들이니이다."

베드로가 칭찬을 받습니다.

"바요나 시몬아 네가 복이 있도다 이를 네게 알게 한 이는 혈육이 아니요 하늘에 계신 네 아버지시니라."

그 믿음의 반석 위에 나의 교회를 세우겠다고 하시며 음부의 권세가 이기지 못하리라고 선포하십니다. 바로 이어서 우리 주님은 말씀하십니다. 마태복음 16장 21절입니다.

"이때로부터 예수 그리스도께서 자기가 예루살렘에 올라가 장로들과 대제사장들과 서기관들에게 많은 고난을 받고 죽임을 당하고 제 삼일에 살아나야 할 것을 비로소 제자들에게 말씀하시니라."

그 때 베드로가 예수님을 붙들고 항변합니다.

"주여 그리 마옵소서. 이 일이 결코 주께 미치지 아니 하리이다."

방금 칭찬을 듣던 그가 예수님에게 꾸중을 듣습니다.

"사탄아 내 뒤로 물러가라 너는 나로 넘어지게 하는 자로다 네가 하나님의 일을 생각하지 아니하고 도리어 사람의 일을 생각하는 도다."

마태복음 17장 22절과 23절에도 같은 내용이 나옵니다.

"갈릴리에 모일 때에 예수께서 제자들에게 이르시되 인자가 장차 사람들의 손에 넘겨져 죽임을 당하고 제 삼일에 살아나리라 하시니 제자들이 매우 근심하더라."

예수님께서 예루살렘으로 가는 길에서도 이 사실을 말씀하셨습니다. 마태복음 20장 18-19절입니다.

"보라 우리가 예루살렘으로 올라가노니 인자가 대제사장들과 서기관들에게 넘겨지며 그들이 죽이기로 결의하고 이방인들에게 넘겨주어 그를 조롱하며 채찍질하며 십자가에 못 박게 할 것이나 제 삼일에 살아나리라."

매우 구체적으로 설명하셨습니다. 주님께서 친히 말씀하신대로 이루어졌습니다. 부활하셨습니다. 로마 군대와 장로들과 서기관들이 이러한 예언을 기억하고 무덤을 지키고 다시 살아나지 않아야 한다고 방비를 하지만 죽었던 사람이 다시 살아나는 것을 무슨 수로 막습니까? 아직도 이러한 사실을 인간의 학문인 과학이나 인본주의로 막으려고 하지만 말입니다.

제자들은 이 사실을 기억하지 못했습니다

듣는 귀가 중요합니다. 제자들은 "죽으리라"는 말씀만 듣고 두려워하고 걱정합니다. 만류하다가 꾸중을 듣고(16:23), 또 매우 근심하기도 합니다(17:23).

이제 중요한 것을 발견하셔야 합니다. 똑 같은 말씀을 하셨으나 제자들처럼 죽음에 대한 이야기만 듣지 않아야 합니다. 장로들과 대제사장들과 서기관들에게 많은 고난을 받고 죽임을 당하고 제 삼일에 살아나야 할 것을 비로소 제자들에게 말씀하셨으나 제 삼일에 살아나신다는 것보다는 죽음이라는 말씀에만 집착합니다.

제가 아는 자매는 "사랑하는 내 딸아! 이 도성을 떠나라"는 하나님의 음성을 들었다고 합니다. 기도 응답으로 들려진 음성은 "이 도성을 떠나라!"고 하는 것입니다. 그런데 늘 눈물 흘리며 감격하는 것은 주께서 "내 사랑하는 딸아!" 그러셨다는 것입니다.

물론 그럴 수 있습니다. 어떤 장로님은 간증하기를 자기가 중학교를 졸업하고 아버지가 서울로 보내면서 "말은 태어나면 제주도로 보내고 사람은 태어나면 서울로 가라 했다. 서울 올라가면 신앙생활도 잘하고 공부도 열심히 하라"고 하셨다고 합니다. 하지만 신앙생활 잘하고 공부 열심히 하고는 기억이 안 나고 사람은 서울에 살아야 한다는 것만 기억하다가 늦게야 아버지 말씀을 깨달았답니다. "신앙생활 잘 하고"를 잊었다가 낭패와 실망을 당한 다음에야 깨달았답니다.

제자들이 그렇습니다. 근심 하고 걱정 하고 꾸중 듣고...

주님 말씀대로 부활하셨습니다. 말씀대로 말입니다. 이게 중요합니다. 그래서 우리는 말씀을 잘 읽고 잘 들어야 합니다.

주님은 말씀대로 이루시는 분이십니다

성경 말씀대로, 주님께서 말씀하신 대로 주님은 부활하셨습니다. 실제로 성경에 있는 모든 예언은 그대로 이루어졌습니다.

예수님은 베들레헴에서 탄생하셨습니다. 동정녀에게서 탄생하셨습니다. 말씀하신 대로 장로들과 서기관들과 유대 관원들에게 잡히셔서 고난을 당하셨습니다. 이방인의 손에 넘겨져서 온갖 고초를 겪으셨습니다. 결국 십자가를 짊어지셨습니다.

그리고 그가 말씀하신대로 부활하셨습니다. 그러므로 다른 약속들도 다 이루어주십니다. 부활 신앙은 말씀 신앙입니다. 약속 신앙입니다. 승리 신앙입니다.

궁극적으로 우리 주님은 그가 말씀하신 대로 분명히 다시 오실 것입니다. 우리가 늘 기도하는 것도, 새벽마다 나와서 말씀을 읽고 묵상하는 것도, 모두 말씀대로 이루어 주시는 약속 때문입니다. 우리들의 꿈도 이루어집니다. 주님께서 부활의 첫 열매가 되셨으니 우리들도 부활하게 됩니다.

한 가지 제안합니다. 이 해에는 부활절 기념으로 무언가 한 가지를 결신하시고 이루도록 하십시다.

부활절 기념!

말씀대로 이루시는 하나님이십니다. 말씀을 읽도록 합시다.

"No Bible No Breakfast!"

성경 안 읽으면 아침 안 먹는다. 성경 안 읽으면 잠 안 잔다. 기도도 생떼 쓰는 기도하지 말자! 약속 믿고 기도하자!

그래서 저는 늘 가르칩니다. "하나님이 약속하셨잖아요!" 약속을 붙들고 기도하셔야 합니다.

바울은 우리에게 이김을 주시는 하나님께 감사한다고 고백합니다. 고린도전서 15장에서 부활에 대한 이야기를 다 마친 후에 우리도 "견고하며, 흔들리지 말며, 주의 일에 더욱 힘쓰는 자가 되자!"고 결론을 맺습니다. 그 이유는 우리의 수고가 헛되지 않기 때문입니다(고전 15:57-58). 말씀 안에서, 약속 안에서, 말씀대로 이루시는 주님을 믿고 따르는 신앙이 바로 부활신앙입니다.

주님처럼 승리하는 성도들이 다 되시기 바랍니다.

8
part

성령강림절

; 聖靈降臨節 [Whitsunday]

절기 따라
가는 길

23

성령님을 대망하는 사람들

행 1:4-11

우리들은 기다리는 사람들입니다. 성령님을, 주님 오실 날을, 약속이 이루어지기를... 그리고 하나님 나라를!

'성령 강림주일'을 기다리며, 기도하는 우리들은 초대교회의 제자들이 체험하였던 그 놀라운 성령님의 역사를 사모하며 그 약속을 믿고, 말씀에 의지하여 함께 기도할 수 있어야 할 것입니다.

성경대로 살아야 한다고 하면 어떤 이들은 문자주의라고 비웃습니다. 성경은 상징일 뿐이라고 하면서 이 시대에 어떻게 성경대로만 사느냐고 우리 목사님은 시대를 분별할 줄 모른다고 합니다. 심지어 우리 목사님은 성경을 시대적으로 해석도 할 줄 모르는 사람이라고도 합니다.

그렇게 생각할 수도 있으리라고 생각합니다만 말씀대로 믿고, 말씀대로 살아야 합니다. 말씀대로 믿으면 틀림없습니다. 반드시 말씀대로 역사가 일어납니다.

"하나님의 말씀은 진리입니다."
"말씀대로 믿고 말씀대로 삽시다."

오순절의 역사! 성령님께서 강림하심으로 초대교회가 시작됩니다. 예루살렘교회! 새로운 변화가 나타납니다. 변화의 역사입니다.

사도들이 그렇게 하였던 것처럼 우리들도 그렇게 하여야 합니다. 사람들이 모여 있다고 교회가 아닙니다. 성령님이 임하심으로 비로소 교회가 되었습니다. 교회는 주님의 교회입니다. 그래서 예수님께서는 내가 나의 교회를 세우겠다고 하셨습니다.

"I will build My church!"

성도들은 주님의 교회에 나오셨습니다. 성도들의 교회라고 하나 '주님의 교회'에 나오셨습니다. 그러므로 주님의 말씀에 순종하셔야 합니다.

"떠나지 말고... 약속한 것을 기다리라"(행 1:4)
부활하신 주님은 하늘로 승천하시기 전 제자들에게 분부하십니다. 본문

4절과 5절 말씀입니다.

> 사도와 함께 모이사 그들에게 분부하여 이르시되 예루살렘을 떠나지 말고 내게서
> 들은 바 아버지의 약속하신 것을 기다리라 요한은 물로 세례를 베풀었으나 너희는
> 몇 날이 못 되어 성령으로 세례를 받으리라 하셨느니라

때를 기다리며 약속을 기다리는 사람들은 기웃거리지 않아야 합니다.
가정과 교회와 나라를 지키되 우리의 마음을 지켜야 합니다. 성령님이
임하시고 권능을 받기까지 떠나지 아니하고 기다려야 합니다. 제자들이
물었습니다.

"선생님! 이스라엘의 회복이 지금입니까?"

그러나 주님은 말씀하십니다. 7절과 8절 말씀입니다.

> 때와 시기는 아버지께서 자기의 권한에 두셨으니 너희의 알 바 아니요 오직 성령
> 이 너희에게 임하시면 너희가 권능을 받고 예루살렘과 온 유대와 사마리아와 땅
> 끝까지 이르러 내 증인이 되리라 하시니라.

기다려야 합니다. 나갈 수 있는 그 날이 옵니다. 증인이 되는 것입니다.
말씀대로 순종하면 손해를 보지 않습니다.

"말씀대로 믿고 말씀대로 순종하자!"

"마음을 같이하여 오로지 기도에 힘쓰더라"(행 1:14)

주님의 분부에 순종하되, 그 말씀을 믿고 기도하여야 합니다. 약속을 붙들고 기도하면 틀림이 없습니다. 하늘의 보화가 쏟아집니다. 기도보다 더 확실한 보증 수표는 없습니다.

어른들은 심방을 원합니다. 그러나 지금은 그렇지 않은 분들도 많습니다. 공개되는 것을 싫어합니다. 청소하는 것 때문에 좋아하는 분도 계시지만 사실은 귀찮습니다. 그럼에도 불구하고 전통적인 방법 그대로 지키시는 분들도 적지 않습니다. 안방에서 기도제목과 함께 정중하게 심방감사 헌금까지 준비해서 가족들이 함께 말씀을 받을 마음으로 준비를 합니다. 저는 가장 중요한 것은 약속의 말씀이라고 가르칩니다. 생떼를 쓰면 얻어맞습니다. 그러나 약속을 붙잡고 떼를 쓰면 부모는 이길 재간이 없습니다. 저는 우리 성도들에게 약속의 말씀을 강조합니다.

사도들은, 그리고 120문도들은 지금 약속을 붙잡고 기도합니다. 예루살렘을 떠나지 아니하고, 약속한 것을 기다리며… 13절에 보면 제자들의 이름이 나옵니다.

"베드로, 요한, 야고보, 안드레. 빌립, 도마, 바돌로매, 시몬, 마태, 알패오의 아들 야고보, 야고보의 아들 유다."

열 한 명입니다. 하나가 왜 비었습니까? 14절과 15절 상반 절입니다.

여자들과 예수의 어머니 마리아와 예수의 아우들과 더불어 마음을 같이하여 오로지 기도에 힘쓰더라 모인 무리의 수가 약 백 이십 명이나 되더라.

"봉사와 사도의 직무를 대신할 자를..."(행 1:25)

이들은 기다리며 기도만 한 게 아닙니다. 15절에서 16절까지는 가룟 유다의 이야기와 함께 새로운 지도자를 세웁니다. 가룟 유다의 자리를 대신하여...

이것이 그렇게 중요한 것이었을까요? 저는 이것이 정말 중요하다고 생각합니다. 25절에서 26절입니다.

> 봉사와 및 사도의 직무를 대신할 자인지를 보이시옵소서 유다는 이 직무를 버리고 제 곳으로 갔나이다 제비 뽑아 맛디아를 얻으니 그가 열 한 사도의 수에 들어가니라

저는 이 구절, "유다는 이 직무를 버리고 제 곳으로 갔나이다"를 읽으면 왜 그렇게 마음이 아픈지... 제직회 때가 되면 왜 자꾸 이 구절이 생각이 나는지...

이 말씀을 보면 자리 이탈이 얼마나 무서운가를 알게 됩니다. 세상과는 다릅니다. 하나님께서 주신 직분은 귀히 여겨야 합니다. 여호와를 경외하는 자라면 내가 설 자리가 어딘지를 구별하여야 합니다. 이들이 자리를 지키며 기도하였을 때에 놀라운 성령님의 역사하심을 체험합니다. 변화를 받습니다. 정말 사도다운 사도가 되고, 그리스도인다운 그리스도인이 됩니다. 그 이전의 사도가 아닙니다.

분명한 약속을 믿는다면 그 자리를 지키시기 바랍니다. 자리를 떠날 수가 없습니다. 그러나 무턱대고 기다리는 것이 아닙니다. 기도보다 더 큰 일은 없습니다. 기다리는 자에게 주신 직분! 스스로 업신여기는 일이 없어야 합니다.

그래서 저는 호소합니다. 이 유월에는 갈급한 마음으로 사도들과 같은 마음으로 기도합시다. 갈급한 사람, 사모하는 자, 간절히 기도하는 자들이 됩시다.

성령님의 큰 권능을 예루살렘과 온 유대와 사마리아와 땅 끝으로, 교회의 문을 열고 가정으로, 직장으로, 세상을 향해 나아가는 자들이 되시기 바랍니다.

하나님의 일은 하나님이 하십니다. 기도하는 중에 하나님께서 앞서 행하시는 놀라운 일들을 체험하시기 바랍니다.

"하나님의 손은 내 손보다 크다!"

세계적인 부자로 유명한 카네기의 말입니다. 어린 시절 어머니와 함께 시장에 갔습니다. 과일 가게에 맛있는 체리가 진열되어 있었습니다. 카네기는 그 체리가 먹고 싶었습니다. 그런데 어머니는 체리를 사 주실 생각을 하지 않습니다. 카네기는 체리가게에서 움직이질 않습니다. 아저씨는 눈치를 챘습니다. 그래서 카네기에게 먹을 만큼 집어가라고 합니다. 그러나 카네기는 집어가질 않습니다. 주인아저씨가 "가지고 가"라고 하였지만 카네기는 어머니를 쳐다볼 뿐입니다. 어머니도 고개를 끄덕입니다. 먹고 싶으면 집어가도 좋다는 표정입니다. 아저씨를 쳐다봅니다. 집어가도 좋다는 눈짓을 합니다. 그래도 가만히 서 있습니다. 그러자 보다 못한 아저씨가 체리를 한웅큼 집어 줍니다. 카네기는 윗옷 술을 벌리고 체리를 받습니다. 그리고 아저씨에게 인사를 하고는 신나게 먹습니다. 어머니가 묻습니다. 그게 먹고 싶었냐고 그러나 카네기는 그

렿다고 대답합니다. "그런데 왜 아저씨가 집어가라는 데도 안 집었니?" 카네기는 대답합니다.

"엄마! 아저씨 손이 내 손보다 크잖아!"

카네기는 일생동안 그렇게 살았다고 합니다. 하나님은 틀림없이 주실 분이십니다. 그러므로 그는 기다렸습니다.

"하나님 손이 내 손보다 크기 때문입니다."

24

오순절 날이 이미 이르매

행 2:1-4

예수 그리스도를 따르던 제자들이 모두 한 자리에 모였습니다. 그들은 전혀 기도에 힘썼습니다. 그 때에 급하고 강한 바람 같은 소리와 함께 하늘로부터 불의 혀처럼 갈라지는 것들이 그들 위에 임하였습니다. 성령님께서 임하신 것입니다.

사람들이 모여 있다고 교회가 아닙니다. 그들 위에 성령님이 임하셔야 비로소 교회입니다. 교회가 시작되었습니다. 그들이 다 성령의 충만함을 입었습니다.

각기 다른 방언으로 말하기를 시작하였습니다(4절)

'시작'이라는 말씀에 유의하시기 바랍니다. 달라졌다는 이야기인 동시에 계속된다는 의미를 가지고 있습니다. 다른 언어, 다른 말, 새로운 말씨로 달라졌습니다.

오순절은 우리들이 지키는 교회의 중요한 명절이기도 하지만 유대인들에게도 중요한 명절입니다. 칠칠절이라고도 하지만 유대인의 절기로는 맥추절이입니다.

그래서 흩어져 있던 유대인들이 사방에서 모여 있었습니다. 그들은 한 민족이지만 각기 다른 말을 쓰고 있었습니다. 성경은 각기 다른 언어를 사용하는 이들을 일일이 소개합니다.

바대인, 메대인, 엘람인도 있었으나 메소포타미아, 유대, 갑바도기아, 본도와 아시아, 브루기아와 밤빌리아, 그리고 애굽과 부르기아와 리비아 여러 지방 사람들까지... 그런데 제자들의 방언이 그들이 알들을 수 있는 말이었습니다. 재미있는 표현이 있습니다.

다 놀라 신기하게 여겨 이르되 보라 이 사람들이 다 갈릴리 사람들이 아니냐?

우리가 우리 각 사람이 난 곳 방언으로 듣게 된 것이 어찌 됨이냐?

알아들을 수 있는 말이었습니다. 더구나 갈릴리 사람들이 그 당시 온 지역에서 온 사람들이 다 알아들을 수 있는 말을 다 하는 것입니다. 변화를 받은 것입니다. 새 사람이 되었습니다. 더구나 새로운 말을 합니다. 하늘의 방언입니다.

"사랑합니다!"

"고맙습니다!"

"감사합니다!"

언제 성령 받습니까? 첫째, 안수 받을 때, 세례식 때, 임직식 때에도 모두 안수하기 때문입니다. 둘째, 하나님의 말씀 들을 때입니다. 지존하신 그 분의 말씀입니다. 고넬료 가족이 그랬습니다. 셋째, 기도 할 때에 받습니다. 그러므로 뜨겁게 기도하시기 바랍니다. 제자들이 그랬습니다.

다른 사람들이 보고 놀라 신비하게 여겼습니다(7절)

그들이 알아들을 수 있는 방언으로 말하며 하나님의 큰일을 전하였기 때문입니다. 어떤 이들은 조롱하며 새 술에 취하였다고 말하기도 했습니다.

새 술입니다. 울적할 때에, 슬플 때에, 기쁠 때에, 감격스러울 때 사람들은 술을 찾습니다. 우리도 마찬가집니다. 성령님으로 충만하시기 바랍니다. 이 술에 취하면 정말 술에 취한 사람처럼 눈에 뵈는 게 없습니다. 주님만 보입니다.

술에 취하면 용기가 솟아납니다. 새 술에 취하시기 바랍니다. 힘이 솟습니다. 술에 취하면 했던 소리 또 하고 또 합니다. 새 술에 취해도 그렇습니다. 예수님 이야기를, 안 믿는다고 해도, 거절하고 거절해도 그냥 예수님 이야기, 은혜 받은 이야기를 반복해서 하게 됩니다.

그러나 세상의 술은 몸을 망칩니다. 자기 정신이 아닙니다. 물질적으로 손해를 봅니다. 실수를 합니다. 몸을 가누지 못합니다. 패가망신할 수 있습니다.

그러나 새 술에 취하면, 성령님으로 충만하면 영적으로 육적으로 건강해집니다. 정신이 그렇게 맑고 깨끗할 수가 없습니다. 마음이 뜨겁습니다. 이웃에게 큰 유익을 줄 뿐 아니라 덕을 끼칩니다. 가정과 개인이 부흥하고 성장합니다.

세상 술에 취하면 손가락질 받고 욕을 얻어먹지만 성령님이란 새 술에 취하면 세상 사람들이 놀랍니다. 부러워합니다. 존경을 받습니다. 승리하는 삶을 살 수 있습니다.

그러므로 언제나 성령님으로 충만하시기 바랍니다. 스스로 점검하셔야 합니다. 점검할 수 있습니다. 핸드폰 배터리는 점검하면서 왜 성령님으로 충만한지를 점검하지 못합니까?

눈금이 있습니다. 불평이나 불만이 일어나면 성령님의 능력이 소진되어 갑니다. 사랑이 식어지면, 교회 가기 싫으면, 기도하기 싫고, 성경이 멀어지면, 찬송 부르는 시간이 짧아지면 엎드리시기 바랍니다. 충전할 시간입니다.

핸드폰은 쉼 없이 들여다보면서 자신의 영혼의 게이지를 점검하지 않으면 안 됩니다. 기름이 떨어져 연료게이지가 제로인데 차를 몰고 고속도로에 올라갑니까?

그래서 중간 중간 교회에서는 영적인 충전의 시간을 마련합니다. 새벽기도회, 화요 중보기도 모임, 수요 성경공부, 금요기도회...

왜 만들었느냐고요? 잘 생각해 보시기 바랍니다.

이 날에 세례를 받고 주께 돌아온 자가 삼천입니다(41절)

성령님은 예수님을 주(그리스도)로 고백하게 합니다. 아무나 보고 아버지라고 합니까? 그래서 성경은 가르칩니다. 로마서 8장 15절을 세례식이 있는 날은 반드시 확인합니다.

> 너희는 다시 무서워하는 종의 영을 받지 아니하고 양자의 영을 받았으므로 우리가 아빠 아버지라고 부르짖느니라

또 한 구절 있습니다. 고린도전서 12장 3절 하반 절입니다.

> 또 성령으로는 아니하고는 누구든지 예수를 주시라 할 수 없느니라

우리 모두는 성령님을 모시는 사는 사람들입니다. 우리 안에 성령님께서 함께 하고 계십니다. 우리 몸은 하나님의 성전입니다.

"내 안에 계신 성령님!"

우리들이 해야 할 일이 있습니다. 성령님은 예수 그리스도를 증거 하게 합니다. 성령님은 예수 그리스도의 사역을 감당하게 합니다. 그러므로 선교해야 합니다. 나 한 사람 위해서가 아닙니다. 우리를 일꾼으로 세우신 것입니다.

선교, 선교한다고 하지만 성령 받자마자 제자들이 한 게 무엇입니까? 교회가 생겼습니다. 최초의 교회입니다. 무엇을 했습니까? 우리교회가,

한국교회가 그리고 초대교회가 무엇을 하였습니까?

성령님으로 충만한 성도들이 되어 삶도 달라져야 합니다. 우리의 삶을 보고 복음을 받아들이는 사람들은 다른 사람들입니다. 우리 모두는 하나님의 영광을 위하여 부름을 받았으며 내 뜻이 아니라 주님의 뜻을 이루기 위하여 세움을 받은 것입니다.

무엇을 하라고 우리들을 부르셨으며 특별히 우리를 왜 귀한 직분자들로 세우셨는지를 기억하시기 바랍니다.

9
part

가정의 달
; Family Month

절기 따라
가는 길

25

마땅히 가르쳐야 할 때가 있습니다

잠 22:6

"마땅히 행할 길을 아이에게 가르치라. 그리하면 늙어도 그것을 떠나지 아니하리라."

애국가는 4절까지 다 외워서 불러야 합니다. 하지만 그렇게 부르는 사람은 적습니다. 나이 들어서 그렇게 해야 한다는 것은 알지만 4절까지 다 외우는 것은 힘든 일입니다. 부를 땐 부르는 데 또 잊어버립니다. 청소년 시절에 외운 것이라면 지금도 가능할 것입니다.

흔히 유치원이나 유아교육을 하시는 분들이 자주 쓰는 말 가운데 "몬테소리 학습"이라는 말을 들어보신 적이 있을 것입니다.

'몬테소리'는 사람이름입니다. 마리아 몬테소리 박사를 말합니다. 어린이들이 보고(seeing), 만지고(touching), 듣고(hearing), 느낌으로(feeling), 또 움직이는(moving) 다양한 방법을 통하여 학습하게 되는 것을 이야기하는 데, 여기에서 강조하는 것은 교육 시기의 중요함입니다. 몬테소리 박사의 주장은 아동이 자연스럽게 자신의 감각을 사용하거나 완성해 가는 시기를, 아이들의 감각을 발달시키는 가장 중요한 시기를 두 살에서 여섯 살이라는 것입니다. 더 쉽게 이야기하면 교육의 시기를 놓치지 말라는 것입니다.

저는 연로하신 어른들이 성경의 중요한 장을 다 외우시는 것을 보았습니다. 시 1편, 23편, 산상수훈, 로마서 8장 등입니다. 저희 교회 집사님 한 분은 기도만 시키면 바로 시편 1편과 23편이 전개됩니다. 여쭈어 보았더니 어릴 때 아버지가 성경을 외우지 못하면 밥을 못 먹게 하셨답니다.

"창세기 출애굽기 레위기 민수기 신명기 여호수아♬"

주일학교 학생 때에 혹은 주일학교 선생으로 가르칠 때 다 외웠던 것들입니다. 이러한 교육은 예나 지금이나 변함이 없어야 합니다. 마땅히 가르쳐야 할 것은 반드시 가르쳐야만 합니다.

어린이주일은 어린이들이 주인공이고, 어린이들을 즐겁게 해 주어야하는 주일이지만, 우리 어른들이 어린이들을 위하여 무엇을 깨닫고 기도해야 할 것인가를 아는 것도 엄청나게 중요합니다.

어려서부터 성경을 가르쳐야 합니다

또 네가 어려서부터 성경을 알았나니 성경은 능히 너로 하여금 그리스도 예수 안
에 있는 믿음으로 말미암아 구원에 이르는 지혜가 있게 하느니라 모든 성경은 하
나님의 감동으로 된 것으로 교훈과 책망과 바르게 함과 의로 교육하기에 유익하니
이는 하나님의 사람으로 온전케 하며 모든 선한 일을 행하기에 온전케 하려 함이
니라 (딤후 3:15-17)

성경은 어려서부터 가르쳐야 합니다. 구원에 이르는 지혜가 성경에 있기
때문입니다. 성경은 하나님의 감동으로 기록되었고 교훈과 책망과 바르
게 함과 의로 교육하기에 유익하기 때문입니다. 성경은 하나님의 사람으
로 온전케 하고 모든 선한 일을 행하기에 온전케 하기 때문입니다.

성경은 위대한 사람을 만들어냅니다. 위대한 지도자들이 많지만 아브
라함 링컨보다 더 위대한 지도자도 없습니다. 학력이라 해봤자 모두 다
합쳐도 1년도 되지 않는 그가 역사적으로 가장 위대한 대통령이 된 것
은, 일곱 번이나 선거에서 낙선을 하고 온갖 시련과 위기를 당하였음에
도 불구하고 온 세계가 존경하는 미국의 16대 대통령이 될 수 있었던 것
은 바로 그의 고백처럼 성경의 힘이었습니다. 받은 유산이라곤 어머님
에게 물려받은 성경 한 권이 전부였지만 그는 입버릇처럼 "성경은 하나
님이 인간에게 주신 가장 위대한 선물"이라는 고백을 하며, 온갖 보화가
가득한 성경을 읽지 않고는 단 하루도 시작할 수 없었다는 것은 세상 어
떤 것보다 중요한 것이 성경임을 이야기해 주고 있는 것입니다.

구두 방 수선공으로 일하다가 예수를 믿어 위대한 교회 지도자가 되고,

세계 선교의 큰 불을 댕겼을 뿐 아니라 오늘날까지도 그토록 존경받는 디엘 무디가 성경을 읽게 된 것은 열여덟 살 때였습니다. 비록 배운 것 없고 구두 수선공에 불과한 그였지만, 그는 매일 새벽 네 시에 일어나 하루에 두 시간 혹은 세 시간 씩 성경을 읽었습니다. 그는 배우지 못했기 때문에 더욱 성경을 읽어야 한다고 했습니다.

초등학교 5학년 중퇴가 최종 학력인 그가 성경 대학을 세웠습니다. 방송국, 출판사, 대학원, 통신성경학교를 세웠습니다. 그의 위대한 족적은 이루 말할 수 없습니다.

고아들의 아버지 죠지 뮬러를 기억하실 것입니다. 그는 열여섯 살의 나이에 절도범으로 교도소 생활을 했던 사람입니다. 그러나 그는 일생동안 신구약 성경을 이백 번 읽었습니다. 시편 68편 5절에 나오는 "고아들의 아버지"라는 말씀에 감동을 받아 고아들을 위해 기도했고 시편 81편 10절에 "네 입을 넓게 열라. 내가 채우리라"는 말씀을 믿고 고아원을 시작했습니다. 죠지 뮬러는 66년 동안 15만 명을 그리스도에게로 인도하였고 오만 번을 기도해서 오만 번 응답을 받았던 기도의 사람이 되었습니다.

사랑하는 자녀들에게 무엇부터 가르치시렵니까?

능력 있는 그리스도인의 자녀가 되게 하기 위해서는 수학도, 물리도, 화학도, 역사도 가르치고 배워야 합니다. 문법도, 윤리도, 철학도, 체육도, 예술도, 기술도 가르쳐야 합니다. 그러나 급합니다. 어려서부터 성경을 가르쳐야 합니다.

어려서부터 기도를 가르쳐야 합니다

자녀들에게 나약하기 이를 데 없는 무능한 부모처럼 보여서도 안 되겠지만 부모가 무엇이든지 다할 수 있는 것처럼 폼 잡지 마시기 바랍니다. 아이들은 어른들의 발자국 소리도 구별할 줄 안다는 말이 있습니다.

더 쉽게 말씀드리겠습니다. 부모가 천년만년 사는 것 아닙니다. 어린 아이들로 하여금 부모만 의지하지 않게 해야 합니다. 부모만 의지하다가 그 부모님 안계시면 그들은 어떻게 됩니까?

물질로 자녀를 키우려 하지 마십시오. 그 물질 다하면 그들은 어떻게 됩니까? 세상 힘은 유한합니다. 영원히 변치 아니하시고 함께 하시는 하나님! 부모는 졸 때가 있고 잘 때가 있지만, 졸지도 않으시고 주무시지도 않으시는 하나님! 언제나 무한한 힘을 공급해 주시는 하나님을 의지하게 하여야 합니다. 어려서부터 하나님을 믿고 의지하며 구하고 기도하게 하여야 합니다.

당당한 부모가 되십시오. 그러나 그 당당함이 물질이나 권세나 명예나 세상적인 것이 아니라 언제나 기도하면 들어주시는 하나님을 믿는 믿음 때문에 당당해야 합니다. 나는 연약하지만, 아무 것도 할 수 없는 부족한 부모이지만 하나님을 의지하고 기도하면 하나님이 주시기 때문에 당당하게 살고 있다는 것을 보여주시기 바랍니다.

에디슨은 초등학교 3개월 만에 퇴학을 당했습니다. 어머니의 심정이 어떠했겠습니까? 작가나 위인전기를 집필하는 사람들은 에디슨을 미화시켜서 천재였기 때문이라 했습니다. 하나 더하기 하나가 둘이 되는 것을, 아니 하나 더하기 하나가 하나라 할지라도 그 크기가 다른 것을 표현할 줄 몰랐고 엄마 닭이 품어야 할 계란을 내가 품겠다고 덤비는 이 어린

소년을 보고 다른 사람들 눈에야 재치가 있고, 코믹하고, 천재라고 할지 모르지만 여러분의 자녀가 그래도 웃겠습니까? 듣기 좋은 말이라고 천재니 수재니 하는 거지 부모는 오히려 죽을 지경입니다.

저는 초등학교 교사를 12년 동안 한 사람입니다. 공부 못한다고 초등학교에서 퇴학당한 어린이를 보셨습니까? 석 달 만에 퇴학당한 아들을 데리고 온 어머니는 기도합니다. 에디슨의 머리에 손을 얹고 고린도전서 1장 27절부터 29절 말씀을 붙들고 기도했습니다.

> 그러나 하나님께서 세상의 미련한 것들을 택하사 지혜 있는 자들을 부끄럽게 하려 하시고 세상의 약한 것들을 택하사 강한 것들을 부끄럽게 하려 하시며 하나님께서 세상의 천한 것들과 멸시 받는 것들과 없는 것들을 택하사 있는 것들을 폐하려 하시나니 이는 아무 육체라도 하나님 앞에서 자랑하지 못하게 하려 하심이라

에디슨은 그의 자서전에 이렇게 썼습니다.

"나는 내 일생 동안 30만 번 기도했더니 어느새 나는 발명의 왕이라는 소리를 듣게 되었다."

에디슨은 기도의 사람입니다. 30만 번! 계산 하면 하루에 열 번입니다. 그러나 횟수로 열 번이 아닙니다. 온 종일 기도하는 가운데 일하고 연구했습니다. 그는 어려서부터 기도를 배웠습니다. 30만 번 기도했더니 1,200여 가지의 발명품을 만들어 내는 천재가 되었습니다. 어려서부터 그는 오직 기도하는 것 하나는 확실히 배웠던 것입니다.

내가 산을 향하여 눈을 들리라 나의 도움이 어디서 올꼬 나의 도움이 천지를 지으신 여호와에게서로다 여호와께서 너로 실족지 않게 하시며 너를 지키시는 자가 졸지 아니하시리로다 이스라엘을 지키시는 자는 졸지도 아니하고 주무시지도 아니하시리로다 (시 121:1-4)

우리를 도우시는 하나님은 천지를 지으신 여호와 하나님이십니다. 모든 도움은 바로 이 천지를 지으시고 졸지도 주무시지도 않으시고 우리를 지키시는 여호와 하나님으로부터 오는 것입니다.

어려서부터 믿음으로 사는 법을 가르쳐야 합니다

머리에는 지식이 충만해야 합니다. 가슴에는 사랑으로 충만해야 합니다. 그러나 아무리 머리와 가슴이 가득 차 있어도 손발이 움직이지 아니하면 아무런 소용이 없습니다.

돌아가신 어느 권사님의 첫 번째 추도예배 때였습니다. 예배를 마친 후 큰 따님으로 하여금 어머님을 회고할 수 있는 시간을 드렸습니다.

"우리 어머님은 자녀들에게 분명히 하신 것이 하나 있습니다. 봉사도 좋고 헌신도 좋지만 머리로 봉사하고 가슴으로만 사랑하는 사람이 되지 않아야 한다. 내가 직접 손발로 할 수 있는 게 무엇인지를 찾아라."

그래서 큰 딸은 약대를 보내어서 지금도 서울에서 큰 약국을 경영하고 있고 둘째 딸은 교육대학을 졸업하고 아이들을 가르치는 교사가 되었습니다. 아들은 지금 세계적인 공학 박사가 되어 대덕 연구단지에서 일하고 있습니다. 머리와 가슴으로만 사랑하는 게 아니라 교회와 이웃을 위하여 하나님의 영광을 위하여 무슨 일이든 할 수 있는 자녀들이 되었다는 것입니다.

손발 있으면 안 굶어죽는다는 이야기가 있습니다. 누구든지 스스로 일할 수 있도록 가르쳐야 합니다. 세상에서 일하라는 종교는 기독교뿐입니다. 우리 조상들은 양반은 일하지 않는 것으로 가르쳤습니다. 그러나 내 아버지께서 일하시니 나도 일한다고하신 주님의 말씀을 기억하시고, 일하기 싫어하거든 먹지도 못하게 하라고 가르쳤던 바울의 교훈을 잊지 마시기 바랍니다.

초등학교 아이들이 도덕을 시험으로 치면 100점 못 받을 아이 없습니다. 머리로 치는 시험이 중요한 것이 아니라 실천하게 하는 것이 중요합니다. 아는 대로 행하는 것이 중요합니다. 주님의 말씀을 기억하시기 바랍니다.

> 내가 너희에게 분부한 모든 것을 가르쳐 지키게 하라 (마 28:20)

가르쳐서 지키게 하는 것이 중요합니다. 에스라는 결심합니다. 에스라 7장 10절 말씀입니다.

> 에스라가 여호와의 율법을 연구하여 준행하며 율례와 규례를 이스라엘에게 가르치기로 결심하였었더라

율법을 연구하여 먼저 준행하며, 그 다음 가르치기로 결심했더라는 것입니다.

우리 주님 오실 때에, 마지막 심판의 날이 임할 그 때는 연필로, 머리로, 마음으로만 시험을 치는 필기시험장이 아닙니다. 주님도 행한 대로 그 결과가 있으리라고 하셨습니다. 실천적인 의지가 중요합니다.

어린 아이들을 밥과 옷으로만 키운다고 해서 다 키우는 것이 아닙니다. 주님은 자신을 위하여 울며 따르는 자들에게 말씀하십니다.

예루살렘의 딸들아 나를 위하여 울지 말고 너와 네 자녀를 위하여 울라 (눅 23:28)

이 말씀은 눈물과 기도로 자녀를 기르라는 것입니다. 이스라엘 사람들이 그토록 귀히 여기는 쉐마(들으라)를 확인합니다. 신명기 6장 4절에서 9절입니다.

이스라엘아 들으라 우리 하나님 여호와는 오직 하나인 여호와시니 너는 마음을 다하고 성품을 다하고 힘을 다하여 네 하나님 여호와를 사랑하라 오늘날 내가 네게 명하는 이 말씀을 너는 마음에 새기고 네 자녀에게 부지런히 가르치며 집에 앉았을 때에든지 길에 행할 때에든지 누웠을 때에든지 일어날 때에든지 이 말씀을 강론할 것이며 너는 또 그것을 네 손목에 매어 기호를 삼으며 네 미간에 붙여 표를 삼고 또 네 집 문설주와 바깥문에 기록할지니라

"마음과 성품과 힘을 다해 하나님 사랑하는 것"과 자녀를 양육하고 가르치는 것을 똑 같은 자리에 두고 있습니다. 자녀를 믿음과 말씀으로 잘 기르는 것이 바로 마음과 뜻과 정성 다해 하나님 섬기는 것과 같은 것임을 잊지 마시기 바랍니다.

26

'고르반'보다 더 큰 계명

막 7:8-14

사람의 유전이라고 하나 '고르반'의 전통은 매우 중요한 유대인의 전통입니다. 하나님이나 성전에 바친 거룩한 예물을 '고르반'이라고 합니다. 법을 전공하신 분들은 아십니다. 전통도 매우 중요한 관례이며, 법입니다. 그러나 유대인들은 부모님께 드릴 예물을 하나님께 드렸으니(고르반), 부모님께는 예물을 드리지 않아도 된다고 큰 소리를 치고 있었습니다. 주님은 이 사실에 대하여 크게 진노하셨습니다. 왜냐하면 '부모 공경'은 율법에 명시되어 있는 하나님의 계명입니다.

세상의 어떤 법보다 하나님의 계명이 더 중요합니다. 더구나 부모 공경은 인류의 첫 계명이며, 성경에서 이름과 같이 마땅하고 옳은 일입니다.

자녀들아 주 안에서 너희 부모에게 순종하라 이것이 옳으니라 네 아버지와 어머니를 공경하라 이것이 약속이 있는 첫 계명이니 이로써 네가 잘 되고 땅에서 장수하리라 (엡 6:1–3)

부모 공경의 첫 번째는 부모에게 순종하는 것입니다

오늘의 말씀 제목이 " '고르반' 보다 더 큰 계명" 입니다만 실제 내용은 "옳은 일을 하는 사람이 되자!" 는 이야기입니다.

무슨 위대한 일, 큰 일, 깜짝 놀랄 만한 일을 하지 않더라도 우리 믿는 사람들은 옳은 일 좀 해야 합니다. 많은 것, 대단한 것, 화려한 것이 중요하지 않습니다.

변하는 세상입니다. 정말 돌고 도는 세상입니다. 헛된 것도 많습니다. 그러나 옳은 것은, 진리는, 하나님은 그리고 부모님의 사랑은 변하지 않습니다. 성경 말씀에 정확하게 "옳으니라" 라는 표현이 네 번 나옵니다.

사람이 양보다 얼마나 더 귀하냐? 그러므로 안식일에 선을 행하는 것이 옳으니라 하시고 (마12:12)

내가 주와 또는 선생이 되어 너희 발을 씻겼으니 너희도 서로 발을 씻기는 것이 옳으니라 (요13:14)

또는 그러면 선을 이루기 위하여 악을 행하자 하지 않겠느냐 (어떤 이들이 이렇게 비방하여 우리가 이런 말을 한다고 하니) 저희가 정죄 받는 것이 옳으니라 (롬 3:8)

자녀들아 너희 부모를 주안에서 순종하라 이것이 옳으니라 (엡 6:1)

생명을 구원하는 일이 옳은 일입니다. 봉사하고 섬기는 일이 옳은 일입니다. 그릇 행하는 자들이 정죄 받고 심판 받는 일이 옳은 일입니다. 무엇보다 부모를 공경하며 순종하는 일이 옳은 일입니다. 기독교는 효도의 종교입니다. 성경은 우리에게 빛을 보게 해 주신 부모님을 거역하는 자는 돌로 쳐 죽이라고 명령합니다.

집사, 권사, 장로, 목사 이전에 옳은 일하는 성도가 됩시다. 그러므로 우리는 먼저 순종하여야 합니다. 사다리 걸쳐놓고 황소 몰고 올라가라고 하시면 그리 하십시오. 변명하지 마십시오. 순종이 제사보다 낫습니다. 예수님도 고르반을 꾸중하셨습니다. 부모에게 드릴 것 하나님께 드렸다고 하면 되는 줄 아는 데 주님은 말씀하십니다. 보이는 부모도 공경하지 못하는 자가 어찌 보이지 않는 하나님을 섬기겠느냐고 말입니다.

순종하기 위해선 이야기를 많이 들어주셔야 합니다. 쓸데없는 이야기라도 들어주세요. 순종은 들음에서부터 시작됩니다.

부모를 공경하는 마음은 유전(고르반)이 아닙니다

세상에 부모님 같으신 분이 없습니다. 먼저 사랑, 한 몸 사랑, 가슴의 사랑입니다. 어머니의 사랑은 가슴의 사랑입니다. 그래서 뜨겁습니다. 어머니의 사랑은 한 몸 사랑입니다. 그래서 멀리 떨어지면 떨어질수록 마음이 아픕니다. 어머니의 사랑은 영원합니다. 죽어서도 변치 않는 사랑이 어머니의 사랑입니다.

공경하는 마음이 없는 효행은 의미가 없습니다. 아들이 퇴근해서 보니까 어머니가 개집에 누워 계시더래요. 우선순위의 문제입니다. 며느리, 손자, 아들, 애완견, 그리고 어머니라서 그랬답니다. 그래도 개 보다는 내가 먼저 되어야 하겠다 싶어서 어머니가 개집에 들어가셨다는 웃지 못 할 이야기가 있습니다.

이 세상에서 어머니라는 단어보다 더 아름다운 단어는 없습니다. 어머니가 계시지 않는 집은 텅 빈집과 같습니다. 훈련받는 병사에게 누가 가장 보고 싶으냐고 물으면 어머니라고 대답합니다. 총에 맞은 병사가 찾는 사람은 군의관입니다. 목사입니다. 그러나 가장 애절하게 찾는 사람은 어머니입니다.

계명이라는 말은 하나님의 명령입니다. 그래서 제 5계명을 천륜이라고 합니다. 인간적인 윤리가 아니라 하늘의 윤리라고 합니다. 그러나 성경은 약속이 있다고 말씀하십니다.

> 이것은 약속이 있는 첫 계명이니 (엡 6:2)

땅에서 잘되는 길입니다.

직장 일보다, 자녀들보다 부모에게 효도하십시오.

그것이 땅에서 잘되고 형통한 길입니다. 장수하는 비결입니다. 일찍 죽었다고 다 불효한 것은 아닙니다. 그러나 보편적인 법칙입니다. 건강하고 장수하는 비결은 부모에게 효도하는 길입니다. 역사상 불효자치고 잘 된 사람도 없거니와 효자가 잘못된 경우도 없습니다.

부모님을 늘 가슴에 담고 살아야 합니다

언제나 부모님을 사모하는 마음으로 살아야 합니다. 인간으로서 당연한 일입니다.

"내 안에 계신 성령님!"

이것이 그리스도인의 고백입니다. 부모님은 사랑의 덩어리입니다. 그 분들을 통하여 우리는 하나님을 압니다. 하나님을 사모하는 것처럼 부 모님도 늘 사모하며 살아야 합니다.

그래서 저는 늘 가르쳐 왔습니다. 부모님을 하나님과 동일 선상에서 섬 기기 위해 소득의 십일조는 하나님께, 그리고 시댁 부모님과 친정 부모 님께 각각 드려야 합니다.

뭐가 남는 게 있느냐고요? 10분의 7도 자기 것 아닙니다. 불면 끝납니다. 뭐가 소중한지를 아셔야 합니다. 부모님이 빼앗아 가는 거 아닙니다. 부모 님은 그거 받으면 삶의 전부를 자식에게 쏟습니다. 부모는 때로 능력이 없 지만 모든 것이 가능하신 하나님은 더 큰 것까지도 쏟아 부어 주십니다.

어머니며 아버지이신 성도여러분!

부모님이 천국에 계십니까? 지금 천국에 계신 부모님께서 가장 바라는 일이 무엇이라고 생각하십니까?

"돈 많이 벌어... 잘 먹고 잘 살다 와!"

아닙니다. "내가 세상에서 못 다한 주님의 일을 다 완수하고 오너라"가

일 순위일 것입니다. 믿지 않으신 분이시라고요. "고난 뒤에는 천국과 지옥이 있단다. 지옥에는 제발 좀 오지 마라!"가 가장 큰 바람이실 것입니다.

부모님은 사랑의 덩어리입니다. 적어도 자식에게는 부모님이 사람이 아닙니다. 사랑의 덩어리입니다. 그 분들을 통하여 우리는 하나님을 압니다. 정말 부모님을 사랑하십니까? 사랑은 사모하는 마음이 없으면 그 자체가 죄가 됩니다.

내 아내를 두고 다른 사람을 사모한다? 그것은 벌써 죄가 되는 것과 같습니다. 그러나 남녀의 사랑과 부모 사랑은 다릅니다. 비교하는 어리석음은 범치 마시기 바랍니다.

우리는 많은 것을 잊어버리고 살아갑니다. 그러나 우리는 마땅한 일을 행하되 옳게 살아야 합니다. 이 시대의 모든 문제들을 해결하고 본래적인 인류의 회복도 부모 공경이 최우선입니다.

마태복음에는 부모를 '비방하는 자'는 반드시 죽임을 당하리라(마 15:4)고 하셨고 본문에서는 '모욕하는 자'가 죽임을 당하리라고 하였습니다(막 7:10). 부모님을 공경하고 순종하는 일은 그만큼 당연한 일이라는 것입니다. 모든 회복은 어머님의 사랑으로 시작됩니다. 믿음의 사람은 어머님의 사랑과 그리스도의 가슴을 가져야 합니다.

교회 회복도, 도덕성 회복도, 가정 회복도, 국가 회복도 오직 어머니의 가슴과 사랑이 회복되어야 가능합니다.

27

더 큰 사랑은 없습니다

눅 15:11-24

오늘은 우리교회가 전통적으로 지켜오던 어버이주일입니다. 기독교는 효도의 종교입니다. 본래 어버이날도 교회에서 시작된 어머니날로부터 시작됩니다.

미국 버지니아 주의 웹스터 교회에서 26년 동안 교회학교 교사로 봉사하다 하나님 나라로 간 '자비스'라는 이름을 가진 한 부인의 추도식에서 유래됩니다.

이날 어머니의 추도식에 참석한 자비스의 딸 안나는 어머니를 기리며 추도식에 참석한 분들에게 카네이션 꽃을 달아주었고, 이날 감동을 받은 사람들이 매년 이날을 기념하는 어머니주일 운동을 시작하였던 것입니다.

이 운동을 크게 확산시킨 사람은 주일학교의 교장으로 매 주일 교회에서 봉사하던 미국의 백화점 왕이라 불리던 존 워너메이커라는 사람입니다. 존 워너메이커는 1908년 5월 둘째 주일을 자신의 백화점을 중심으로 어머니의 사랑을 기억하는 운동을 확산시켰습니다. 물론 백화점 매상도 크게 올리는 기회도 되었습니다.

이 일 후 미국은 1914년 국회의 결의로 윌슨대통령이 어머니날을 선포하였으며, 우리나라는 1955년에 5월 8일을 어머니날로 제정하였고 1974년에는 어버이날로 그 명칭을 바꾸었습니다. 그 때 이후로 교회는 5월 둘째 주일을 어버이주일로 지켜 왔던 것입니다.

부모님을 공경하는 것은 마땅한 일입니다. 성경은 여러 곳에서 이 사실을 확인합니다. 에베소서 6장 1절 말씀입니다.

> 자녀들아 너희 부모를 주 안에서 순종하라. 이것이 옳으니라

부모 공경과 순종은 옳은 일입니다. 마땅한 일입니다. 부모님의 사랑은 어떤 사랑입니까? 본문은 부모의 사랑을 강조하기 위한 말씀은 아닙니다. 본문은 회개하여 돌아오는 자를 용서하시는 하나님의 사랑을 아버지의 심정으로 표현한 내용입니다. 예수님께서 직접 말씀하신 탕자의 비유입니다. 그럼에도 그 속에는 부모님의 마음과 사랑이 숨겨져 있음을 부인할 수 없습니다.

양친의 한자어인 '친'(親)은 탕자를 기다리는 아버지(木立見)를 뜻하는 글자랍니다. 문밖에 서서 기다리는 부모와 같은 입장에서 하나님을 설명하는 본문입니다만 부모님의 마음이 어떤 것인지를 잠시 생각해 보려

는 것입니다.

부모님의 사랑은 조건 없는 사랑입니다

부모님의 사랑에는 아무런 조건이 없습니다. 무조건적입니다. 내가 먼저 사랑하신 것이 아니라 부모님이 먼저 사랑하셨습니다. 무엇이든지 주지 않고는 배기지 못하시는 그 사랑입니다. 세상의 사랑과는 비교될 수 없는 사랑입니다.

아버지는 그 재산을 다 탕진하고 돌아온 아들임에도 불구하고 상거가 먼데도 달려가 그 아들을 부둥켜안습니다. 반겨 맞아 줍니다. 탕진한 재산이 문제가 아닙니다. 아들이기 때문에 반겨 맞는 것입니다.

부모님의 사랑은 온 몸 사랑입니다

자식은 부모의 전부입니다. 한 몸입니다. 그래서 그 사랑을 '가슴의 사랑'이라고 하는 가 봅니다. 한 몸이기 때문에 멀어질수록 더욱 아픈 것이 사랑입니다.

서울보다는 부산에 있는 아들 때문에 마음이 아프고 부산보다는 외국에 나가 있으면 더 아프고 그립습니다. 그래서 자녀는 부모를 잊고 살 때가 있지만 부모님은 날마다 자녀들을 생각합니다.

아버지는 날마다 대문 앞에서 집 나간 자식 돌아오기만 기다리고 또 기다리고 있는 것입니다.

부모님의 사랑은 변함없는 사랑입니다

끝이 없는 사랑입니다. 영원히 그리고 끝까지 사랑하는 사랑입니다. 남녀 간의 사랑과는 구별이 됩니다. 남녀 간의 사랑은 변할 때가 있습니다. 평생을 같이 살아도 식을 때도 있습니다. 그러나 부모님의 사랑은 그렇지 않습니다.

본문에 나타난 탕자의 아버지를 보십시오. 가락지를 끼우고(너는 내 것이다), 신을 신기우고(자유롭게 되었다) 살진 송아지를 잡아 잔치를 벌입니다.

우리가 부모님의 은혜를 다 갚을 수는 없지만 언제나 부모님의 은혜와 사랑을 기억하고 감사하는 마음으로 살아가는 것이 당연합니다.

부모 공경은 옳은 일입니다. 부모공경과 순종은 옳은 일인 동시에 하나님의 명령입니다. 부모님을 공경하라고 명령하고 있습니다. 예수님께서도 부모공경은 핑계하거나 변명할 수 없는 것임을 분명히 하셨습니다.

십계명만 하더라도 부모공경을 인륜의 첫 번째 계명으로 보고 있습니다. 물론 10계명 중 처음 네 계명, "나 외에 다른 신을 네게 두지 말라. 우상을 섬기지 말라. 여호와의 이름을 망령되이 일컫지 말라. 안식을 기억하여 거룩히 지켜라"는 하나님에 대한 것이라고 하여 천륜이라고 부르고 나머지 6개의 계명, "네 부모를 공경하라. 살인하지 말라. 간음하지 말라. 도적질 하지 말라. 거짓말 하지 말라. 네 이웃의 것을 탐내지 말라"는 사람들 가운데 지켜야 할 윤리라 하여 인륜이라고 불립니다.

부모를 공경함이 인륜 가운데 첫 번째라는 이야기입니다. 그러나 부모 공경은 인륜이 아니라 천륜이라고 해석하는 학자도 있습니다. 그 만큼 부모 공경은 중요한 것입니다.

기독교만큼 효도를 강조하는 종교도 없습니다. 심지어 부모에게 불순종하거나 거역한 자는 돌로 쳐 죽이라고 명령합니다. 부모님을 거역한다고 해서 성읍의 장로들이 증인되어 죽이기까지 할 수 있다는 것은 그만큼 교회가 효도를 강조하고 있다는 것을 보여줍니다.

물론 조건이 없는 것은 아닙니다. 우리에게 부모를 주신 하나님을 알지 못하는 경우는 예외로 하고 있습니다. 그래서 성경 해석자들은 부모에게 순종하되 "주 안에서"라는 조건이 붙어있지 않느냐고 설명합니다만 부모공경은 단순한 윤리적 명령이 아닌 것은 확실합니다.
10 계명의 내용을 자세히 살펴보시기 바랍니다. 모두가 다 "하지 말라"는 소극적인 명령으로 되어 있습니다.

"거짓말 하지 말라.
 도적질 하지 말라.
 남의 것을 탐내지 말라.
 우상을 섬기지 말라
 하나님 여호와 이름을 망령되이 일컫지 말라."

무엇을 하지 말라는 소극적인 명령이 아닌 무엇을 하라는 적극적인 명령은 두 개가 나옵니다. "안식일을 기억하여 거룩히 지켜라." 주일 성수는 하나님의 자녀들인 성도들의 당연한 의무입니다.
그리고 "네 부모를 공경하라." 주일을 지키는 것만큼 중요한 것이 부모공경입니다. 그래서 딱 두개의 계명만이 적극적인 표현을 쓰고 있습니다.

부모공경은 옳은 일이기 때문에 반드시 해야만 합니다. 하나님의 절대적인 명령이기 때문에 순종해야 합니다. 부모에게 순종하는 일은 옳은 일입니다. 효도는 빙자하거나 변명할 수 없는 절대적인 명령입니다. 에베소서 6장 2절과 3절은 당연한 부모공경에 대한 축복을 약속합니다.

네 어머니와 아버지를 공경하라 이것이 약속 있는 첫 계명이니 이는 네가 땅에서 잘되고 장수하리라 (엡 6:2-3)

10 계명 중에도 첨부된 약속이 있습니다.

네 부모를 공경하라. 그리하면... 네 생명이 길고 복을 누리리라 (신5:16)

부모 공경 자체가 복입니다. 왜냐하면 옳은 일이기 때문입니다. 하나님의 명령이기 때문에 지켜도 되고 안 지켜도 되는 것이 아닙니다. 그럼에도 불구하고 부모 공경하는 자에게 덤으로 복까지 주시겠다고 약속하십니다. 땅에서 잘되게 해 주시겠다고 하십니다. 건강하게 오래 동안 사는 장수의 복을 주시겠다고 약속하십니다.

물론 오해는 하지 마십시오, 단명하다고 해서 불효한 자라는 뜻은 아닙니다. 일반적인 원리입니다. 그러므로 범사가 형통하시기를 원하신다면 부모님께 순종하십시오. 건강하게 오래 사시기를 원하신다면 보약이나 건강식보다 먼저 부모를 공경하시기 바랍니다.

넓은 의미에서 부모 공경은 윗사람을 공경하는 일입니다. 효도의 대상에 연로하신 어른이나 지도자들을 포함시켜야 합니다. 높일 자들을 높이고, 사랑할 자들을 사랑하라는 명령입니다. 겸손한 자세로 이웃을 섬기되, 위에 있는 권세에게 굴복하라는 것도(롬 13:1) 사실은 같은 맥락에서 이해해야 할 '효도'일 것입니다.

그렇다면 우리는 어떻게 섬기는 것이 부모님을 잘 섬기는 것일까요? 구체적인 방법과 지혜를 하나님께 구하시되 역시 제일 중요한 것은 부모님을 위하여 기도하는 일일 것입니다.

무엇보다 믿지 않는 부모를 주신 분들은 그 분들의 구원을 위하여 적극적으로 노력하고 애쓰는 일일 것입니다.

사실 부모님들은 자녀들에게 인정받고 싶어 하십니다. 자녀들과 많은 이야기를 하고 싶어 하십니다. 이야기를 들어 주시고 부모님이 계시기 때문에 내가 있다는 사실을 늘 인정하시기 바랍니다. 부모님이 가장 싫어하시는 것이 바로 자녀들의 무시하는 행위입니다. 모르셔도 된다든지 아실 필요가 없다든지 무조건 가만히 계시라는 것도 실상은 잘 하는 것이 아닙니다. 인정하시고 이야기를 들어만 드려도 큰 효도입니다.

무엇보다 부모들은 자녀들이 자신의 이야기를 들어주시길 원하십니다. 쓸데없는 말이라고 일축하지 마시기 바랍니다.

나이가 들어도 마음은 변함이 없습니다. 입맛은 또한 마찬가지입니다. 설령 부모님이 나이가 드니까 입맛이 변한다면서 거절하셔도 그것은 자식들을 생각한 양보일 분입니다. 맛있는 음식을 챙겨드려야 합니다.

나이가 드실수록 더 많은 용돈이 필요합니다. 연세 드신 분들이 돈 쓸 곳이 어디 있느냐는 생각은 오해입니다. 부모님은 자녀들이 주는 용돈을 좋아하십니다.

어버이날은 이미 지난 5월 8일에 지나갔지만 또 오늘은 우리 교회가 지키는 어버이 주일이었습니다만 효도는 따로 정해진 날이 없습니다. 물론 효도는 다할 수 없습니다. 누구든지 나는 부모님에게 효도를 다했다고 하는 사람이 있다면 그는 이미 불효막심한 사람입니다.

그러나 다 할 수 없는 효도라고 해서 노력하지 않으면 안 됩니다. 우리에게 좋은 부모님을 주신 하나님께 감사하되 나에게 생명을 주신 부모님께 언제나 감사할 수 있어야 합니다.

다시 한 번 부모님의 거룩한 사랑을 통하여 하나님의 크신 사랑을 깨닫고 늘 감사하는 복된 성도들이 되시기 바랍니다.

28

말씀으로 지키는 청년신앙

시 119:9-16

성도들에게 필요한 신앙이 있습니다. 신앙이라는 말 자체가 이미 믿음과 말씀, 기도와 찬양을 전제로 합니다. 하나님에 대한 믿음은 모든 것이 하나님으로부터 말미암았음을 고백하는 창조신앙과 모든 것을 하나님께서 그의 선하신 섭리대로 다스리신다는 섭리 신앙을 말합니다.

예수님에 대한 믿음은 대개 십자가와 부활 신앙으로 되지만 기독교 신앙의 핵심입니다.

성령님은 우리의 죄를 깨닫게 하시고 회개케 하시며 믿음을 가지게 하셔서 구원을 받게 하십니다.

일상생활 속에 나타나는 신앙으로 저는 늘 세 가지를 강조해 왔습니다.

첫째가 청지기 신앙입니다. 모든 것은 하나님의 것입니다. 우리는 다만 그것을 관리하는 청지기일 뿐입니다.

둘째가 잔치신앙입니다. 늘 기뻐하고 즐거워하는 신앙입니다. 다른 말로 명절 신앙이라고 했습니다. 구원해 주신 주님께 감사하고 기뻐하고 다짐하고 새롭게 시작하는 신앙입니다. 그래서 365일 언제나 명절과 같이 즐거운 삶을 살자는 신앙입니다.

그리고 청년 신앙에 대해 말씀드리고 싶습니다. 제가 말하는 청년신앙은 나이와는 아무 상관이 없습니다. 청년신앙은 첫째, 꿈이 있는 신앙입니다. 내일이 있습니다. 비전이 있습니다.

둘째, 배움과 성장이 있는 신앙입니다. '아직도 나는 배운다. 아직도 나는 자라고 있다. 아직도 나는 변화 받고 있다' 라고 생각하고 실천하면 청년입니다.

셋째, 청년신앙은 당당합니다. 젊습니다. 용기가 있습니다. 아무리 젊은 나이라고 해도 내일이 없고 꿈이 없으면 청년 아닙니다.

배울 필요도 없고, 성장은 무슨 성장이냐 나는 더 이상 달라져야 할 게 없다고 한다면 그는 청년이 아닙니다. 더구나 비실비실하면서, 용기도, 담력도 없다면 청년이 아닙니다.

저는 청년 신앙이 무엇이냐가 아니라 어떻게 우리가 청년 신앙을 지킬 것인가에 대해 말씀드리고자 합니다.

청년이 무엇으로 그의 행실을 깨끗하게 하리이까 주의 말씀만 지킬 따름이니이다 (시 119:6)

말씀은 전심으로 주를 찾게 합니다

"내가 전심으로 주를 찾았사오니 주의 계명에서 떠나지 말게 하소서."

본문에 나오는 주의 계명, 주의 말씀, 주의 율례, 주의 규례, 주의 증거, 주의 법도는 모두 같은 뜻을 가진 말들입니다.

우리는 온 마음으로 주님을 찾아야 합니다. 왜 그렇습니까? 혼돈과 공허의 시대입니다. 정직하면 길이 막히고 깨끗하면 바보가 되는 이 시대입니다. 결단이 필요합니다. 예수만이 길이요 진리요 생명입니다. 하나님의 말씀만이 유일한 길입니다. 유일한 생명이며, 소망입니다. 말씀이 통하는 시대가 되어야 합니다.

혼돈과 공허함이 부딪히면 창조로 이어져야 합니다. 이것을 청년들이 그리고 청년 신앙을 가진 사람들이 보여주어야 합니다.

그가 없이는 된 일이 없습니다. 따라서 그가 없이 될 일도 없습니다. 말씀 없이 될 일이 없다는 이야기입니다. 그 분의 말씀입니다. 그래서 기도합니다.

"내가 이 말씀에서 떠나지 않도록 해 주시옵소서!"

주님을 만날 수 있고 범죄 하지 않게 하는 방법도 말씀입니다. 그래서 청년은 다짐합니다.

"주의 말씀을 내 마음에 두었나이다."

말씀으로 주님을 만납니다. 하늘을 가르시고 나타나시는 주님이 아니라 내 마음에 말씀을 두게 되면 그 말씀이 우리 마음 가운데에서도 성육신을 하는 것입니다.

"주의 말씀을 내 마음에 두었나이다."

우리의 정결한 삶을 위해 말씀이 필요합니다
청년들은 정결해야 합니다.

청년이 무엇으로 그의 행실을 깨끗하게 하리이까 주의 말씀만 지킬 따름이니이다 (시 119:6)

어느 부인이 유흥가를 자주 드나들었습니다. 그녀는 괜찮다고 하면서 자기는 하나님이 자녀인데 세상 어디든 나는 갈 수 있다는 것입니다. 그래서 목사님이 말씀하셨답니다. 어느 탄광을 방문했는데요. 하얀 정장을 한 부인이 있었답니다. 그래서 탄광 안내원에게 물었답니다.

"흰옷을 입고 탄광에 들어가면 안 되나요?"

"됩니다. 그러나 흰 옷을 보존할 수 있는지는 본인이 책임지십시오!"

주의 말씀은 모든 유혹을 이길 수 있는 유일한 길입니다. 우리를 지켜

줄 수 있는 길을 보여줍니다.

저는 시골에서 자랐습니다. 정자나무 밑에 울퉁불퉁한 바위를 철거하기로 하고 젊은 사람들이 하루 종일 정으로 두들겨도 꿈쩍 않습니다. 저녁 무렵 석수 할아버지가 오셨습니다. 걸음을 제대로 걸을 수 없을 정도로 허리가 굽은 할아버지께서 지팡이를 짚고 오셨습니다. 이리저리 보시더니 딱 두 번입니다. 여기와 여기에 구멍을 뚫으라고 하니까 뚫었습니다. 그리고 정을 꽂고는 두 번 치니까 바위가 두 동강이 나는 것이었습니다.

성경 중에서 가장 긴 장이 시편 119편입니다. 176절까지 계속 주의 법도와 계명과 말씀과 율례를 이야기합니다. 제가 참 좋아하는 구절이 시 119편 164절과 165절입니다.

주의 의로운 규례로 말미암아 내가 하루에 일곱 번씩 주를 찬양하나이다 주의 법을 사랑하는 자에게는 큰 평안이 있으니 그들에게는 장애물이 없으리이다

주의 말씀을 마음에 두는 자들이 됩시다

언제나 그의 법도를 늘 읊조리는 자들이 됩시다. 주의 규례를 즐거워하는 자들은 주의 말씀을 잊지 않고 기억합니다. 중요한 결론은 "주의 말씀만 지킬 따름이니이다"는 고백입니다.

지난 5월 월삭 새벽기도시간에 드린 말씀들 기억하실 것입니다.

표 현	속 성	효 능
여호와의 율법은	완전하여	영혼을 소성시키며
여호와의 증거는	확실하여	우둔한 자를 지혜롭게하며
여호와의 교훈은	정직하여	마음을 기쁘게 하고
여호와의 계명은	순결하여	눈을 밝게 하시도다.
여호와를 경외하는 도는	정결하여	영원에 이르고
여호와의 법도는	진실하여	다 의로우니

금 곧 많은 순금보다 더 사모할 것이며 꿀과 송이꿀보다 더 달도다(시편 19: 7-10).

여호와의 율법은 완전하여 영혼을 소성시키며 여호와의 증거는 확실하여 우둔한 자를 지혜롭게하며 여호와의 교훈은정직하여 마음을 기쁘게 하고 여호와의 계명은 순결하여 눈을 밝게 하시도다 여호와를 경외하는 도는정결하여 영원에 이르고 여호와의 법도는 진실하여 다 의로우니 금 곧 많은 순금보다 더 사모할 것이며 꿀과 송이꿀보다 더 달도다 (시편 19: 7-10)

왜 마음에 말씀을 두어야 합니까? 하나님을 만나고 길을 알고 말씀을 바로 들을 수 있기 때문입니다.

마태복음 19장 19절에 보면 빌라도의 아내가 이야기합니다. 그 사람은 무죄하니 그 분에게 손대지 말라고 합니다. 그런데 빌라도에게는 무리의 음성, 군중들의 소리가 더 크게 들립니다. 하나님의 소리가 들리지 않습니다. 다윗에게는 나단 선지자의 말이 바로 하나님의 음성이었습니다. 바로 무릎을 꿇었습니다.

윈스턴 처칠이 중대 발표를 하기 위해 허겁지겁 나섰습니다. 집무실에서 대영방송인 BBC로 가야하기 때문에 부득이 택시를 타게 되었는데 기사가 승차 거부를 합니다. 이유를 묻자 운전사가 지금 곧 처칠 수상의 연설을 들어야 한 다는 것입니다. 처칠은 기분이 좋았습니다. 너무 기분이 들떠서 1파운드를 주었더니 그 다음 기사가 하는 말이 "처칠이고 개떡이고 돈 버는 게 더 좋지! 처칠이 뭐 대수냐?"라고 하였습니다.

사람들의 말에 속지 않아야 합니다. 말씀이 중요합니다. 말씀이 없는 소리는 빈 소리입니다. 헛소리입니다. 딴 소리입니다.

청년 신앙을 가진 자는 말씀에 의해 살아야 합니다. 새겨야 합니다. 율례와 법도와 계명을 완전히 지킨다는 것은 거의 불가능합니다. 그래서 하나님은 예수 그리스도를 통한 믿음으로 구원받게 하셨습니다.

구원받은 하나님의 자녀들은 주님의 율례와 법도를 따라야 합니다. 이러한 각오와 다짐도 없는 청년이라면 아버지께 불효하는 자일뿐입니다. 완벽한 효는 어려워도 결코 불효막심한 청년이 되어서는 안 될 것입니다.

29

권위 있는 새 교훈

막 1:21-28

권위가 사라지고 있습니다. 그러나 권위주의는 더욱 팽배해지고 있습니다. 예수님께서는 가르치시는 것이 권위 있는 자와 같았습니다(22절). 권위주의에 빠진 서기관들과는 같지 않았습니다.

옷 술을 넓게 하고, 걸음을 느릿느릿하게 걸으며, 인사 하는 것보다 받는 것을 좋아하고, 자신들은 지키지도 못하면서 율법을 지켜야 한다고 가르치고, 잔치 자리에 가면 꼭 상석에 앉고, 실제적인 행동 보다 말만 앞세우는 위선자들이고...

세례 요한은 바리새인들과 사두개인들이 그에게 세례를 받으러 나오자 외칩니다.

"독사의 자식들아!
누가 너희더러 가르쳐 임박한 진노를 피하라 하더냐?"

지금 이 시대의 권위주의는 사라져야 합니다. 그러나 권위가 회복되어 야 할 시대입니다. 권위는 질서와 관계가 깊습니다. 국가 지도자들이 권위가 있어야 나라의 질서가 바로 섭니다.
만약 지도자들의 권위가 없다면 어떻게 되겠습니까? 교육의 질서는 교사의 권위로부터 나옵니다. 선생님을 우습게 본다면 교육질서는 엉망이 될 수밖에 없습니다.
가정의 권위는 가장으로부터 나옵니다. 권위가 사라져 버린 가정! 한 번 생각해 보시기 바랍니다.
무엇보다 교회의 권위가 회복되어야 합니다. 교회가 권위를 잃어버리면 사회는 혼란해 질 수 밖에 없습니다. 이끌어 나가야 할 모델이 사라져버리기 때문입니다.

권위의 회복은 지도자의 정체성 회복으로부터 시작됩니다

선생님은 잘 가르쳐야 합니다. 제자들을 내 생명만큼 아끼고 사랑해야 합니다. 내 자식보다 더 사랑해야 합니다. 내가 선생입네 하면 권위주의가 되지만 교사로서의 자기 정체성을 알고 행하면 교사의 권위는 저절로 세워집니다.

"야! 내가 엄마잖아? 내 말 들어야지!"

얼마나 답답하면 자식에게 그러겠습니까만 이것도 권위주의입니다. 안아만 주어도 됩니다. 손만 잡아 주어도 됩니다. 따뜻한 마음으로 자식을 품고 사랑하면 엄마의 권위는 저절로 섭니다.

"내가 목산데, 내가 주의 종인데!"

누구는 주의 종이 아닙니까? 우리 모두가 주의 종입니다. 목사는 자신을 비우고 성도들을 잘 섬기면 성도들은 저절로 따릅니다. 그 권위를 인정합니다.

엄마 노릇 잘하면 엄마의 권위가 서고 아빠 노릇 잘하면 아빠 권위가 섭니다. 정체성이란 자기 자릿값 잘하면 되는 것입니다.

선생님으로서의 정체성!
집사님으로서의 자기 위치!
권사님으로서의 자기 책임!
장로로서의 자기 역할!
그게 정체성입니다.

'왕의 남자'라는 영화에 나오는 광대가 연산군에게 바른 말하다 죽습니다. 그 내용인즉 '연산군일기 60건 22장'에 '공길'이라는 광대가 한 말이라는데 실제로 논어의 안연 편에 나오는 말입니다. 제경공이 정치에 대하여 묻자 공자가 대답합니다.

"군군신신부부자자" (君君臣臣父父子子).

임금은 임금다워야 하며, 신하는 신하다워야 하고, 애비는 애비다워야
하고, 자식은 자식다워야 한다는 것입니다.

권위주의는 자신이 강조하는 것이지만
권위는 타인이 인정해 주어야 합니다

남이 알아주지 않으면 내가 아무리 권위를 주장하여도 소용이 없습니
다. 남에게 인정받고 싶습니까? 남을 인정하십시오.

제 동생은 20대 청년 때에 사람들이 40-50대로 봤습니다. 하얀 머리에
흰 수염에 영락없는 할아버지 모습이었습니다. 중학교 졸업하고 고졸은
검정고시 출신이라 일찍이 10대 때에 이미 학원을 차리고 학원 원장을
지냈습니다. 20대에 국회의원에 출마한 친구입니다.

군대 영장이 나와서 제가 서울까지 그 영장을 가지고 왔는데 다방 마담
이 저를 보고 사기꾼이랍니다. 아무리 그래도 할아버지가 어째 군대에
가느냐고...

그런데 첫 편지가 왔습니다. 힘이 든대요. 자기는 아직도 이등병인데 상
병, 병장이 자기 학원에서 가르친 제자랍니다. 더러워서 군대생활 못하
겠답니다.

그래서 답장을 썼습니다.

"타인의 명령에 순종할 줄 모르는 사람은 나도 타인에게 순종을 강요할
수 없다. 남을 지도할 수 있는 첫 번째 자격이 남의 지도에 따를 수 있는

사람이다."

저는 아주 어린 나이에 고등학교 교사로 근무했습니다. 아이들이 따라 줄 때에 내 학생이고 제자입니다. 그런데 솔직히 저보다 나이가 많은 학생이 있었습니다. 누나 같은 학생입니다. 그 때 깨달은 것입니다. 나는 그들의 선생이라 하나 그 학생이 나이를 따지면서 나를 선생으로 인정하지 않는다면 방법이 없습니다. 물론 그 학생은 저를 잘 따랐고, 지금도 제자라고 생각하지만 생각해 보십시오. 아빠라고 인정하지 않으면 방법이 없습니다. 내가 권위를 주장한다고 되는 게 아닙니다.

우리는 반드시 인정해야만 하는 권위가 있습니다. 마음에 안 들어도 인정해야 합니다. 대통령의 권위를 인정하지 않으면 나라가 어지럽습니다. 목사의 권위를 인정하지 않으면 교회의 질서가 어떻게 됩니까?

엄마 아빠가 마음에 안 들어도 엄마 아빠를 인정해야 합니다. 하고 싶은 말을 하지 말라는 것이 아닙니다. 그러나 최종적인 것은 마음에 안 맞아도 순종할 줄 알아야 합니다.

제가 부탁드리는 것은 하나님 앞에 순종하는 것은 물론 누군가 어른이 있어야 합니다. 내가 다 하면 불안합니다. 우리에게는 책임 질 능력이 없습니다. 어느 단체든 내 고집을 피우다가도 그래도 그 어른의 이야기라면 억지로라도 그 권위에 굴복할 수 있는 어른이 있어야 합니다.

특히 저는 교회를 목회하면서 자기 팔 자기가 흔들고 다니기 때문에 그런 권위를 인정할 수 있는 한 분마저 없다면 그 한 사람이 목사면 좋겠지마는 목사마저 저 같이 부족한 목사라면 어쩔 수 없습니다. 꼭 한 사람이 필요합니다. 그마저 없다면 내가 인정할 권위가 없다면, 나 역시 무슨 권위로 지탱할 수 있을 것인가를 깊이 생각하셔야 합니다.

속된 말을 씁니다. "내가 왕초다"라고 하지만 아무도 인정하지 않으면 가장 불쌍한 사람이 되고 마는 것입니다.

권위의 모델은 "주 예수 그리스도!"

예수님은 이름입니다. 우리 '주' 라는 말은 우리의 고백입니다. 예수님의 직분은 그리스도입니다. 메시야! 기름 부음을 받은 자입니다. 서기관들과는 달랐습니다. 권위가 있었습니다. 우리는 그 권위를 인정하는 자입니다.

1) 선지자로 오신 예수님

무지한 우리들이기에 가르치시는 것부터 다르신 그 분을 인정합니다.

2) 왕으로 오신 예수님

아둔하고 무질서한 우리들이기에 그 분을 왕으로 인정합니다. 본문에 보면 귀신들도 말씀에 순종하였습니다(27절).

3) 제사장으로 오신 주님

우리들 모두가 죄인이기에 주님은 오셔서 친히 십자가 위의 제물이 되셨습니다. 그래서 다 놀라 외칩니다.

"이는 어찜이냐? 권위 있는 새 교훈이로다."

"귀신들도 말씀에 순종하는 도다."

그런데 안타깝습니다. 이러한 능력을 보고도 인정하지 않는 사람들도 있습니다. 권위주의에 사로잡힌 바리새인들과 서기관, 사두개인들과 제사장들입니다. 자기가 권위주의에 사로 잡혀 있는 사람은 다른 사람의 권위를 보고도 인정하지 않습니다.

목사의 권위를 인정하지 않는 장로님이 교인들로부터 권위를 인정받을까요? 남편이 권위를 인정하지 않는 아내가 자식으로부터 엄마의 권위를, 시부모나 어른의 권위를 인정하지 않는 부모가 그 자식으로부터 권위를 인정받을 수 있을까요? "나는 할 수 있어! 나는 꼭 인정을 받을 거야!"라고 하는 분은 이미 권위주의자입니다.

진정한 질서를 필요하는 이 시대라면 적어도 '권위'는 인정되어야 합니다. 가정이나 학교나 나라에서도 예수님과 같은 완전한 지도자는 없습니다. 어른이 필요하고, 내 삶의 스승과 멘토(Mentor)가 필요합니다.

비록 세상으로부터 얻을 것이 없는 이 시대라고 할지라도 바울은 하늘로부터 주어진 권세를 강조하며, 순종을 교훈합니다(롬 13:1).

우리 스스로 주님의 교훈대로 내 눈의 들보도 보아야 합니다(마 7:1-5). 이것이 우리의 권위를 지키며, 교회의 권위를 회복할 수 있는 길입니다. 이것이 바로 교회도, 개인도 업신여김을 받지 않는 방법인 동시에 이 나라와 사회의 어지러운 질서를 회복시킬 수 있는 길인 것입니다.

눈을 들어 어지러운 세상만 바라보면 탄식할 수밖에 없습니다. 주님을 바라보시고, 십자가를 바라보시고, 부활하신 주님을 바라보시며 이 시대의 진정한 권위를 회복하는 성도들이 되시기를 바랍니다.

30

쟤들이 그러면 안 되는데

삼상 2:12-17

성경은 교회 지도자의 자격을 이야기하면서도 그 조건으로 가정을 잘 다스리는 자로 꼽습니다.

동양에서도 수신제가(修身齊家)를 이야기합니다. 자신의 몸을 닦고. 가정을 잘 다스리는 자라야 치국(治國)과 평천하(平天下)가 가능하다는 이야기입니다.

이스라엘을 왕국으로서 가장 중요한 기초를 닦은 사람은 사무엘입니다. 그러나 본문은 사무엘의 어린 시절에 그를 가르치고 양육한 엘리 제사장의 가정 문제를 이야기합니다. 엘리 제사장은 가정을 다스리는 데 문제가 있었습니다.

가정의 달인 5월을 보내면서 엘리 제사장의 가정 문제를 통하여 타산지석(他山之石)의 교훈으로 삼고자 합니다. 본문을 자세히 살펴보면 엘리 제사장의 아들들 문제도 문제이지만 곰곰이 생각해 보면 하나님의 자녀들인 우리들의 신앙 문제이기도 합니다.

예수님 당시에도 아들의 문제를 가지고 주님께 찾아온 아버지가 있었습니다. 그러나 주님은 변화산에 올라가시고 난 후라서 제자들 밖에 없었습니다. 제자들이 이 문제를 해결하지 못했습니다. 아들의 문제는 곧 가정의 문제였으며, 이 가정의 문제는 곧 아버지의 문제였습니다. 물론 이 문제를 해결하지 못하는 제자들의 문제도 심각합니다.

그러나 이 문제는 주님 앞에서 한 마디로 됩니다. 이 문제를 안고 온 아버지가 자신의 문제로 고백합니다.

> 내가 믿나이다. 나의 믿음 없는 것을 도와주소서! (막 9:24)

물론 주님께서 먼저 말씀하셨습니다. "당신이 할 수 있거든" 이라는 조건을 다는 아버지에게 하신 말씀입니다.

"할 수 있거든이 무슨 말이냐? 믿는 자에게는 능치 못할 일이 없느니라."

현재 누리는 복을 먼저 알아야 합니다

저는 전도사 시절에 학생들을 지도할 때의 일을 종종 기억합니다. 학교에 근무하고 있었기 때문에 학교 학생들이 교회에 나오는 경우가 많았습니다. 그런데 그 학생들의 신앙생활이 그리 길지 않았습니다. 문제가 있었습니다. 전도사는 학생들에게 모든 사람들이 다 예수 믿고 구원을 받아야 한다고 가르치지만 교회의 직분자 자녀들이 문제를 일으킵니다. 제일 가슴 아픈 일이 믿지 않는 가정에서 어려움을 무릅쓰고 교회 나오는 학생들에게 오히려 비웃고 손가락질하는 사람이 먼저 교회 나오는, 그것도 교회의 직분자 자녀들이었습니다.

"나는 우리 어머니 아버지 때문에 교회 나오지만 부모님이 그렇게 반대하는데 너는 왜 교회는 나오느냐?"고 오히려 비아냥거린다는 겁니다. 그 때만 해도 부모님들이 교회 나가는 일에 반대하는 경우가 많았습니다. 어떤 아이들은 주일이 되면 방안에 갇히는 경우도 많았고 성경책을 빼앗고 불에 태우는 부모들도 많았습니다.

지금은 부모들이 아무리 교회를 반대해도 자녀들을 그렇게 대하는 이들은 없지 않습니까? 그런 어려움을 무릅쓰고 오는 학생들에게 "왜 교회 나오느냐?"고 그러면 듣는 사람은 그 충격이 큽니다.

오늘날도 마찬가지입니다. 충성하는 성도들을 보면 칭찬하고 격려해야 하는 데 오히려 이상한 눈으로 보는 분들이 있습니다. 그 이유가 무엇일까요?

부모님이 교회 나오셔서 어려움이 없이 나도 신앙 생활한다는 것은 정말 큰 복입니다. 엄청난 복입니다. 우리 교회에 그렇게 잘 섬기는 분이 계시다는 것, 충성스럽게 봉사하는 분이 계시다는 것이 큰 복입니다.

사무엘은 어려서부터 부모의 곁을 떠나 엘리 제사장의 집에서 자랍니다. 그러나 엘리 제사장의 자녀들은 자연히 하나님의 집에서 자라는 거 아닙니까? 그런데 엘리의 자녀들은 자신이 누리는 이 복이 얼마나 큰 것 인지를 모릅니다. 제사장의 특권만을 누리려고 합니다. 나중에는 교만 하기까지 합니다. 홉니와 비느하스의 만행을 보십시오.

"쟤들이 그러면 안 되는 데…"

하나님에게 제사드릴 고기를 자기가 먼저 건져 먹습니다. 22절에 보니 까 자신의 신분을 잊고 회막 문에 수종드는 여인과 동침을 합니다. 4장 이하에 보면 전쟁터에 나가면서 하나님의 언약궤를 메고 나갑니다. 물 론 거기서 두 아들, 홉니와 비느하스가 다 죽임을 당합니다. 안타까운 일입니다. 현재 누리는 복을 알지 못해서 겪게 된 결과입니다.

어디로부터 온 은혜인가를 깨달아야 합니다

모든 문제에는 원인이 있습니다. 안타까운 것은 현재 누리는 복이 얼마 나 큰 것인지를 모르기 때문입니다. 은혜를 받은 사람은 스스로 자신의 위치를 압니다. 그래서 더 큰 은혜를 받습니다.

"은혜 위에 은혜!"
"감사 위에 감사!"
"충만 위에 충만!"

예수님께서는 무릇 있는 자는 더 많이 받을 것이며 없는 자는 있는 것까지도 빼앗기리라고 말씀하셨습니다.

무릇 있는 자는 받아 풍족하게 되고 없는 자는 그 있는 것까지 빼앗기리라

(마 25:29)

하나님의 은혜를 아니까 하나님께 충성합니다. 충성 하는 자가 받을 복이 있습니다. 복을 받으니까 더욱 충성합니다.

"효도해라. 효도해라" 한다고 효도가 됩니까? 부모님의 은혜를 알아야 합니다. 그러면 효도합니다. 부모에게 효도하면 복을 받습니다. 이것을 바로 알면 효도할 수밖에 없습니다.

하나님에게 최고의 영광과 제사를 드리는 이유도 바로 이 때문입니다. 충성하고 섬기고 봉사할 사람들은 손가락질을 받을 분들이 아닙니다. 존경 받고, 감사하고, 복을 빌어드려야 할 분들입니다. 본받아야 할 분들입니다.

가정도 마찬가집니다. 부모의 사랑을 알고 남편의 수고를 알아야 합니다. 아내의 고마움을 알아야 합니다. 그래서 부모를 공경합니다. 아내 사랑하기를 주께서 교회를 위하여 자신이 몸을 내어주심같이 사랑하여야 합니다. 그럴 때에 아내는 남편에서 순종을 하게 됩니다.

문제 해결은 회개와 신앙고백으로부터 시작됩니다

문제는 그래서는 안 되는 사람들입니다. 문제를 해결해야 합니다. 문제가 없는 사람은 없습니다. 문제가 없는 가정도 없습니다. 그러나 가정의

문제는 문제라고 여기면 안 됩니다. 함께 짊어지고 갈 숙제입니다.

다시 마태복음에 나오는 이야기를 확인합니다. 아버지가 가지고 나온 문제는 오늘날 이 시대 모든 아버지의 문제가 아닌가 생각합니다. 아들이 불에도 넘어지고 물에도 넘어집니다. 작은 문제가 아닙니다. 심각한 아들의 문제입니다.

지금도 보면 옛날과 다릅니다. 청소년들의 문제입니다. 유혹에 넘어갑니다. 물질이나 게임 오락에, 환락에 넘어집니다. 물불을 가리지 않고 넘어집니다. 그러나 자녀의 문제는 아버지의 문제입니다. 세대 간의 갈등이 그렇고 아버지의 독선이 그렇고 자녀들의 불순종이 그렇습니다.

더욱 심각한 것은 주님을 따르는 자들의 문제입니다. 이 문제를 가지고 찾아왔습니다. 예수님이 계시지 않아서 제자들에게 찾아왔습니다. 그런데 제자들이 이 문제를 해결하지 못합니다. 오늘날 수많은 사람들이 어려운 문제를 안고 교회에 찾아옵니다. 교회가, 성도들이, 하나님의 사람들이 이 문제를 해결하지 못합니다. 그러면 그들이 어떻게 생각합니까? 예수님도 이 문제를 해결하지 못한다고 생각합니다. 이 아버지의 이야기를 들어보세요.

> 주여 내 아들을 불쌍히 여기소서 그가 간질로 심히 고생하여 자주 불에도 넘어지
> 며 물에도 넘어지는지라 내가 주의 제자에게 데리고 왔으나 능히 고치지 못하더이
> 다 (마 17:15-16)

제자들은 그러면 안 되는 데 말입니다.

"걔들이 정말 그러면 안 되는 데…"

그 결과 무엇입니까?

당신이 무엇을 할 수 있거든 우리를 불쌍히 여기사 도와주옵소서! (막 9:22)

하지만 예수님이 "할 수 있거든이 무슨 말이냐? 믿는 자에게는 능히 하지 못할 일이 없느니라"(막 9:23)라고 말씀하시자 아버지는 즉각 무릎을 꿇지 않습니까?

내가 믿나이다. 나의 믿음 없음을 도와주소서! (막 9:24)

그런데 엘리 제사장은 사무엘의 말을 듣고도 마음에만 새겼습니다(삼상 3:18). 알고 깨닫는 것으로 부족합니다. 돌이키고, 회개하고, 믿고, 의지해야 합니다.

우리들 모두는 복을 받은 사람들입니다. 그 은혜를 바로 알아야 합니다. 삶이 따라야합니다. 다시 말씀드리면 부모에게도 효도하는 자녀가 되어야 하고, 하나님 아버지의 충성스러운 자녀가 되어야 합니다. 하지만 그래야 된다는 사실을 모르는 사람들은 없습니다. 다 압니다. 그런데 문제는 효도는 못해도 불효막심하지 않아야 하고 은혜는 갚지 못해도 배은망덕하지 않아야 한다는 것 아닙니까?

어느 목사님이 기도했답니다. 아무리 힘쓰고 애써도 교회 부흥은 안 되고 가정적으로 자꾸 힘 드는 일만 생기고…

그런데 친구 목사를 보니까 부모님의 기도 때문인지 얼마나 쉽게 부흥하고 성장하고 좋은 일들만 가득한지...
그래서 하나님께 물었답니다.

"부모님들의 기도 때문입니까? 저는 그런 배경이 없어서 그런 겁니까? 제 친구 교회와 너무 비교가 되잖아요!"

그랬더니 하나님이 그러시더래요.

"글쎄 말이다. 요사이 쟤들이 저러고 있어!"
"쟤들이 정말 그러면 안 되는 데"

어느 목사님이 기도하는 중에 들었던 하나님의 음성이랍니다. 엘리 제사장들의 아들들이 그러고 있다가 어떤 일을 만났습니까? 지금 하나님에게 어떤 자녀로서의 삶을 살고 있습니까?
힘들어도 주 안에서의 수고는 헛되지 않습니다.

> 견고 흔들리지 말며 주의 일에 더욱 힘쓰는 자들이 되라 이는 너희 수고가 주 안에서 헛되지 않은 줄 앎이니라 (고전 15:58)

10
part

감사절 I
추수감사절 ; 感謝節
[Thanksgiving Day]

절기 따라
가는 길

31

감사로 드리는 제사

시 50:23

사람의 제일 되는 목적은 하나님을 영화롭게 하는 것입니다(요리문답 1번). 그런데 본문은 "감사로 제사를 드리는 자가 나를 영화롭게 하나니"라고 했습니다. 추수감사주일인 오늘 우리는 하나님을 영화롭게 하기 위한 감사의 제단을 쌓고 있습니다.

요리문답 1번은 사람의 제일 되는 목적을 묻지만 요리문답 2번은 성경은 하나님을 영화롭게 하는 방법을 가르쳐 준다는 사실을 가르칩니다.

어떻게 하나님을 영화롭게 할까요? 가장 직접적인 방법은 찬양입니다. 찬양 자체가 하나님에게 드려지는 것이기 때문입니다.

그 다음은 기도입니다. 하나님의 하나님 되심을 인정하고 구하는 것이기 때문입니다. 결국 기도와 찬송과 말씀이 이루어진 예배가 하나님을 영화롭게 하는 일입니다.

요한계시록은 계속적으로 영광 받으시기에 '합당하심'을 선포합니다. '합당하다'는 말은 예배(worship)란 뜻으로, 그 가치(worth)를 의미합니다. 모든 그리스도인들은 예배를 통하여 하나님을 영화롭게 합니다. 예배다운 예배는 "영과 진리로 드리는 예배"(요 4:24)입니다. 영과 진리로 예배를 드리는 예배자의 자세는 바로 '감사하는 마음'입니다. '감사하는 마음'이 없는 찬송과 기도를 진정한 예배라고 할 수 없습니다.

그러나 진짜 예배는 우리의 삶을 통한 예배입니다. 바울은 로마서 1장에서 11장까지 믿음으로 구원을 얻는 도리를 이야기한 후에 "그러므로 형제들아! 내가 하나님의 모든 자비하심으로 너희를 권하노니 너희 몸을 하나님이 기뻐하시는 거룩한 산 제자로 드리라. 이는 너희가 드릴 영적인 예배니라"(롬 12:1)고 선언합니다.

우리의 삶 자체가 하나님을 영화롭게 해야 한다는 말씀입니다. 그래서 사도 바울도 고린도교회 교인들에게 부탁합니다.

> 너희가 먹든지 마시든지 무엇을 하든지 하나님의 영광을 위하여 하라 (고전 10:31)

먹고 마시는 일 뿐만 아니라 무슨 일을 하든지 그리하라는 말씀입니다. 다시 한 번 강조합니다.

"감사로 제사를 드리는 자가 나를 영화롭게 하나니."

감사는 하나님에게도 영광을 돌리는 향기로운 제사입니다. 감사는 하나님을 기쁘시게 하는 제물입니다. 그렇다면 하나님에게는 어떻게 향기로운 감사를 드릴 수가 있을까요?

감사로 하나님을 기쁘시게 해 드립시다

어떻게 하면 하나님을 기쁘시게 할 수 있을까요?

> 믿음이 없이는 하나님을 기쁘시게 못하나니 (히 11:6)

믿음으로 드리는 감사가 필요합니다. 바른 믿음, 온전한 믿음, 헌신적인 믿음이 필요한 시대입니다.

구약 성경의 마지막 세 권이 학개, 스가랴, 말라기입니다. 이 세 권의 책은 이스라엘이 포로에서 돌아와 성전을 지을 때에 성전을 회복하고, 거룩한 하나님의 나라를 회복하고, 예배를 회복하라는 말씀입니다. 그 중에서도 말라기 선지자의 외침이 제사 회복, 예배 회복입니다. 그 중에서도 우리는 말라기 3장 10절만 기억합니다.

> 만군의 여호와가 이르노라. 너희의 온전한 십일조를 창고에 들여 나의 집에 양식이 있게 하고 그것으로 나를 시험하여 내가 하늘 문을 열고 너희에게 복을 쌓을 곳이 없도록 붓지 아니하나 보라.

성경은 하나님을 시험하지 말라고 하지만 십일조에 관한 한 시험해 보라고 했다고 하면서 이 구절이 마치 말라기 전체의 내용인 양 저도 그렇게 들어왔습니다. 그러나 구약 성경의 마지막 책인 말라기는 실제로 우리의 제사가 진정한 믿음의 제사인가를 묻습니다.

> 만군의 여호와가 이르노라 너희가 눈 먼 희생 제물을 바치는 것이 어찌 악하지 아
> 니하며 저는 것, 병든 것을 드리는 것이 어찌 악하지 아니하냐 이제 그것을 너희 감
> 독에게 드려보라 그가 너를 기뻐하겠으며 너를 받아주겠느냐? (말 1:8)

말라기 2장에서는 더욱 가혹할 정도로 책망하십니다. 거짓된 제사장들!
조상들의 언약을 욕되게 하고, 거짓된 일을 행하고도 마치 하나님 앞에
서는 아무런 잘못도 없는 것처럼 나아와서 태연합니다. 그래서 말씀하
십니다.

> 너희가 말로 여호와를 괴롭게 하고도 이르기를 우리가 어떻게 여호와를 괴롭혀 드
> 렸나이까 하는도다 이는 너희가 말하기를 모든 악을 행하는 자는 여호와의 눈에
> 좋게 보이며 그에게 기쁨이 된다 하며 이르기를 또 말하기를 정의의 하나님이 어
> 디 계시냐 함이니라 (말 2:17)

온전한 믿음이 하나님을 기쁘시게 합니다. 제물로 드리는 물질도 그렇
지만 우리의 마음은 더욱 그렇습니다.
어느 분이 부서진 시계를 수리하다가 못 고쳐서 시계방에 갔더니 시계
방 주인이 "어쩌다가 이 모양으로 만들어 왔습니까?"라고 하더랍니다.
우리의 믿음이 그런 게 아닐까 생각합니다. 처음부터 하나님을 믿는 게
아니라 자기 생각대로, 자기 마음대로 해 보다가 나중에 엉망이 되어서
하나님을 찾고 두드리는 것입니다.

그의 말씀을 즐거워하며 묵상하는 자가 되어야 합니다(시 1:2)

시편을 1편을 읽어보면 복 있는 사람이 어떤 사람인가를 이야기합니다. 악인의 꾀를 좇지 아니하며 죄인의 길에 서지 않는 자, 무엇보다 여호와 율법을 즐거워하며 주야로 묵상하는 자라고 했습니다.

어느 가정에 심방을 갔더니 대통령께서 직접 써 주신 편지라고 하며 자랑하는 것을 보았습니다. 대대로 가보로 보관할 것이라고 했습니다. 우리 모두는 엄청난 가보를 가지고 있습니다. 대대로 읽고 또 읽고 그래서 그 말씀대로 살아야 할 보배로운 하나님의 말씀인 성경입니다.

저는 예수님을 늦게 믿었지만 그 때부터 늘 들었던 말씀입니다. 당시 소련을 포함한 전 세계 유명한 석학들 천 여 명에게 질문하기를 아무도 없는 무인도에 단 하나의 책만 가지고 가라고 한다면 무슨 책을 가져갈 것인가라고 했더니 단 두 명만이 자기 전공 서적을 가져가겠다고 하였을 뿐, 모든 학자들이 다 성경을 가져가겠다고 했습니다.

하나님의 하나님 되심을 인정해야 합니다

하나님을 기쁘시게 하는 삶도 그렇고 하나님의 말씀을 주야로 묵상하는 것도 다 하나님이 하나님 되심을 인정하는 것에서 시작됩니다. 그래서 신앙고백을 합니다. 예배를 드립니다. 그리고 하나님의 자녀들인 성도들끼리 사랑을 나눕니다.

멀리 사는 친척이나 가족보다 성도들이 더 가깝습니다. 하나님이 하나님 되심을 인정하기 때문에 그 영광을 세상에 드러내어야 하며 핍박을 받고 어려움을 당해도 끝까지 전도하며 복음을 우리 주님 오실 그 날까지 온 세상에 선포하는 것입니다.

물질로 드리는 감사도 필요합니다. 구약의 제사들을 기억하면 그렇습니다. 마음으로 드리는 감사는 더욱 그렇습니다. 우리의 삶으로 감사와 영광을 하나님에게 드려야 합니다.

주님의 주되심을 인정하고 고백한 사람이라면, 하나님의 하나님 되심을 인정하고 그의 은혜를 체험한 사람이라면 가만히 나만의 신앙만을 고집할 수가 없습니다.

진정 주님이 기뻐하실 일이 무엇인가를 아는 우리들입니다. 그들의 영혼을 위해 기도하는 것이 중요합니다.

"감사로 제사를 드리는 자가 나를 영화롭게 하나니 그의 행위를 옳게 하는 자에게 내가 하나님의 구원을 보이리라."

가장 옳고 분명한 행위는 사람들을 주님 앞으로 인도하는 것입니다. 전도할 대상의 이름을 오늘 감사 예물로 드리려고 합니다. 추수감사예물과 함께 드릴 그의 이름을 먼저 적습니다. 그리고 영혼의 추수 꾼으로 부름 받았음을 고백하고 찬송하며 예물을 드리겠습니다.

32

섬김으로 드리는 감사

행 17:22-25

바르게 알고 바르게 섬기는 것이 중요합니다. 더구나 오늘은 우리 교회가 지키는 추수감사주일입니다. 많은 교회들이 시월에 추수감사 절기를 지킵니다만 이전에는 주로 미국의 영향을 받아서 11월 셋째 주일을 감사주일로 지켰습니다. 그래서 예년보다 한 달 정도 일찍 지키게 됩니다.

칼럼에 밝힌 것처럼 성경적인 유대 절기나 우리나라의 절기로 보아서도 10월이 더 타당하다고 봅니다. 우리 조상들이 지켜온 고유한 추수감사의 축제도 모두 가을이었습니다. 그런데 우리 조상들은 하늘에 대한 감사의 제사를 드리면서도 그 대상이 누구인지 구체적으로 알지 못했습니다. 본문 말씀처럼 종교성은 풍부하였으나 그 대상을 알지 못한 것과 같습니다. 그냥 하늘이고 天이었습니다.

인간들에게는 누구에게나 종교성이 있습니다. 그래서 우리 조상들도 가을이 되면 하늘에 제사를 지냈습니다. 중고등학교 시절에 외웠던 것을 저는 아직 기억합니다.

"가을이 되면 하늘에 제사를 지내는 풍습이 있었으니 부여의 영고, 예의 무천, 고구려의 동맹이었더라."

아덴(아테네) 사람들도 마찬가지입니다. 그들은 '알지 못하는 신' 까지도 섬기려 했습니다. 본문은 사도 바울이 아덴 사람들에게 이 알지 못하는 신을 설명하는 장면입니다. 그가 알고 있는 모든 철학적인 지식을 동원해 가면서 이것을 설명하려고 애를 썼습니다.

그러나 성경학자들은 바울이 철학적인 이론으로 하나님을 설명하려다가 실패한 것으로 보고 있습니다. 반응이 미미하고 이 말씀을 받아들이는 사람들이 소수에 불과하였기 때문입니다.

바울은 주님을 그리고 그들이 알지 못하는 신에 대하여 설명함으로 이들에게 하나님의 사랑과 그리스도에 대한 믿음을 가지게 하기 위하여 최선을 다하는 장면을 보게 됩니다.

이 시간 우리가 다 함께 생각해 보려고 하는 것은 가을이 되면 풍성한 수확과 추수에 대하여 감사의 제사를 드리기는 드리는 데 많은 사람들이 그 대상을 구체적으로 알지 못한다는 것입니다. 과연 우리가 믿는 하나님은 그리고 우리가 감사하여야 할 하나님은 구체적으로 어떤 분이신가 하는 것을 살펴보려고 하는 것입니다.

바울은 하나님을 "무엇이 부족한 것처럼 사람의 손으로 섬김을 받으시는 것이 아니니 이는 만민에게 생명과 호흡과 만물을 친히 주시는 자이심이라"고 설명합니다.

하나님은 세상과는 다릅니다. 분명히 구별됩니다. 우리 하나님은 섬기시는 하나님이십니다. 우리도 섬기는 사람이 되어야 합니다. 그래서 말씀 제목이 "섬김으로 감사하자"는 것입니다. 진정한 감사는 섬김으로부터 시작된다는 것을 이야기하려고하는 것입니다.

섬기시는 하나님

우리 하나님은 섬기시는 분이십니다. 예수님께서도 직접 말씀하십니다.

> 인자가 온 것은 섬김을 받으려 함이 아니라 도리어 섬기려 하고 자기 목숨을 많은 사람의 대속물로 주려 함이니라 (마 20:28, 막 10:45)

하나님이신 그 분이 우리를 섬기시기 위하여 인간으로 오셨는데 그 분이 바로 예수 그리스도이십니다. 세상은 지위와 권세가 있으면 섬김을 받습니다. 부유하고 가진 것이 풍부하면 대접을 받습니다. 능력과 학력이 있고 명예가 있으면 인정을 받습니다. 그게 세상입니다. 목사의 욕심으로는 성도 여러분 모두가 그러한 존귀한 자가 되어 세상에서 높임을 받았으면 좋겠습니다.

세상에서 있는 사람이 없는 사람을 섬깁니까? 주인이 종을 섬깁니까? 사장이 부하 직원을 섬깁니까?

지위와 권세가 있는 사람이 서민을 하늘같이 받들지 않습니다. 이론이야 뻔합니다. 민주주의를 이야기하고 서민을 위한 정치나 대중을 위한 봉사를 이야기합니다. 그러나 정작 그렇습니까?

우리 하나님은 어떠하신 분이십니까? 그는 강하신 분이십니다. 만물이 주인이십니다. 왕 중의 왕이십니다. 능치 못하심이 없으신 분이십니다. 부족함이 없으신 분이십니다. 무엇이든 다 하실 수 있으신 분이십니다. 그 분이 우리를 섬기시기 위하여 이 땅에 오셨습니다. 그리고 자신의 모든 것을 바쳐 섬기셨습니다. 우리들의 행위와 하는 짓을 생각해 보면 미운 사람들입니다. 정말 싫은 사람들입니다. 사귀고 싶지 않으실 것입니다.

저는 제 자신을 생각해 보면 정말 싫다는 마음이 들 때가 있습니다. 사랑할 수 없는 사람입니다. 용서하기 싫은 사람입니다. 이쁜 구석이라고는 하나도 없습니다. 그러나 하나님은 다 아시면서도 사랑해 주십니다. 사랑해 보셨습니까? 아까운 게 없습니다. 이익 관계가 아닙니다. 손해를 보아도 손해라고 생각하지 않습니다. 사랑하면 다 귀엽습니다. 다 좋습니다.

미워하는 사람이 있습니까? 사랑이 식었습니다.

싫어하는 사람이 있습니까? 사랑이 없어서 그렇습니다.

용서하기 어렵습니까? 사랑의 문제입니다.

하나님은 우리를 사랑하셨습니다. 우리가 할 수 있는 것이라고는 아무 것도 없습니다. 감사뿐입니다. 정말 감사드릴 것 밖에 없습니다. 그런데도 신비하게 하나님은 우리들의 작은 감사를 보시고 더 큰 것을 주십니다. 역시 우리들을 사랑하시기 때문입니다.

"우리를 섬기시는 하나님!"

하나님 앞에 우리가 할 수 있는 일이라고는 감사밖에 없음을 다시 한 번 기억하시는 여러분들이 되시기 바랍니다.

주님은 우리들에게 섬김의 본을 보여 주셨습니다

주님의 섬김은 우리들에게 본이 됩니다. 본이라는 말은 모델이라는 말입니다. "따라 해야 한다!" 우리들이 그렇게 해야 한다는 뜻입니다. 우리들이 따라 하기를 원하신다는 사실입니다.

> 내가 주와 또는 선생이 되어 너희 발을 씻겼으니 너희도 서로 발을 씻기는 것이 옳
> 으니라 내가 너희에게 행한 것같이 너희도 행하게 하려 하여 본을 보였노라
>
> (요 13:14-15)

그 분의 섬김은 우리들에게 필요한 것이 있어서 섬기는 섬김이 아닙니다. 그분의 십자가와 보혈과 죄 용서하심이 얼마나 큰 사랑이며 섬김입니까?

우리의 과거를 묻지 않습니다. 용서를 빌고 엎드리기만 하면 언제든지 품어주시고 안아주십니다. 회개만 하면, 믿기만 하면 값없이 모든 것을 용서해 주십니다.

한학을 하신 분들은 잘 아실 겁니다. 명심보감이나 소학을 읽다보면 명도선생이나 이천선생이 많이 등장합니다. 두 분의 대조적인 성격에 대

한 이야기를 많이 듣습니다.

그 성격에 대한 이야기를 하려는 것이 아닙니다. 한 분은 꼬장꼬장합니다(이천). 그러나 한 분은 쉬이 털어버리는 성품입니다(명도). 우리의 선비들은 이러한 정신을 본받으려고 애를 썼습니다. 모두 다 본받을 수는 없습니다.

그런데 주님은 털어버렸습니다. 덮어 버렸습니다. 기억도 아니 하십니다. 새벽안개의 사라짐같이 우리의 모든 죄과를 사라지게 하시는 분이십니다. 우리가 본받으려고 하는 분은 이 분들과 같은 인생이 아닙니다. 본받아도 좋고 아니해도 좋은 게 아닙니다. 우리 인생의 주인이신 그 분의 명령입니다.

경건하게 살고 신바람 나게 살아야 하는 우리들로서는 주님의 생각과 정신이 아니고는 우리 자신을 가누기가 참 어렵습니다. 경건과 신바람의 차이는 한국과 일본의 차이와 같다고 합니다. 유교에서는 주자학과 양명학의 차이라고 합니다. 또 중국의 문(文)과 일본의 사무라이 정신 곧 무(武)를 모두 수용하는 양반을 강조합니다. 그러다 보니 한국 사람은 양반이 아닌 사람이 없습니다. 저는 우리 선배들은 참 어렵게 사셨구나 하고 생각해 봅니다.

서민으로 오셔서 서민으로서 사는 모범을 보이신 우리 주님이십니다. 그는 민중이셨습니다. 약한 자로 오셨습니다. 그분은 하나님의 아들이시고 하나님이십니다. 그러나 너무나 큰 것을 보여주셨다는 생각이 들 때가 많습니다.

무엇을 감사하고 싶으십니까? 저는 이 시간 감사드립니다.

"내가 주와 선생이 되어 너희의 발을 씻겼으니 너희도 서로 발을 씻기는 것이 옳으니라."

모범을 보이신 주님의 가르치심에 순종하는 것이 감사하는 우리들의 자세임을 명심하시기 바랍니다.

우리들도 서로 섬김으로 감사할 수 있어야 합니다

섬김에 대한 결과가 있습니다. 이 땅에서 인정받고 상 받는 것도 중요하지만 주님 앞에 인정받는 사람이 되어야 합니다. 천 년 만 년 사는 것 아닙니다. 주님 앞에 서는 날이 있습니다. 20년 후엔 여기 몇 사람이나 남아 있을까요? 30년 후에는 어떨까요?

계시록 2장 19절 말씀은 두아디라교회에 하신 말씀입니다. 책망 받던 교회입니다. 그러나 큰 칭찬을 받았습니다.

> 내가 네 사업과 사랑과 믿음과 섬김과 인내를 아노니 네 나중 행위가 처음 것보다 많도다 (계 2:19)

마지막이 중요합니다. 어떻게 살았던 벼락 맞아 죽으면 벼락 맞아 죽은 겁니다. 아무리 착하게 살아도 감옥에서 죽은 건 감옥에서 죽은 게 되고요. 교장으로 은퇴하면 평생 교장이고 과장으로 은퇴하면 평생 과장입니다. 마지막 주님 앞에 서는 날을 기억하시기 바랍니다. 주님 앞에서 인정받는 종들이 되시기 바랍니다.

"네 나중 행위가 처음보다 많도다."

주님은 우리의 섬김을 기억하시는 분이십니다. 한 일입니다. 사랑입니다. 믿음입니다. 섬김입니다. 인내입니다. 주님은 이 사실을 기억하시고 칭찬하셨습니다. 섬김을 아십니다.

저는 373장 찬송을 부르시며 하나님 품에 안기신 저의 선생님을 늘 생각합니다. 백현기 장로님! 그 분은 저의 선생님이신데요. 마지막 주님 나라 가시면서 제게 부탁하신 말씀을 저는 평생을 잊지 못합니다. 한 일도 중요하고 직책도 중요하고 업적도 중요하지만 사랑입니다. 섬김입니다. 포용입니다. 인내입니다.

"고요한 바다로 저 천국 향할 때 주 내게 순풍주시니 참 감사합니다.
큰 물결 일어나 나 쉬지 못하나 이 풍랑 인연하여서 더 빨리 갑니다.
내 걱정 근심을 쉬 없이 하시고 내 주여 어둔 영혼을 곧 밝게 하소서.
이 세상 고락간 주 뜻을 본받고 내 몸이 의지 없을 때 큰 믿음 주소서."

중직자는 교인을 섬겨야 합니다. 대부분의 교회가 평신도 때문에 어려움 겪는 교회가 없습니다. 중직자들 때문에 선량한 교인들이 고통을 당합니다. 목사, 장로, 권사, 집사 때문입니다.

섬기는 자가 되십시오. 성도들이 하늘입니다. 교인들이, 새 신자들이, 오늘 처음 교회 나오신 분들이 주인입니다. VIP들입니다. 특히 먼저 믿은 성도들 모두가 섬기는 종이 되어야만 합니다.

하나님께서 무슨 부족한 것이 있어서 사람의 손으로 섬김을 받으시는 것이 아닙니다. 본문 17장 25절을 다시 한 번 읽습니다.

또 무엇이 부족한 것처럼 사람의 손으로 섬김을 받으려는 것이 아니니

만민에게 생명과 호흡과 만물을 친히 주시는 분이시기에 마땅히 드려야 할 감사가 바로 우리들의 섬김인 것입니다.

Sunday morning Service!
서비스! 섬김은 예배입니다.
서비스! 섬김은 봉사입니다.
더 중요한 것은 섬김은 감사입니다. 섬김이 예배이며 봉사이며 감사입니다.

33

그 아홉은 어디에 있느냐?

눅 17:11-19

예수님은 예루살렘으로 가시다가 열 명의 나병 환자를 만났습니다. 갈릴리와 사마리아의 사이의 길목 마을이었습니다. 이들은 소리를 칩니다.

"예수 선생님이여, 우리를 불쌍히 여기소서!"

예수께서는 이들을 제사장에게 보내십니다. 보냄을 받은 열 명의 나병환자들은 모두 깨끗케 하심을 받았습니다. 정말 놀라운 일입니다. 그러나 그 열 명 중에 예수님께 돌아와 엎드린 사람은 사마리아인 한 사람뿐이었습니다. 주님은 묻습니다. 오늘 우리들에게도 물으시는 질문입니다.

"열 사람이 다 깨끗함을 받지 않았느냐? 그 아홉은 어디에 있느냐?"

열 명 모두가 주님의 은혜를 입은 사람들입니다

주님께 찾아와 감사하며 무릎을 꾼 사람은 단 한 명! 그것도 유대인들이 그토록 멸시하는 사마리아 사람! 단 한 사람뿐입니다.

나병은 무서운 병이었습니다. 오늘날과 달리 그 당시에는 하나님의 저주라고 생각했습니다. 지금은 감기 치료하는 정도로 생각합니다. 간단하게 약물로 치료가 됩니다. 그러나 그 당시에는 낫게 할 방법이 없었습니다. 그래서 격리했습니다. 따로 살게 했습니다.

치유되는 사람도 있었습니다. 나병이 치유되었음을 진단하는 이는 제사장이었습니다. 이 병은 하나님과의 관계 속에서 있다고 생각하였기 때문입니다.

열 명의 나환자들이 동시에 치료를 받았다는 것은 오직 주님의 치유사역 때문이었습니다. 고침을 받은 열 명의 나병 환자들은 대단한 복을 받은 사람들입니다. 하지만 나머지 아홉은 어디로 갔을까요?

성경에서 나병환자만을 이야기하는 이유가 무엇일까요?

그것은 바로 나병이 가지고 있는 심각성 때문입니다. 더 구체적으로 이야기하면 육신적인 나병보다는 오늘날 영적인 나병 환자들 때문입니다. 오늘날은 육신적인 나병은 큰 문제가 되지 않습니다. 더 큰 문제는 죄로 임하여 죽음 앞에 선 영적인 나병 환자들입니다. 나병의 심각성은 환자

임에도 불구하고 고통이 없다는 것입니다. 손마디가 끊어져 나가고 코가 빠지고 귀가 떨어집니다. 눈이 빠져 나갑니다. 손가락 마디에 가시만 박혀도, 발바닥에 모래알만 박혀도 아픔을 느낍니다.

저는 나병환자들과 가까이 지낸 적이 있습니다. "아프시지 않으시냐"고 여쭈어 보았습니다. 뼈 속까지 아프다고 하셨습니다. 그러나 우리들이 느끼는 것과 다르다는 것은 분명하답니다. 신경이 죽어 가니까 통증이 일반인 같지는 않다고 했습니다. 병이 들면 아파야 합니다. 지금 아프다고 하시는 분들, 통증을 느끼시는 분들은 감사하시기 바랍니다.

죄인이라면 당연히 아파야 합니다. 더 큰 영적인 나병은 죄를 짓고도 죄를 지은 줄 모르는 것입니다. 회개하고 예수 믿으라고 하면 도리어 큰소리칩니다. "내가 무슨 죄를 지었느냐?" 고 합니다. 큰일입니다.

세상 사람들이 영적인 나병에 걸려 자기가 죄인인 것을 알지 못하는 것도 문제지만 더 심각한 것이 있습니다. 이러한 질병으로부터 치유함을 얻고도 사마리아 사람 한 사람을 제외한 나머지 아홉 사람들처럼 전혀 감사함을 모르는 것입니다. 이것이 더 큰 문제입니다. 심각한 영적인 나병 환자들입니다.

자기가 유대인이라고, 나는 천국 갈 사람이라고 말은 하지만 전혀 주님의 은혜를 알지 못하고 감사할 줄도 모른다면 심각한 영적 나병에 걸려 있는 것입니다.

일시적인 은혜나 치유를 원치 않습니다

질병은 치유를 받았다고 해도 다시 재발할 수도 있습니다. 병 고침을 받왔다고 돌아서면 안 됩니다. 고침을 받은 사마리아 사람! 바로 이 한 사람처럼 주님 앞에 나와야 합니다. 그래야 온전한 구원을 얻고, 온전한 성도로서의 삶을 살 수 있습니다.

감사하며 찾아온 사마리아인에게 주님은 무엇이라 선포하십니까?

"일어나 가라! 네 믿음이 너를 구원하였느니라."

이것이 바로 하나님께서 주시는 구원의 선물입니다. 영원한 생명, 곧 영생입니다.

감사는 하나님께서 베푸신 사랑에 대한 응답입니다. 감사는 우리들에게 허락하신 구원에 대한 신앙고백입니다. 감사는 하나님의 은혜와 더욱 더 큰 복을 위한 지름길입니다.

여러분은 지금 누리는 복이 가장 큰 복이라고 생각하실 것입니다. 그렇습니다. 여러분은 지금 세상 사람들은 꿈도 못 꾸는 큰 복을 누리고 계십니다. 그러나 하나님은 여러분이 생각하시는 것보다 훨씬 더 상상도 할 수 없는 더 큰 복을 예비하고 계십니다.

"은혜 위에 은혜."

나병이 나은 것으로 만족하지 마십시오. 혹시라도 우리가 칭찬받은 그 한 사람의 사마리아인이 아니라할지라도 주님께서 "그 아홉은 어디에 있느냐?"고 질문하실 때에 지금이라도 "제가 여기에 있나이다"라고 하며 감사하는 마음으로 무릎을 꿇어야 합니다.

11
part

감사절 II
맥추절 ; 麥秋節
[Feast of Harvest]

절기 따라
가는 길

34

더 큰 은혜를 누리는 비결

빌 4:4-7

나날이 감사가 넘치는 날들입니다. 홍해 바다가 갈라지는 것보다 벳세다 들녘의 눈앞에 보이는 5병 2어의 기적보다 하나님의 함께 하심이, 놀라운 평강으로 지켜 주심이, 우리에게는 은혜였고, 기적이었고, 감격이었습니다. 지금까지 우리가 누렸던 은혜도 크지만 더욱 중요한 것은 앞으로 남은 삶이 더 중요합니다.

사도 바울은 빌립보 교인들에게 더 큰 은혜를 누리는 비결을 권고합니다. 사랑하고 사모하는 형제들이요, 기쁨이요 면류관이기도 한 성도들이기에 바울은 감격적인 마음으로 권하고 있는 것입니다(빌 4:1).

그리하면 모든 지각에 뛰어난 하나님의 평강이 그리스도 예수 안에서 우리의 마음

과 생각을 지키시리라 (빌 4:7)

"그리하면"이 매우 중요한 단어입니다. 어떻게 하면 하나님의 평강이 넘
칩니까? 어떻게 하면 그리스도 예수 안에서 우리의 마음과 생각을 지키십
니까? 본문 빌립보서 4장 4-6절에 순종하면 7절의 역사가 나타납니다.

기뻐하면 그리하실 것이라고 말씀하십니다

빌립보서 4장 4절입니다.

주 안에서 항상 기뻐하라. 내가 다시 말하노니 기뻐하라

억지로라도 기뻐하라는 말씀입니다. 좋은 옷, 맛있는 음식, 화려한 명예
가 없어도 그 분과 함께 하는 그것 하나만으로 기뻐하십시오. 엄마 품에
안긴 아기는 엄마 품 하나로 만족합니다. 엄마가 모든 것을 책임지기 때
문입니다. 기뻐합시다. 하나님께서 책임지십니다.

그리스도의 관용을 모든 사람에게 보여주어야 합니다

너희 관용을 모든 사람에게 알게 하라. 주께서 가까우시니라 (5절)

편협하거나 옹졸하지 맙시다. 마지막이 가깝다는 말을 따라다니는 말씀이 바로 이 관용입니다. 저를 가르쳐주신 장로님의 마지막도 이 말씀이었습니다.

"모든 것 다해 보았다. 후회가 없는 인생을 살았다고 생각한다. 그러나 단 하나! 왜 내가 더 큰 마음으로 품어주는 삶을 살지 못했을까? 그게 제일 후회가 된다."

야고보도 유사한 표현을 하고 있습니다. 야고보서 5장 7-11절이 바로 종말, 주의 심판과 최후의 그날을 앞두고 우리가 가져야 할 중요한 자세를 교훈하고 있습니다.

첫째, 인내하라. "참아라"는 말입니다. 둘째, 마음을 굳게 하라. "변질되지 말라"는 교훈입니다. 셋째, 원망하지 말라. "감사하라"는 이야기입니다. 왜냐하면 심판자가 문 앞에 서 계시기 때문입니다. 사랑하는 마음, 용서하는 자세, 포용하는 가슴이 필요합니다.

우주를 창조하시고 다스리시는 그 분의 크신 사랑을 보여주십시오. 성도들이 그리스도를 닮고 그리스도의 크신 사랑을 드러내면 하나님은 여러분들에게 더 큰 사랑을 베풀어 주실 것입니다.

염려하지 맙시다

모든 일에 기도와 간구로 모든 소원을 감사함으로 아뢰십시오.

아무 것도 염려하지 말고 오직 모든 일에 기도와 간구로 너희 구할 것을 감사함으로 하나님께 아뢰라 (6절)

맥추감사주일인 오늘! 우리는 다시 한 번 다짐합시다. 염려대신 기도하라고 하십니다. 간구하라고 하십니다. 걱정되는 일이야 많습니다. 걱정 없이 살 수 없습니다. 그 걱정거리를 가지고 원망하거나 불평하지 말고 오히려 기도하라고 명령합니다. 간구하라고 권면합니다. 오히려 감사함으로 하나님께 아뢸 것을 교훈합니다.

하나님은 감사하는 사람들을 축복하십니다. 더 큰 감사의 거리를 주십니다. 더 놀라운 것으로 채워주시기를 원하십니다.

사람도 믿고 인정하면 더 많은 것을 베풀고 싶어 합니다. 누구에게나 있는 염려, 근심, 걱정입니다. 사실 이것은 불신앙의 표시가 될 수 있습니다. 하나님을 믿지 못하니까 염려, 근심 , 걱정합니다. 믿고 맡기시고 하나님을 인정하십시오.

너는 마음을 다하여 여호와를 의뢰하고 네 명철을 의지하지 말라. 너는 범사에 그를 인정하라. 그리하면 네 길을 지도하시리라 (잠언 3:5-6)

여호와를 인정하는 사람은 기도합니다. 간구합니다. 모든 것을 감사함으로 하나님께 아뢰웁니다.

기뻐하고, 관용을 나타내 보이며, 염려하지 아니하고 감사함으로 아뢰면 "모든 지각에 뛰어난 하나님의 평강이 그리스도 예수 안에서 우리들의 마음과 생각을 지켜주신다"는 분명한 약속입니다.

더욱 더 큰 은혜를 마음껏 누리는 맥추감사절!

하나님이 지켜 주시는 이 해의 남은 절반! 하나님이 채워주시고 이끄시는 우리들의 남은 생애가 되시기를 바랍니다.

35

여호와의 절기를 지키라

출 23:16

맥추감사주일입니다. 본래는 보리농사에 대한 감사절기입니다. 실제적으로는 첫 농사에 대한 감사절입니다. 현대의 맥추감사절은 지난 6개월에 대한 감사 절기입니다. 그리고 또 새로운 후반기를 맞는 복된 절기이기도 합니다.

구약 시대에는 특히 이 절기를 지키는 것을 신앙의 가장 중요한 표준으로 여겼습니다. 아무리 영토가 확장되고 부유해도 여호와의 절기를 무시한 왕은 악한 왕이요, 여호와의 절기를 잘 준수한 왕은 선한 왕으로 인정을 받았습니다.

모든 시간의 주인은 하나님이십니다. 하나님이 만드셨고, 다스리시며,

마지막 날에 시간을 거두어 가십니다. 그래서 성경은 시간을 강조하며, 히브리인들은 역사를 중히 여겼습니다. 이스라엘의 역사와 역대 왕들의 업적을 절기 신앙으로 판단한 이유도 이 때문입니다. 오늘날의 기독교 교육의 핵심도 절기교육에 있습니다.

가장 기본 절기는 초하루(월삭)와 안식일입니다

이스라엘 백성들이 가장 중요하게 여겼던 절기가 월삭과 안식일입니다. 월삭은 한 달에 한 번이지만 안식일은 매 주 한 번입니다. 이것은 하나님의 명령이었습니다. 특히 종말에 대한 예언 가운데 이사야는 이 사실을 언급합니다.

> 여호와가 말하노라. 매월 초하루와 매 안식일에 모든 혈육이 내 앞에 나아와 예배하리라 (사 66: 23)

솔로몬은 성전을 완공하고 헌당 이후 반드시 이 절기를 지켰습니다. 역대하 8장 13절입니다.

> 모세의 명령을 따라 매일 일과대로 안식일과 초하루와 정한 절기 곧 일 년의 세 절기 무교절과 칠칠절과 초막절을 드렸더라

에스겔도 이스라엘의 회복을 이야기합니다. 그리고 마지막으로 간곡하게 외칩니다.

군주의 본분은 번제와 소제와 전제를 명절과 초하루와 안식일과 이스라엘 족속의

모든 정한 명절에 갖추는 것이니 이스라엘 족속을 속죄하기 위하여 이 속죄제와

소제와 번제와 감사 제물을 갖출지니라 (겔 45:17)

그거야 구약성경의 이야기가 아니냐고 할 수 있습니다. 그렇습니다. 골
로새서 2장 16절에 보면 약간의 논쟁이 될 수 있는 구절이 나옵니다.

그러므로 먹고 마시는 일이나 절기나 초하루나 안식을 이유로 누구에게든지 너희
를 비판하지 못하게 하라

물론 이 구절은 예수 그리스도의 중요성을 강조합니다. 골로새서 2장
17절을 보면 이러한 것은 다 그림자일 뿐 실제적으로 그림자가 아닌 본
체는 예수 그리스도라는 것입니다.
성찬식은 예식이요, 예수님의 피와 살을 기념한다는 것입니다. 모든 시
간이나 날들, 절기의 주인은 주님이십니다. 우리가 성찬 예식을 가벼이
여긴다든지 절기를 가벼이 여김으로 그림자만을 중요시하는 자들로부
터 비난받지 않게 하라는 것입니다.
결국은 이 시간들의 주인은 하나님이시지만 이러한 절기의 중요성을 강
조하는 이유를 잊지 마시기 바랍니다.

연중 가장 큰 절기는 유월절, 맥추절, 수장절이었습니다

연중 절기 가운데 큰 명절, 큰 절기가 있습니다. 본문은 유월절과 맥추

절과 장막절을 이야기합니다. 물론 이 세 절기가 현대적으로 해석되어 져야 합니다.

유월절은 이스라엘이 애굽에서 해방되는 것을 기념하는 명절입니다. 죽음의 사자가 뛰어 넘었다는 것입니다. 애굽의 모든 장자는 다 죽임을 당했지만 말입니다. 이때에는 누룩이 들어가는 음식을 먹지 않음으로 무교절이라고도 부릅니다만 실제적으로 주님이 친히 유월절 양이 되셔서 십자가를 짊어지신 절기임으로 오늘날의 절기로는 고난주간과 함께 부활주일로 이어집니다.

맥추절은 이스라엘이 처음 가나안에서 농사를 지은 그 첫 수확을 감사하는 절기로 칠칠절, 우리로 말하면 유월절로부터 49일이 지난 오순절기와 일치합니다. 오늘날의 교회는 6월 마지막 주일이나 7월 첫 주일을 맥추절로 지킵니다. 1년 중 정확하게 반이 지나가기 때문입니다.

수장절은 절기로 보아서는 우리나라의 추석절기와 거의 일치합니다. 유대인들도 음력을 사용합니다. 우리보다 한 달이 늦습니다. 출애굽을 기념하여 그 달을 정월로 하기 때문에 그렇습니다. 그들의 달력으로 7월 보름, 우리의 8월 보름과 거의 일치합니다. 우리는 이 수장절을 추수감사주일과 일치시킵니다. 그들은 광야 40년을 기념하여 초막을 짓고 일주일을 지킵니다. 옛날 그들 조상과 함께 하신 하나님을 추억하며 지킵니다. 그래서 초막절이라 부르기도 합니다.

이 세 절기는 이스라엘에게는 특별합니다. 모세는 신명기에서 간절히 부탁을 하며 유언을 합니다. 신명기 16장 1-17절에 보면 이 세 절기의 설명이 자세히 나옵니다. 유월절, 맥추절, 장막절입니다.

저도 가만히 생각해 보면 늦게 믿은 예수님이지만 성탄절의 새벽 송과 부활절의 계란맛과 추수감사절의 시루떡을 잊을 수가 없습니다. 자녀들에게 신앙과 가풍을 계승하며 가르치는 때가 바로 명절인 것을 기억하시기 바랍니다.

이 모든 명절의 주인은 우리 주님이십니다

명절 끝 날 곧 큰 날은 주님의 날을 의미합니다. 이 모든 명절의 주인은 우리 주 예수 그리스도이십니다. 그래서 모든 시간의 주인이신 그 분에게 감사하는 절기가 됩니다.

실제적으로 매 절기마다 드리는 예배와 성찬예식은 축제 예식입니다. 모든 예식과 은혜의 현장에서 흐르는 눈물과 감격이야 어쩔 수 없지만 개혁교회는 과거의 인위적이고 가증스러운 분위기를 경계해 왔습니다. 그러나 안타깝게도 아이와 목욕물을 함께 버렸다는 것입니다. 천주교처럼 매주 성찬식을 하지 않지만 이 예식을 가벼이 여기지 않아야 합니다. 저는 성찬 예식에 두 가지의 의미를 부여합니다. 은혜(χαρις)에 대한 감사(ευχαρις)의 응답이 성찬(ευχαριδτ)이라는 것입니다.

첫째는 주님의 십자가가 감사하고, 다음으로는 지금까지 내가 산다는 것이 감사하고 맥추절을 생각하면 지난 6개월이 감사한 것입니다. 이것이 모두 은혜입니다. 은혜에 대해서는 감사를 드립니다.

그런데 이 감사라는 단어의 뜻이 감사이기도하지만 성도들에게는 응답의 의미로 "유카리스트"라고 합니다. 그러므로 진정한 감사의 의미가 없이 성찬에 참여할 수는 없다는 것입니다.

지난 6개월! 여기까지 도우신 에벤에셀의 하나님께 감사하는 마음도 중요합니다. 그러나 이제 이 해의 남은 6개월! 함께 하실 임마누엘의 주님께로 나아가는 시간이 바로 이 시간입니다.

주님과 함께 한다는 뜻이 무엇입니까? 그 분의 살이 나의 살과 하나가 되고 그 분의 피와 나의 피가 하나가 된다는 것입니다.

정말 두려운 시간입니다. 주님과 하나가 되시기를 바랍니다. 이 거룩한 성찬 예식이 바로 여러분들과 주님이 하나가 되는 아름다운 시간이 되시기를 간절히 기도합니다.

36

온전한 감사

살전 5:16-18

맥추감사주일입니다. 지난 6개월을 돌아보며 감사하는 주일입니다. 언제나 늘 감사할 일만 있었던 것은 아닐 것입니다. 때로는 원망과 불평과 고통도 있었을 것입니다. 그러나 지나고 보면 이 모두가 다 감사할 것밖에 없음을 압니다.

우리는 하나님께 온전한 감사를 드려야 합니다. 물론 반쪽짜리 감사가 있고 온전한 감사가 있는 것은 아닙니다. 그러나 입술로만 감사하는 것은 온전한 감사가 아닙니다. 조건적인 감사도 온전한 감사가 아닙니다. 부분적인 것만 감사하는 것 역시 온전한 감사일 수는 없습니다. 전적인 감사, 절대적 믿음, 무조건적 순종이 바로 온전한 감사입니다.

중요한 것은 그 감사에 응답하시는 하나님의 마음이 중요합니다. 마지 못해 하는 감사는 아버지의 마음에 드는 감사가 아닙니다. 하나님이 기 뻐하시는 감사! 하나님의 뜻에 맞는 감사가 되어야 합니다. 본문은 이 사실을 분명히 확인해 줍니다(살전 5:18).

"이는 그리스도 예수 안에서 너희를 향하신 하나님의 뜻이니라."

항상 기뻐하는 삶을 통하여 하나님께 감사하여야 합니다

불평과 원망은 하나님의 뜻이 아닙니다. 사람도 그렇습니다. 말로는 감 사하면서도 불평하고 불만하고 험담하면 그것은 온전한 감사가 아닙니 다. 더구나 하나님 앞에서는 말할 필요도 없습니다. 기쁨으로 감사해야 합니다.

너무 고맙고 감사하면 그냥 그 이름만 들어도 좋아서 어쩔 줄을 모릅니 다. 우리들은 하나님 앞에서 그렇게 살아야 합니다. 은혜 받은 사람은 찡그리고 다니지 않습니다. 이웃을 만나도 늘 기쁘고 즐거울 수밖에 없 습니다.

기도하는 삶

모든 일을 그 분에게 의지하는 삶입니다. 전적으로 하나님께 맡기는 삶 이 감사의 중요한 표현이 됩니다. 힘들고 어려울 때에 큰 도움을 준 사 람이 있습니다. 그러면 좋은 일이 있으면 알려드리고 싶고 실상은 은혜를 입었고 감사하기 때문에 슬픈 소식도 나누게 됩니다. 그래서 어려울 때 친구가 진짜 친구라고하지 않습니까? 그 이유는 어려울 때에 서로 힘이 되고 또 그게 고맙기 때문에 계속 친구가 됩니다.

하나님 앞에서도 마찬가지입니다. 감사하다고 하면서 기도하지 않을 수 없습니다. 정말 하나님의 은혜가 고맙고 감사합니까? 그렇다면 기도해야 합니다.

기도 제목을 붙들고 기도해야 합니다. 개인적인 이야기들이라 공개할 수 없지만 정말 엄청난 응답을 받으신 분들이 많습니다.

우리는 기도의 능력에 대해 많은 체험을 하였습니다.

중요한 것은 감사하는 삶입니다

어려울 때, 피곤할 때, 일이 잘 안 될 때, 감사하는 마음이 적어진 적도 있습니다. 그 때는 일천번제를 드리고 그 바쁜 중에도 기도 일기도 쓰고 나서 감사하는 마음이 넘치면 기도합니다. 그러면 더 큰 감사를 드릴 일들이 일어납니다.

가슴에 손을 얹고 생각해 보세요. 감사가 넘치면 기도합니다. 왜 기도에 대하여 게으를까요? 감사하는 마음과 관계가 깊습니다. 틀림이 없습니다.

제일 중요한 것은 감사하는 것은 감사로 말미암습니다. 온전한 감사는 범사에, 모든 일에, 어떤 일이든지 감사하는 삶입니다. '범사' 란 취사선택이 아닙니다. 모든 일에 다 감사해야 합니다.

각 교회 회계를 맡은 분들의 연수가 있어서 참여한 적이 있습니다. 여기에서 평생 감사원에서 일하신 장로님의 강의가 있었습니다. 남의 잘못을 파헤치고 부정적인 일들을 들추어내고 정의로운 일들을 위해서 부득이 남의 단점, 약점들을 들추어내다보니 자기의 성격이 이상해져 버렸다는 것입니다. 그러면서 그 분이 참 재미있는 이야기를 하셨습니다. 오래 된 이야기이지만 국가 지도자들 중에서는 감사원 출신이 없다는 것입니다. 긍정적인 것보다 자꾸 부정적인 것만 다루다 보니 사람이 그렇게 변해 버린다는 겁니다. 그러면서 아주 중요한 이야기를 하셨습니다.

그런데 교회 감사(監査)를 해보니 정말 감사(感謝)할 것 밖에 없더라는 겁니다. 교회가 세우는 연중 계획이나 행사들! 그 엄청난 예산을 세우는 것 보면 불안하기 그지없다는 것입니다. 그런데 결산을 보면 그 일을 다 해 낸다는 겁니다. 그분이 교회의 재정을 담당하시는 분들에게 강의를 하시면서 자신이 터득한 진리가 감사는 감사를 낳는 것이어야 한다는 것입니다.

우리나라 어느 대학의 국문학과에서 학생들의 서클이 두 개로 나누어졌답니다. 반은 문학비평을 전공하는 학생이었고 반은 아름다운 시와 산문을 쓰는 작가 지망생이었답니다. 10년 후에, 그리고 20년 후에 조사해 보니 문학비평을 전공한 학생들 중에는 문학비평가도 한 명도 되지 않았을 뿐 아니라 유명한 작가는 한 명도 없었으나, 작가 지망생들 중에는 문학 비평가도 나오고 시인도 나오고 수필가도 나왔다고 합니다. 그래서 아예 이 대학에서는 문학 비평 전공 학생을 받지 않았다는 겁니다.

긍정적으로 삽시다. 감사하며 삽시다. 칭찬하며 삽시다. 찬양하며 삽시다. 기뻐하며 삽시다. 기도하며 사시기 바랍니다.

마음으로, 삶으로, 헌신으로 아버지의 뜻을 이루어 나아갈 때 진정한 감사, 온전한 감사가 이루어지며 감사 위에 감사, 은혜 위에 은혜가 더욱 넘치게 될 것입니다.

국가기념주일 I

삼일절 ; 三一節

[Independence
Movement Day]

절기 따라
가는 길

37

3.1 운동과 교회의 시대적 사명

마 9:35

한국 교회는 애국충군(愛國忠君)하는 교회로 시작되었습니다. 100년이나 먼저 들어온 천주교는 당시의 당파싸움과 정쟁과 연결된 시대적 상황과 맞물려 무군무부(無君無父)의 종교라는 이유로 많은 순교와 함께 엄청난 고난을 받았던 것과는 달리 기독교는 당시 왕과 체제에 순응하는 교회로 이해되면서 많은 민족지도자들과 애국자들을 길러내었습니다.
이것은 또한 외국의 선교역사와도 비교됩니다. 시기적으로 서구 열강들의 식민지 정책을 전후한 선교사들의 입국은 마치 선교사들이 식민지의 앞잡이라도 되는 것처럼 오해되어 지금까지도 서구 선교사에 대한 인식은 그렇게 긍정적이지 못하지만 한국만은 예외였다는 사실은 참으로 다

행한 일이 아닐 수 없습니다.

기록에 의하면 미국 선교사들이 권총을 차고 고종황제를 지켰는가하면 교회를 통하여 애국심을 고취하고 국민들을 계도한 사실은 자랑스러운 일이라 하지 않을 수 없습니다.

교회 다니는 사람은 곧 나라사랑하는 사람으로 통했습니다. 선교사들의 보고서에 의하면 기독교인들의 집을 찾는 일은 그리 어렵지 않다고 말하고 있습니다. 왜냐하면 초기 기독교인들은 반드시 주일마다 대문에다 태극기를 달았기 때문입니다.

애국가 곡조가 정해지지 않은 때였기 때문에 오늘날 우리가 부르는 찬송가 338장 곡에다 "동해물과 백두산이 마르고 닳도록 하나님이 보우하사 우리나라 만세"라는 노래를 불러 보급하였고, 조만식 장로가 중심이 된 조선 물산 장려운동이나 국채보상운동을 비롯하여 교회마다 민족과 이웃과 나라를 위한 기도의 열풍으로 뜨거워졌을 때 3.1운동 역시 교회를 통하여 전국으로 확산되어질 수밖에 없었던 것입니다. 당시의 교회 활동은 크게 세 가지로 분류할 수 있습니다.

첫째, 하나님 나라의 선포를 위한 교회의 활동입니다

1. 말씀중심의 복음적인 교회(사경회)

1년 중 한 달 동안 집중적으로 실시되었던 달 성경학교나 1907년 1월 평양 장대현 교회에서 있었던 남선교회의 도(道)사경회는 모두 한국교회의 대부흥운동과 성령운동의 기초가 되었습니다.

2. 기도중심으로 부흥하는 교회(새벽기도)

1906년 8월부터 길선주 장로 등 몇 사람으로부터 시작된 새벽 기도회는 1907년 도사경회의 부흥운동과 연결되면서 정착된 것입니다. 이길함 선교사의 인도로 시작된 이 날의 기도회는 놀랍게도 만주에서 제주도까지 놀라운 성령운동으로 번졌습니다.

3. 성수주일 하는 교회 중심의 신앙

주일 성수는 한국교회의 신앙 고백이었습니다. 일제치하 36년과 6.25를 전후한 공산치하에서도 생명 걸고 주일을 사수하였습니다. 선천지방에선 5일 만에 돌아오는 장날과 주일이 중복될 때에는 월요일에 장이 쉴 정도로 주일성수를 하였습니다.

4. 연보와 전도로 자립하는 교회의 모습이었습니다.

십일조가 헌금의 성경적인 기준이라는 사실을 부인할 수는 없습니다. 그러나 한국교회의 목표는 단순히 율법적이거나 정해진 법으로서의 십일조가 아니었습니다. 자발적인 것이었습니다.

헌금이 복된 삶과 연결된 것은 사실입니다. 그러나 그것이 목적이 아니었습니다. 특히 1년에 10일 이상을 온전히 헌신하는 날연보(day offering) 운동은 세계 어느 나라에도 찾아 볼 수 없었던 놀라운 헌신이었습니다.

많은 선교사들이 내한하여 생명 걸고 헌신한 것도 사실입니다. 그러나 그들은 국가의 독립이나 자주가 중요한 만큼 먼저 한국교회가 자립할 수 있어야 한다는 사실에 주력하였던 것입니다.

둘째, 가르치는 일에 전념하였습니다

교회가 있는 곳에는 반드시 학교가 서게 되었습니다. 현대식 교육은 모두 교회에 의하여 시작되었습니다. 세브란스가 그렇고, 연세, 배재, 숭실, 경신, 진명 등등의 학교가 교회에 의해 세워졌습니다.

뿐만 아니라 교회 안에는 한글학교가 세워졌으며 무엇보다 푸대접만 받던 여성들이 사람대접을 받게 된 것도 모두 교회의 공로입니다. 본래 한국 여성들에게는 이름이 없었습니다. 김해 김씨, 밀양 박씨, 혜경궁 홍씨, 연안 김씨... 기껏 이름이 주어진다고 해도 유월이, 오월이, 시월이, 분택이, 섭섭이, 딸막이, 딸그만... 그러나 교회가 들어서면서 대접받게 된 것은 이름부터입니다. 은혜, 보배, 진주, 영화 등등입니다. 학교도 남자들의 학교보다 여성학교가 더 많았습니다. 1902년 감리교 보고서에는 남자학교가 11개, 여자학교가 15개입니다.

개화와 문명퇴치 그리고 국민계도에 앞장서는 봉사적인 교회, 어떤 말로 설명을 해도 다할 수 없을 정도로 모범적인 교회였습니다. 성경과 한글 보급은 일제의 한국문화 말살정책에 대항하는 운동으로 이어졌습니다.

셋째, 대(對)사회 계몽과 개화 운동입니다

축첩, 노름, 음주, 흡연을 금하였습니다. 남녀평등 운동을 전개하였습니다. 모든 국민들은 기독교인이라면 당연히 애국자로 알았습니다. 일반 대중들은 태극기라는 것이 있는 것도 모를 당시 교회는 이미 태극기의 중요성을 일깨웠기에 3.1운동 때에는 이미 온 국민이 태극기가 나라의 얼굴임을 알게 되었던 것입니다. 교회는 일찍이 을사보호조약이 아닌

늑약(乙巳勒約)임을 천명하였습니다.

일제 이전에도 기생이며, 주막이며, 술집이 있었습니다. 그러나 당시의 기생 개념은 몸 파는 여자 개념이 아니었습니다. 일본은 한국의 젊은이들을 주색잡기에 빠지게 함으로 배우고 공부해야 할 미래의 지도자들의 길을 일찍이 가로막았습니다.

일본은 화투를 보급했습니다. 노름입니다. 그리고 사창가를 도시마다 설치했습니다. 아직도 많은 젊은이들이 여기에 빠져 허덕입니다. 장차 세계를 움직일 영웅이나 대통령이 될 지도 모르는 인물들이 어려서부터 미리 꺾여 버리는 꽃들이 얼마나 많은지 모릅니다. 교회는 이 일을 막기 위해 몸부림쳤던 것입니다.

뿐만 아니라 고아원을 만들고, 지체부자유자들을 위한 시설을 만들었으며 교회는 고통을 당하는 자들을 피난처가 되었습니다. 국민들은 교회의 십자가를 바라보며 많은 위안을 받았습니다. 아침저녁으로 울려 퍼지는 교회의 종소리야말로 위안과 평안을 주는 복음의 소리가 되었으며, 시간을 알려줌으로 삶의 기준이 되었습니다.

한국교회는 성경중심의 말씀을 선포하였고, 교회중심의 대(對)사회활동을 전개함으로 싸매어 주고 고치고 위로하였으며, 문맹퇴치와 개화된 농사개량 등 가르치는 일에도 전력하였습니다. 지금도 교회는 이 일을 계속하여야만 합니다. 예수님께서 그렇게 하셨기 때문입니다.

> 예수께서 모든 성과 촌에 두루 다니사 희 회당에서 가르치시며(teaching), 천국 복음을 전파하시며(preaching), 모든 병과 약한 것을 고치시니라(healing) (마9:35)

이것이 바로 예수님께서 행하신 중요한 3대 사역일 뿐 아니라, 오늘날 우리교회에게 주어진 시대적인 사명이기도 합니다.

3.1운동은 교회가 중심이 된 민족적인 거사였습니다. 시대적인 사명을 다하기 위하여 앞장서서 참여한 애국적 독립 운동이었습니다. 33인의 민족 대표 중에는 기독교인이 16명, 천도교인이 15명, 불교인이 2명이었습니다. 이때는 기독교 전래 후 불과 35년이 경과되지 않았으며, 전통적인 불교는 물론 민족종교를 강조하던 천도교인은 100만 명이었으나 기독교인은 전국적으로 불과 20만 명에 불과하였던 때입니다.

천도교와 손을 잡는 데 결정적 역할을 한 사람은 이승훈장로입니다. 오산학교 설립자입니다. 감옥에서 성경을 공부한 사람입니다. 민족 지도자 33명이 인사동 명월관으로 자리를 옮기자 파고다 공원에서 독립선언서를 낭독한 정재용은 경신학교 졸업생이요, 교회학교 교사였다는 사실을 기억하시기 바랍니다. 오늘날도 마찬가지입니다. 우리가 해야 할 일은 확실합니다.

하나님 나라의 복음을 선포하여야 합니다

진정한 애국은 교회가 교회로서의 바른 소리를 내는 것입니다. 정치권력이나 세상 풍조에 떠밀려 다니는 교회가 되지 않아야 합니다.

순수해야 할 목회자가 세상의 직업적인 지도자와 조금도 다를 바 없고, 기도와 말씀에 대한 순종으로 복음의 순수성을 지켜야 할 성도들이 속된 세상 이론과 자기중심적인 신앙생활을 하게 된다면 결코 교회는 하나님 나라를 바로 선포할 수 없을 것입니다.

하나님의 말씀을 가르쳐야 합니다

성경말씀을 배워야 합니다. 제 개인적인 목표가 있습니다. 유명한 목사도 소문난 설교자도 싫습니다. 우리 교회 교인들을 성경 말씀 잘 가르쳐서 지옥 가는 백성들이 없게 하는 것, 말씀대로 살게 하는 것입니다. 우리 교인들뿐만 아니라 우리나라 모든 사람들이 힘써 여호와를 아는 백성들이 되기를 바라는 간절한 마음뿐입니다.

무엇보다 민족과 이웃의 고통과 아픔을 함께 나누어야 합니다

선교하는 일입니다. 사회 선교, 해외 선교, 지역 선교, 이것이 바로 우리가 이 시대에 해야 할 삼일정신입니다.

33인의 민족 대표 중 한 사람이었던 길선주목사는 이날 황해도 장연교회에서 부흥회를 인도 중이었습니다. 그는 이날 오후 바로 서울로 상경하여 종로서를 찾아갔습니다. 그리고 자진하여 구속되었습니다. 정춘상목사도 사경회 중이었습니다. 유여대목사는 지방에서 시위를 주도하였습니다. 당시의 기독교인은 전 국민의 1%정도밖에 되지 않았습니다. 그러나 일제에 의하여 체포된 기독교인은 전체 체포자의 17.6%였습니다. 길거리에 지나가는 행인을 보고 묻습니다. 기독교인이라고 하면 잡아가고, 비기독교인이라고 하면 놓아주었습니다. 기독교인만 체포하였습니다.

1919년 3월부터 5월 30일까지 파손된 교회가 47개입니다. 누락된 것은 감안하지 않고, 감리교나 다른 기독교인은 제외하고 장로교인만 체포된 자가 3,804명입니다. 체포된 목사 장로 134명, 지도자 202명, 남자 2,125

명, 여자 531명, 사살된 자 41명, 매 맞다 죽은 자 6명... 아셔야 합니다.
한국교회는 이들의 피 위에 세워진 교회입니다.

38

위기 극복의 비결

막 4:35-41

교회가 지키는 삼일절 기념주일입니다. 개인이든 국가든 마찬가지인 것 같습니다. 늘 평탄하고 형통하면 얼마나 좋겠습니까? 그러나 언제나 위기가 있을 수 있습니다.

예수님의 제자들도 마찬가지였습니다. 편안하게 호수를 가로지르며 배를 타고 출발했습니다. 그러나 별안간 큰 광풍을 만납니다. 제자들은 어부들이라 적어도 노 젓는 일에는 선수들입니다. 하지만 폭풍 앞에서는 별 수가 없었습니다. 주무시는 예수님을 깨웁니다. 쉽게 위기를 벗어납니다.

"잠잠 하라! 고요 하라!"

주님의 명령 한 마디에 바람도 그쳤으며, 바다도 잔잔해졌습니다. 이 비결을 우리는 배워야 합니다.

주님을 모셔야 합니다

갈릴리 가나에서 혼인 잔치가 열렸습니다. 많은 사람들이 참여하였습니다. 그런데 그만 포도주가 모자랍니다. 작은 문제가 아닙니다. 포도주가 모자라면 잔치를 계속할 수가 없습니다. 하지만 의외로 문제는 쉽게 해결됩니다.

예수님은 하인들에게 물을 떠다가 항아리에 채우라고 말씀하셨고 또 물이 포도주가 된 것을 나누어주라고 하셨습니다. 포도주 맛도 좋았습니다. 그래서 연회장이 신랑에게 말하기를 사람마다 좋은 것을 먼저 내고 나중에는 낮은 것을 내는 것이 일반인데 그대는 지금까지 좋은 포도주를 두었다고 칭찬합니다. 문제가 해결된 것입니다. 바로 이 혼인 잔치 집에 예수님을 초청하였기 때문입니다(요 2:2).

폭풍을 만난 제자들도 마찬가지입니다. 비록 그들이 노를 저어갔지만 이 배에는 주님을 모시고 있었습니다. 물론 주님은 피곤하셔서 주무시고 계셨습니다. 그러나 제자들이 주님께 구합니다. 주님은 말씀 한 마디로 바다와 파도를 잔잔케 하셨습니다.

"주님과 함께 시작합시다!"

새 학기도, 아름다운 삼월에도, 만물이 생동 하는 이 봄에도 주님과 함께 시작하여야 합니다. 주님을 모시고 사는 삶을 살아야 합니다.

저는 이 나라와 이 민족의 역사도 마찬가지라고 생각합니다. 삼일운동은 이 민족이 하나님께서 함께 하신다는 사실을 인정한 사건입니다. 우리 민족이 주님을 모신 나라라는 것이 중요합니다. 기독교인은 우리나라 전 국민의 20%에 불과합니다. 그러나 대부분의 외국인들은 한국이 기독교 국가인 줄로 압니다.

삼일운동 당시인 1919년에는 기독교인이 불과 5만 명도 되지 않았습니다. 2천만 전 국민으로 보면 기독교인은 불과 전 국민의 2%정도였습니다. 민족 대표 33인 가운데에서도 기독교인이 16명입니다. 천도교인이 15명, 불교인이 2명이었습니다.

사실 숫자보다 주님을 모신 운동이라는 점이 중요합니다. 제중원 안에 있는 남대문교회에서 준비 모임을 할 때에 이 일을 주도하며 회의를 주도한 사람은 남대문교회 담임교역자인 함태영목사였으나 목사 안수를 받기 직전이라 조사라고 불렀습니다.

대표로 78명이 나섰지만 함태영목사님은 33명으로 조정하시고 혹 33인에게 문제가 생기면 나서기로 하고 본인도 이 명단에서 빠졌습니다. 이 거사로 바로 독립을 한 것은 아니지만 성공적이었습니다. 우리교회의 식구인 신국주 박사께서도 삼일 운동에 대해 평가한 적이 있으십니다.

"첫째, 일제의 가혹한 통치, 탄압, 감시 속에서 조직적으로 이 일을 이끈 지도자들의 역량으로 볼 때 성공적이었다. 둘째, 외부의 후원, 원조 없이 거족적인 대규모 운동을 1년 이상 한민족 독자적으로 전개하였다. 셋째, 독립선언서가 항의, 호소, 설득을 통해 한 민족의 높은 수준을 보여주는 자랑스러운 민족적 거사이며 성공적이었다."

이러한 민족적인 운동을 주님을 모시고 교회에서 시작하였다는 것입니다.

주님에게 사정을 아뢰고 기도하였습니다

언제나 주님을 모시고 살아야 합니다. 중요한 것은 주님을 인정하는 삶이어야 합니다. 물론 주님은 우리 가운데 계십니다. 그러나 인정하십시오. 어른들이 가장 섭섭해 하시는 것이 "뒷방 늙은이"라는 이야기입니다. 모시고 살아도 존재 자체를 인정하지 않는 것은 불효입니다. 우리가 주님을 그렇게 모시고 살지는 않습니까?

주님은 그 큰 풍랑 중에도 주무시고 계셨습니다. 저는 이 기사를 읽을 때마다 '왜 주님은 주무시고 계셨을까? 폭풍이 일어나고 파도가 치는데 과연 주무시고만 계셨을까?' 라는 생각이 듭니다.

어떤 학자는 "너무 피곤하셔서 세상모르고 주무셨다"고 하지만 저는 아니라고 생각합니다. 물론 목회를 하면서도 '주님께서는 주무시는 게 아닐까?' 하고 느낄 때가 있지만 저도 나름대로 크게 깨닫게 된 계기가 있습니다.

저는 어느 날 저녁 우리 장로님께서 "목사님! 제가 재정 분야의 전문가라고 생각하십니까?"라고 하시는 말씀에 깜짝 놀랐습니다. 하나님의 음성으로 들렸습니다. "제가 목회 전문가입니까?" 맞습니다. 목사들은 목회 전문가가 되어야 하고 기술자들은 자기 분야의 전문가가 되어야 합니다. 그러나 장로님 말씀대로 하나님 앞에서는 내가 전문가인가를 늘 물어야 합니다.

우리 권사님들은 10대 초반부터 밥을 지으시던 전문가들이십니다. 그런데 전문가들이십니까? 어떤 때는 죽 밥, 떡밥, 된 밥, 꼬들 밥! 그게 마음대로 안 됩니다. 그래서 저는 늘 부탁을 드립니다. 밥 솥 뚜껑에 손을 얹고 기도하라고 말입니다.

"이 밥 먹고 가족들 건강하고, 알지 못하던 병까지도 낫게 하시고…"

제 생각에는 제자들이 그랬을 것 같습니다. "선생님! 우리들은 배우는 제자들이지만 노 젓는 일은 우리가 전문가입니다. 선생님은 목수이시지만 우리는 어부들이고 뱃사공들입니다." 그런데 파도가 일어납니다. 폭풍이 일어납니다.

노를 들고 파도를 두들겨 팬다고 잔잔해 지면 얼마나 좋을까요?

"예수님을 인정합시다."

저는 도무지 이해가 안 됩니다. 기도 없이 하루를 어떻게 삽니까? 새벽기도는 하루를 주님께 맡기고 시간의 주인이심을 고백하는 것입니다. 교회에 나오시기 어려운 분들! 왜 여러분 집 주위에 가까운 교회가 있습니까? 이부자리가 왜 포근합니까? 무릎을 꿇고 기도하라고 포근한 것입니다. 주무시는 주님을 깨우셔야 합니다. 사실은 주님이 여러분들을 기다리고 계십니다. 왜 주님이 주무시냐고 하시면 안 됩니다. 다 알고 계십니다. 주님을 인정하신다면 기도해야 합니다.

예수께서 고물에서 베개를 베고 주무시더니 제자들이 깨우며 이르되 선생님이여 우리가 죽게 된 것을 돌보지 아니 하시나이까 하니 (38절)

그래서 주님은 깨어 바람을 꾸짖으시고 바다더러 명하십니다.

"잠잠 하라. 고요 하라."

주님은 이 문제도 믿음의 문제라고 말씀하셨습니다.
문제는 믿음입니다. 우리의 믿음이 결국 문제입니다. 모셔야 하는 데, 기도하여야 하는데, 무서워하거나 두려워하지 않고 주님을 의지하여야 하는 데 그렇지 못했습니다. 40절에 보면 주님께서 말씀하십니다.

"어찌하여 이렇게 무서워하느냐? 너희가 어찌 믿음이 없느냐?"

이 말씀에도 제자들은 심히 두려워하였다고 했습니다.

"그들이 심히 두려워하며 서로 말하되 저가 누구이기에 바람과 바다도 순종하는가 하였더라."

의심하지 맙시다. 바람을 꾸짖으시고 바다를 잔잔케 하시는 주님을 바로 알고 믿읍시다. 사실 삼일 운동이 거국적이고 민족적인 거사로 성공할 수 있었던 것은 성도들의 기도 때문입니다. 산에서, 골짜기에서, 골방에서, 교회에서, 기도원에서… 예수 그리스도를 믿는 믿음의 사람들이 없이는 불가능한 운동이었습니다.

독립선언서에서도 성경에 근거한 신앙적인 내용으로 가득합니다. 일부 타 종교인들은 폭력적으로 그리고 무력을 통하여 궐기를 하자고 하였습니다. 어떤 사람은 계란으로 바위를 치는 격이라며 두려워하기도 하였습니다. 그러나 삼일운동이 어느 나라에서도 찾아볼 수 없는 신앙운동이었던 이유는 성경 말씀대로 비폭력적으로, 무저항주의로 그리고 상대방의 양심에 호소하면서 함께 동양의 번영을 위하여 나아가자고 호소하고, 타이르고, 교훈하고, 책망하며 한 수 위의 어른처럼 선언하였습니다.

그리고 믿었습니다. 하나님께서 이루어주실 줄 믿었습니다. 하나님을 신뢰하고 인간적으로는 중과부적이요, 계란으로 바위를 치는 격이었지만 다윗이 물맷돌로 골리앗을 이기게 하셨던 것처럼 우리 믿음의 선배들은 말씀을 믿었고 결국 모든 일을 이루어 주실 것이라고 확신하였습니다.

결국 우리는 해방을 맞이하였고, 오늘의 대한민국을 이루었습니다. 아직까지도 위안부에 대한 망언과 독도 영유권을 주장하며 일본은 과거의 침략 전쟁에 대해서 반성은커녕 점점 더 완악해져 갑니다. 그러나 우리는 기도해야 합니다.

하용조 목사님은 세계선교대학원에서 가르침을 주신 저의 선생님이십니다. 목사님은 마지막 돌아가시기 전까지도 일본을 위해서, 그리고 일본 선교를 위하여 직접 선교하시고 수고하시며 기도하시다가 돌아가셨습니다. 기억에 남는 말씀이 있습니다. 다 용서가 되는 데, 세상에 용서하지 못할 일이 없는 데, 일본은 용서하려고 해도 도무지 용서가 안 된다는 것입니다.

지금 하는 짓을 보면 여러분은 용서가 됩니까? 유대인들이 사마리아를 그렇게 싫어한 것처럼 어쩌면 일본이 우리의 사마리아인지도 모른다고 말씀하셨습니다.

그래서 하 목사님은 일본을 부둥켜안고 기도하셨던 것입니다. 마지막까지도 일본을 위해 선교하시며 일본에서 여러 가지 행사들을 진행하셨습니다. 이 시대의 석학 이어령 박사에게도 하용조 목사님께서 세례를 베푸셨는데 일본에서 세례식을 거행하셨습니다. 저는 이것이 바로 기독교 정신이라고 생각합니다. 이것이 바로 삼일정신이라고 생각합니다.

믿음의 선배들이 믿음으로 살았던 것처럼, 먼저 가신 애국선열들이 성경말씀대로 행하였던 것처럼 우리도 그렇게 살아야 합니다.

언제나 우리 개인이나 가정이나 심지어 나라까지도 위기는 언제나 있을 수 있습니다. 그러므로 가나의 혼인 잔치 집처럼 주님을 모시고 살아야 합니다. 제자들이 주님에게 구하였던 것처럼 주님을 인정하고 모든 일을 주님과 의논하고, 주님께 기도하여야 합니다. 그리고 다윗이 믿음으로 골리앗을 물리치고 승리하였던 것처럼 우리도 믿음으로 말씀을 믿고 의지함으로 모든 것을 이기고 극복하고 승리할 수 있게 되기를 우리 주님의 크신 이름으로 기도합니다.

39

하나님 나라를 상속하라

마 25:31-46

나라는 참으로 소중합니다. 그래서 일본제국주의에 항거하며 목이 터지도록 "대한독립만세"를 불렀던 것입니다. 우리가 한평생 살면서 의지하고 살아갈 조국이 우리에게 이렇게 중요한 것처럼 우리들이 영원토록 의지하며 살아갈 하나님 나라가 얼마나 소중한가 하는 데 대해서는 더 이상 강조할 필요가 없는 줄 압니다.

우리들은 하나님의 자녀들입니다. 자녀들인 우리들이 그 나라를 상속받지 못한다면 그것보다 더 억울하고, 분하고, 더 슬픈 일이 없을 것입니다.

마태복음 24장은 종말에 대한 우리 주님의 교훈입니다. 그 나라가 옵니다. 반드시 우리에게 옵니다. 본문에서 주님은 세 가지를 강조합니다.

첫째, "깨어 있으라"는 말씀입니다(42절).

둘째, "예비하고 있으라"는 말씀입니다(44절). 45절을 보면 "충성되고 지혜 있는 종이 되어" 종으로서의 사명을 다하라는 것입니다.

셋째, 때를 따라 양식을 나누어주는 자가 복이 있다고 하십니다(45-46절). 49절에도 보면 "동무들을 때리며 술친구로 더불어 먹고 마시는 것"을 경계합니다.

신비하게도 25장에서 이 사실을 매우 자세하게 예화를 들어 설명합니다. 첫 번째 비유가 열 처녀의 비유입니다. 깨어 있어야 합니다. 두 번째 비유가 달란트비유인데, 받은 것이 몇 달란트이든 맡은 일에 충성을 다해야 합니다. 세 번째 비유가 양과 염소의 비유입니다. 작은 소자 하나에게 주님의 이름으로 물 한 그릇이라도 대접하라는 말씀입니다.

24장에서 그날의 징조와 일어날 상황들을 자세히 이야기 하신 주님은 혹시라도 그 나라를 상속 받지 못하실까봐 25장에서 이렇게 친절하게 말씀하십니다.

그 나라를 상속받는 성도들이 됩시다. 대한민국의 국민으로서의 권리를 찾기 위해 만세를 불렀던 이 날입니다만, 더욱 중요한 것은 우리들도 하나님 나라를 빼앗겨서는 안 됩니다. 주어진 나라 아닙니까? 약속으로 받은 나라입니다. 상속받지 못하는 자가 한 명도 없기를 기도합니다.

그 나라는 준비된 자들이 들어갑니다(25:1-13)

슬기로운 처녀와 미련한 처녀는 모두 신랑을 기다리고 있었습니다. 오해하지 마시기 바랍니다. 슬기로운 처녀만 신랑을 기다린 것이 아닙니다. 미련한 처녀도 같이 기다렸습니다.

문제는 기다리기는 기다리는 데 미련한 처녀는 제대로 준비된 자세가 아닙니다. 충분한 기름을 준비하지 않았습니다. 안타깝게도 신랑이 올 시간이 가까워지자 그때에 비로소 기름이 모자란다는 사실을 깨닫습니다. 아직도 많은 그리스도인들은 예수 그리스도의 다시 오심을 알고 있습니다. 그 나라가 가까워지고 있다는 사실을 잘 압니다. 심지어는 불신자들 가운데에도 세상의 종말이 임박하였다는 사실을 말하곤 합니다. 그런데 당장은 아니라는 것입니다. 좀 더 있다가 준비하겠다는 것입니다.

저도 평신도 시절에 목사님의 설교를 통하여 많이 들었습니다. 지옥에서 사단이 주관하는 가운데 악한 귀신들이 모여 회의를 열었습니다. 주제는 어떻게 하면 사람들이 천국으로 가는 길을 막을 수 있을 것인가 하는 것이었습니다. 첫 번째 놈이 제안을 합니다.

"하나님이 없다고 합시다. 이 과학 시대에 하나님이 어디 있으며, 천국이 어디 있느냐고 사람들을 선동하도록 합시다."

둘째 놈이 나섭니다.

"지금 세상이 어느 세상인 데 그런 거짓말을 합니까? 과학이 발달할수록 사람들은 하나님의 존재에 대해 더 분명하게 믿는데 그거 안 될 소리입니다. 제 생각에는 천국도 있고 하나님도 있다고 합시다. 그런데 천국 가는 길이 예수 믿는 방법 외에 다른 방법도 있다고 선동 합시다. 공자나 석가나 조상신이나 마호메트를 믿든지, 착한 일을 해도 천국 간다고 해야 예수 믿는 사람이 적어지고 지옥에 오는 수가 늘어나지요!"

셋째 놈이 고개를 설레설레 흔듭니다.

"그거 안 될 말입니다. 이제 세상에서 예수님이 길이고 진리고 생명인 것을 다 압니다. 역사를 봐도 그렇고, 잘 사는 나라들을 봐도 그렇고, 실제적으로 우리가 예수님을 부인하려고 나서보아도 우리들은 예수 이름만 들어도 벌벌 떠는 데 무슨 수로 그딴 소리를 합니까? 하나님도 살아계시고, 천국도 있으며, 또 그 하나님 나라 가는 길도 예수님을 믿는 방법밖에 없다고 바른 소리합시다. 다만 우리가 강조할 것은 예수님을 믿기는 믿지만 좀 더 있다가 '이 다음에', '좀 더 있다가' 라는 말을 사람들 마음속에 넣어주기로 합시다."

누가 일등을 하였겠습니까? 누구의 것이 채택되었겠습니까? "돈 벌고 난 다음에", "애들 대학 들어가고 나면", "졸업한 후에", "취직 한 후에", "퇴직하고 나면", "부모님 돌아가시고 나면…"

'내일', '내년', '이 다음에' 가 문제입니다. 미련한 처녀들도 지혜로운 처녀들과 마찬가지로 신랑 오는 것을 알고 있었습니다. 더구나 분명히 확인하셔야 할 구절이 있습니다. 지혜로운 처녀들도 신랑이 더디 오게 되자 졸며 자고 있었다는 사실입니다. "신랑이 더디 오므로 '다' 졸며 잘 새." 다 졸며 잤습니다. 분명히 지혜로운 처녀도 졸았습니다. 그러나 그들은 준비된 자들이었습니다.

"신랑이로다!"

그런데 이게 웬일입니까? 미련한 처녀들의 등불이 꺼져 갑니다. 미리 준비하지 못한 기름 때문입니다. 이들은 놀라서 허겁지겁 기름을 사기 위해 달려갑니다. 그 사이에 신랑은 혼인잔치에 들어가고 문은 닫힙니다.

"주여! 주여! 우리에게 문을 열어 주소서"
"내가 너희를 알지 못하노라!"

기회를 놓치지 맙시다. 나의 마지막이 언제일지 알지 못하는 여러분! 우리들의 전도 대상자들의 개인적인 종말이 언제일지 알지 못하는 여러분! 지금 믿어야 합니다. 지금 바로 주님을 믿어야 합니다. 예수님께서 친히 기회를 놓치지 않아야 한다는 사실과 함께 시간을 강조하며 말씀하셨습니다. 주님은 앞서 24장에서도 그 때와 그 시를 알 수 없다는 사실을 강조하셨습니다(마24:36).
신랑을 맞는 열 처녀의 비유를 통해 다시 한 번 이 사실을 강조하고 계십니다(마25:13). 미련한 처녀들도 신랑을 맞을 수 있는 신부의 자리를 확보해 놓고 있었습니다. 그러나 이들은 기름 준비가 되지 않아서 신랑을 기다렸지만 신랑을 맞지 못했습니다. 억울합니다. 하나님의 자녀로서 하나님 나라를 상속받을 수 있는 자리가 주어 졌는데도 말입니다.
왜 머뭇거립니까? 머뭇거리지 마십시오, 지금이 바로 은혜 받을 만한 때요, 지금이 바로 구원의 날입니다(고후6:2).

깨어있으라! 너희는 그 날과 그 시를 알지 못하느니라 (마 25:13)

지금 바로 여기에서(Now and Here) 바른 믿음의 삶을 살아야 합니다. "다음에"라는 말은 마귀의 속삭임입니다.

받은 재능(달란트)을 적극적으로 사용합니다(25:14-30)

우리가 왜 이 땅에 삽니까? 지금 주님 나라 가면 좋을 텐데... 주님께서 주신 달란트로, 재능으로, 물질로, 사랑으로 일하라고 이 땅에서 살게 하시는 것입니다.

주님은 달란트 비유를 말씀하십니다. '달란트'라는 헬라어는 영어로 '달러'라는 화폐 단위로 번역되기도 합니다만 본래의 의미는 '재능'이라는 말입니다. 텔레비전에서 연속극을 통해서 보는 '탤런트'가 바로 그 말입니다. 사람에게는 누구에게든지 탤런트가 있습니다. 우리말에 "굼벵이도 구르는 재주가 있다"는 말이 있지 않습니까? 그 재주를 사용하여 하나님께 영광 돌려야 합니다.

어떤 사람이 멀리 타국으로 여행을 떠나게 되었습니다. 그래서 종들을 불러서 자기의 소유를 나누어 맡겼습니다. 어떤 종에게는 다섯 달란트를, 어떤 종에게는 두 달란트를, 또 한 종에게는 한 달란트를 맡겼습니다. 오랜 후 주인이 돌아왔습니다. 그리고 그 종들을 불러 맡긴 달란트에 대한 결산을 합니다. 다섯 달란트를 맡은 자는 장사를 하여 다섯 달란트를 더 남겼습니다. 두 달란트를 받은 자도 그리하여 두 달란트를 더 남겼습니다.

"잘하였도다. 착하고 충성된 종아! 네가 작은 일에 충성하였으니 내가 많은 것으로 네게 맡기리니 주인의 즐거움에 참여할 지어다."

당연한 결과입니다. 여러분이 주인이래도 배나 남긴 종들을 칭찬하지 않겠습니까? 문제는 한 달란트 맡은 자입니다. 이유는 모르겠습니다만 여러 가지로 추측할 수 있습니다. 왜 나만 한 달란트냐고 생각하여 묻었는지? 성경대로 하면 '악하고 게을러서' 묻어버렸는지? 아니면 자신의 재산을 잃어버릴까 두려워 파 묻어버렸는지 모르지만 그는 한 달란트 그대로 들고 나옵니다. 그래서 가진 것 까지 빼앗기고 나라밖으로 쫓겨 납니다. 거기서 슬피 울며 이를 갈 일이 있으리라고 했습니다. 조금만 노력하여 이득을 남겼더라면... 안타깝습니다.

달란트로 다섯 달란트는 못 남겨도 다른 사람의 경우처럼 한 달란트를 남기지 못해도 비록 지금은 이자율이 말이 아니지만 은행에라도 맡겼더라면 작은 변리라도 남겼더라면 칭찬을 못 받아도 그 나라의 백성으로 살아 갈 수는 있었을 텐데... 그는 결국 상속받는 종의 자리에서 영원히 바깥으로 쫓겨나고 맙니다.

분명히 깨달으시기 바랍니다. 불평하지 마십시오. 작은 재능이지만 감사하시고, 작은 직책이라도 귀히 여기시기 바랍니다. "나는 장로가 아니라서, 집사가 아니라서, 권사가 아니라서..." 한 달란트 받은 자의 불평도 그것이었습니다. 집사 직분, 성가대 직분, 교사 직분, 성도의 직분 귀히 여겨 감사하시기 바랍니다.

작은 직분이라도 주어진 재능과 기술, 지식과 능력을 구태여 쌓아두려고 하지도 말고 묻어두려고 하지도 마십시오. 지키려고 몸부림치다가 있는 것 까지 다 빼앗기지 마십시오.

달란트는 화폐 단위라고 했습니다. 돈은 돌아야 돈입니다. 그러므로 모든 달란트는 저장되는 것이 아니고 사용되어져야 하는 것입니다. 현실에 만족하며 묻어두려다 결국 있는 것마저 빼앗기는 어리석은 자가 되지 맙시다. 하나님의 영광을 위하여 사용하십시오.

선교를 위해서, 교회를 위해서, 이웃을 위해서, 가족을 위해서…

지극히 작은 소자 하나라도 사랑해야 합니다(25:31-46)

본문의 결론은 양과 염소의 비유입니다. "인자가 자기 영광으로 모든 천사와 함께 올 때에" 모든 민족과 나라들을 분류하십니다. 오른쪽에는 양을, 왼쪽에는 염소를 두십니다. 오른쪽에 있는 자들에게 말씀하십니다.

"내 아버지께 복 받을 자들이여! 나아와 창세로부터 너희를 위하여 예비된 나라를 상속하라."

"내가 주릴 때에 너희가 먹을 것을 주었고 목마를 때에 마시게 하였고…"(25:35,36).

이들은 반문합니다.

"어느 때에 저희가 그리하였습니까?"

"너희가 여기 내 형제 중 지극히 작은 자 하나에게 한 것이 곧 내게 한 것이니라"(25:40).

왼편에 앉은 염소의 무리에게도 말씀하십니다.

"저주를 받은 자들아! 나를 떠나 마귀와 그 사자들을 위하여 예비된 영영한 불에 들어가라. 내가 주릴 때에 너희가 먹을 것을 주지 않았고, 내가 목마를 때 마시게 하지 아니하였고..."

반문 역시 똑 같습니다.

"언제 어느 때에 우리가 하지 아니하였습니까?"
"지극히 작은 자에게 하지 아니한 것이 곧 내게 하지 않은 것이라."

가진 것은 나누기 위한 것입니다. 더 큰 복을 받기 위한 방편입니다. 죄송한 이야기지만 우리 주위에 어려운 이웃이 있는 것도 마찬가지입니다. 그들이 있기에 우리들은 하나님의 자녀로서, 하늘나라를 상속받을 자로서의 삶을 살 수 있습니다.
우리들을 오른 편에 두시고 복 받을 자, 하나님 나라 상속자라 하시기 위함입니다. 우리는 지금 하나님 나라의 상속을 받게 될 자리에 앉아 있는 사람들입니다.
기회를 놓치시렵니까? 다음이라 하시겠습니까? 아니면 지금입니까? 결단하시기 바랍니다. 전도 대상자들도 마찬가지입니다. 기회를 놓치면 늦습니다. 여러분들을 위하여 그들은 기다리고 있습니다. 자기 달란트를 묻지 마십시오.
본문 말씀을 통하여 선행과 나눔은 바로 자신을 위한 것이라는 것을 강조하는 것입니다. 자신의 장래를 위한 일입니다. 참된 생명의 길입니다. 이것이 은혜 위에 은혜를 누리며, 있는 것 위에 더욱 풍족하게 받는 비결입니다(마25:29). 아버지께 복을 받되, 창세전부터 예비 된 나라를 상속받는 비결입니다(마25:34).

오늘 뿐 아니라 우리 믿는 성도들이 평소 자세가 되어야 한다는 것입니다. 이것은 하나님 나라만을 위한 길이 아닙니다. 이것이 바로 애국하는 길입니다. 나라와 민족을 사랑하는 길입니다. 3.1절의 정신을 살리는 길입니다.

40

새 부대를 준비합시다

눅 5:36-39

조화로운 삶! 참 어렵습니다. 더구나 전통과 새로운 것에 대한 조화는 정말 어렵습니다. 누구에게나 옛 것과 새 것에 대한 갈등이 있습니다만 성경은 언제나 새로운 삶을 강조합니다.

그러나 한편 성경은 해 아래 새 것이 없다고 선포합니다. 중요한 것은 옛 것이 없이는 새 것이 없다는 사실을 기억해야 합니다. 이미 성경은 새로워지는 방법을 말씀하고 있습니다. 내 스스로 새로워지기는 어렵습니다. 요한복음 3장에 보면 니고데모라는 관원이 한 밤중에 주님을 찾아 왔습니다. 그리고 질문합니다.

"사람이 어떻게 새로워질(거듭 날) 수 있습니까?"

주님의 대답은 "물과 성령으로 거듭나는 것"이라고 말씀하셨습니다. 말씀과 성령이 아니고는 거듭 날 수 없습니다. 주님은 우리들을 새롭게 하시며, 또 새로운 일들을 이루기 위하여 오신 분이십니다.

예수님은 당시 유대인들의 생각을 뛰어 넘는 사상을 가지고 계셨습니다. 당시 유대인들이 경멸하던 세리인 마태의 집에서 식사를 하셨습니다. 죄인과 함께 잡수시는 예수님에 대하여 비판하는 사람들이 있었습니다. 그래서 주님은 말씀하셨습니다.

> 예수께서 대답하여 가라사대 건강한 자에게는 의원이 쓸 데 없고 병든 자에게 라야 쓸 데 있나니 내가 의인을 부르러 온 것이 아니요 죄인을 불러 회개시키러 왔노라 (눅 5:31–32)

주님의 생각은 확실히 진취적이었습니다. 다른 사람의 약점이나 허물로부터 자기를 보호하려고 하는 유대인들의 생각과는 달리 주님은 나에게 넘치는 것으로 다른 사람을 덮어주고 치료하고 고쳐야 한다는 적극적인 생각과 사고방식을 가지고 계셨습니다.

우리도 달라져야 합니다. 변화되고, 새로워진 새 부대가 되어야 합니다. 새 학기를 앞둔 우리의 자녀들이나 학생들에게는 더구나 그렇습니다. 새 것을 위해서 꼭 지켜야 할 일이 있습니다. 옛것이라고 다 필요 없는 것이 아닙니다.

보존해야 하는 것, 꼭 지켜야 하는 것이 있습니다

낡은 옷도 필요합니다. 과거가 없는 현재가 없기 때문입니다. 우리말에도 구관이 명관이라는 말이 있습니다. 엄청난 속도로 변화되어가는 모습을 보면서 시대의 흐름이나 발전을 역류할 수는 없지만 어떤 때에는 큰 두려움을 느낍니다.

단순한 향수나 과거에 대한 그리움이 아니라 적당한 보수주의도 필요한 게 사실인 데, '무조건 앞서 가려고만 하는 현실에 대해 잠시 발걸음을 멈추어 볼 수도 있었으면…' 하고 느낄 때가 많습니다.

그렇다고 해서 새 옷을 찢지 마십시오. 헌 옷이 아깝다고 그 헌옷을 고쳐 쓰겠다는 욕심에 새 옷을 찢어버리면 둘 다 못 쓰게 됩니다. 보존해야 하는 전통이 있습니다.

> 또 비유하여 이르시되 새 옷에서 한 조각을 찢어 낡은 옷에 붙이는 자가 없나니 만일 그렇게 하면 새 옷을 찢을 뿐이요 또 새 옷에서 찢은 조각이 낡은 것에 합하지 아니하리라 (36절)

낡은 것이라고 해서 무조건 버려서는 안 됩니다. 그러나 그것을 지키겠다고 몸부림치다가 새로운 것까지 버리는 일은 없어야 합니다. 이 말씀은 '낡은 것을 지키기 위하여'를 전제로 하신 말씀임을 간과해서는 안 됩니다. 그래서 주님은 낡은 옷을 위하여 새 옷을 찢지 말라는 것입니다. 새로워 져야 합니다. 그러나 지킬 것은 지킵시다. 옛것을 지키겠다고 새 옷을 찢어서는 안 되지만 말입니다. 본문 37절도 마찬가지입니다.

"새 포도주를 낡은 가죽부대에 넣는 자가 없나니 만일 그렇게 하면 새 포도주가 부대를 터뜨려 포도주가 쏟아지고 부대도 못 쓰게 되리라."

포도주가 쏟아지는 것도 문제지만 "부대도 못 쓰게 되리라"는 말씀처럼 되어서도 안 됩니다. 오래된 부대도 터뜨리지 않아야 한다는 것을 말합니다. 물론 버릴 것은 버려야합니다. 과거 없는 미래가 없습니다. 온고지신(溫故知新)이라고 했습니다. 기존 교인들이 중요합니다. 어른을 존경하고 예의를 갖추고 그들의 의견을 존중해야 합니다.

백 여 년 전의 3.1정신이지만 3.1정신은 바로 오늘의 정신입니다. 절대로 잊을 수 없는 우리 민족의 정신입니다. 천도교인, 불교인 할 것 없이 함께 만세를 불렀습니다. 지금 기독교인들이 그 때만 못한 것 같습니다. 저도 신앙에 관한 한 철저한 보수주의자입니다. 우리의 신앙을 지키면서도 타 종교인들과 대화할 수 있습니다. 저는 철저하게 종교다원주의를 배격합니다. 예수님 외에는 구원 받을 길이 없습니다. 요한복음 14장 6절, 사도행전 4장 12절, 갈라디아서 1장 8절을 강조합니다.

그러나 민족 문제, 사회문제, 환경문제, 정의와 평화를 위한 문제는 다른 종교인들과도 어깨를 같이하고 대화를 나누어야 합니다. 이것이 3.1운동의 정신입니다. 그런데 W.C.C. 반대의 목소리나, 교회나 교파끼리 다투는 것 보면 부끄럽습니다. 꼭 바리새인들 같습니다. 주님의 정신을 배워야 합니다.

새 포도주는 새 부대에 넣어야 합니다

새 포도주가 숙성되어가는 과정을 생각하여야 합니다. 포도주가 발효되는 과정에 나오는 가스는 이미 이 가스를 경험한 낡은 가죽부대를 터트립니다. 새 포도주는 새 부대에 넣어야 발효과정을 견딜 수 있습니다.

> 새 포도주를 낡은 가죽 부대에 넣는 자가 없나니 만일 그렇게 하면 새 포도주가 부대를 터뜨려 포도주가 쏟아지고 부대도 버리게 되리라 새 포도주는 새 부대에 넣어야 할 것이니라 (37-38절)

성령 받는 비결, 새 은혜 받는 비결, 새로운 축복을 누리는 첫 번째 비결이 바로 이것입니다.
그 때와 지금은 다릅니다. 그 때의 우리들은 그리스도 밖에 있었습니다. 에베소 2장 12절과 13절 말씀입니다.

> 그 때에 너희는 그리스도 밖에 있었고 이스라엘 나라 밖의 사람이라 약속의 언약들에 대하여 외인이요 세상에서 소망이 없고 하나님도 없는 자이더니 이제는 전에 멀리 있던 너희가 그리스도 예수 안에서 그리스도의 피로 가까워졌느니라

주님께서 주신 감동적인 간증과 체험을 어찌 잊을 수 있겠습니까? 그러나 그리스도 밖에 있던 그 때를 위하여 물질과 세상과 육신적인 일과 자기 욕심을 위하여 '이제'를 버리게 하거나 상하게 할 수는 없습니다. 오히려 방해가 되고 새로운 것을 찢게 만든다면 버려야 합니다. '그 때의 것'이 자기 자리를 차지하고 있는 한 새 것을 넣을 수가 없습니다.

썩어져 가는 구습을 좇는 옛사람을 벗어버립시다. 과거의 습성을 청산합시다. 절대로 불평하는 사람은 성령 충만 받지 못합니다. 원망하는 사람치고 잘 되는 사람 없습니다. 핑계하는 사람이, 다른 사람에게 책임 전가하는 사람이 은혜 충만한 것 보신 적이 있습니까? 우리는 새 은혜를 추구하는 사람들입니다. '그 때'의 습성을 버려야 합니다. 그리고 '이제'의 새 사람들이 되시기 바랍니다.

주님은 새로운 일을 위하여 오신 분이십니다. 삼일 독립선언서도 새 시대를 깨우치는 신앙정신입니다. 개혁자들은 성경만이 우리를 새롭게 하는 책임을 천명했고 우리들도 그렇게 믿고 있습니다. 가장 오래 된 이 고전이 가장 우리를 새롭게 합니다.

옛 것의 맛을 알며 새로운 것을 받아들이기 어렵습니다

묵은 포도주가 제 맛이랍니다. 그러나 본문은 묵은 맛인 율법에 빠져버린 유대인들을 책망합니다. 새로운 것을 끊임없이 추구해 나가야 함을 기억하시기 바랍니다.

> 묵은 포도주를 마시고 새 것을 원하는 자가 없나니 이는 묵은 것이 좋다 함이니라
>
> (39절)

묵은 것이 좋습니다. 그러나 타성에 젖어버린 유대인들에 대해 책망하는 말입니다. 칭찬이나 권면의 말씀이 아닙니다.

새롭게 신앙생활을 시작하는 사람들은 참으로 어려운 아픔을 겪습니다.

새로운 삶을 추구하다 보면 아픔이 있습니다. 상처가 있습니다. 버려야 하는 부분들이 있기 때문입니다. 상처와 아픔은 치료를 받아야 합니다. 상처와 아픔을 건드리면 아픕니다. 때리면 더 아픕니다. 그러나 이 고통에 동참할 수 있어야 합니다. 아파하고 고통 하는 성도들과 함께 할 수 있어야 합니다.

주님은 새롭게 하시는 분이십니다. 지금도 거듭나게 하시며, 우리를 새롭게 하십니다. 치료하시는 분이십니다. 고쳐주시는 분이십니다. 치유의 하나님이십니다.

낡은 것이라고 해서 무조건 잘못된 것은 아닙니다. 그러나 진정한 율법과 과거의 완성이 그리스도에게 있는 것처럼 우리는 끊임없이 새로운 것을 추구하되 하나님 주시는 것으로, 말씀으로, 은혜로 치유하고 고쳐야 합니다. 새 사람이 되어야 합니다.

가라앉히는 정도의 수도나 수양으로서는, 자신을 누르고 이기는 정도의 인내와 인격으로서는 도로 일어나는 구정물을 이길 방법이 없습니다. 가라앉히거나 정하게 하는 정도가 아닙니다. 온전한 그리스도로 새 옷을 입어야 합니다. 성령의 능력으로 충만해야 합니다. 말씀의 새 옷을 갈아입어야 합니다. 새 사람이 되셔야 합니다. 새 사람의 역사는 성령의 역사입니다.

우리들도 이제 달라집시다. 이대로는 안 됩니다. 정말 이대로는 안 됩니다. 옛 사람들의 교훈이나 전통을 지켜야 합니다. 그러나 필요한 때에는 반드시 묵은 습성들을 버리셔야 합니다. 새로운 모습을 기대합니다. 이 것이 바로 삼일정신이고 성경이 말하는 신앙인 것입니다. 우리들의 새 부대는 성경 말씀입니다. 예수님이십니다. 교회입니다. 우리들의 마음입니다. 예수님을 제일로 여기는 마음입니다.

지난 목요일 제가 잘 아는 사랑하는 목사님으로부터 글 하나를 전송받았습니다. 그 내용을 읽어드림으로 우리의 새 가죽 부대! 우리의 새 마음이 어떠해야 하는 지를 확인해 보시기 바랍니다.

내게 하나님은 3등입니다.

1등은 하고 싶은 일
2등은 해야 하는 일
3등은 하나님 만나는 일

하고 싶은 일 다 하고
해야 하는 일도 다 마치고
그 후에 여유가 있으면 하나님을 만납니다.
하나님은 3등입니다.

어려운 일이 생길 때에도 하나님은 3등입니다.
내 힘으로 한 번 해 보고
그래도 안 되면 가까이 있는 사람에게 도와달라고 하고
그나마도 안 될 때에 하나님을 부릅니다.
하나님은 3등입니다.
거리에서도 3등입니다.
내개 가장 가까이 있는 것은 내 자신

그 다음은 내 마음을 알아주는 사람

그 다음에야 저 멀리 하늘에 계신 하나님입니다.

하나님은 3등입니다.

그런데

그런데 말입니다.

하나님께 나는 1등입니다.

무슨 일이 있어도 내가 부르기만 하면 도와주십니다.

내가 괴로워할 때에도

만사를 제쳐놓고 달려오십니다.

아무도 내 곁에 없다고 생각 들 때는 홀로 내 곁에 오셔서 나를 위로해

주십니다.

나는 언제나 하나님께 1등입니다.

나도 하나님을 1등으로 생각하였으면 좋겠습니다.

만사를 제쳐놓고 만나고

작은 고비 때마다 손을 꼭 붙잡는 내게

1등으로 가까이 계신 하나님이셨으면 좋겠습니다.

내게 1등이신 하나님을 나도 1등으로 모시고 싶습니다.

13
part

국가기념주일 II
광복절 ; 光復節
[National Liberation Day]

**절기 따라
가는 길**

41

얻었은즉 누려야 합니다

수 24:13-18

하나님은 우리들에게 해방을 주셨습니다. 교회와 골방에서, 산골짜기와 토굴에서 기도하는 소리를 들어주셨습니다. 조국 독립을 위하여 목숨을 걸고 싸우던 애국지사들의 눈물을 기억하시고 하나님은 우리에게 자유를 주셨습니다. 소중한 조국을 되찾게 해 주셨습니다. 감격입니다. 기쁨입니다. "대한 독립 만세"입니다.

그러나 중요한 것은 누려야 합니다. 지켜야 합니다. 물려주어야 합니다. 전해 오는 말 가운데에도 "부자 삼대를 못 간다"는 말이 있고, 권세를 빗대어 "花는 無 十日 紅이라"는 말도 있습니다. 꽃이 십일 밖에 붉지 않는 것처럼 평생 수고해서 얻은 권세도 누리는 기간이 그리 길지 않다는 말입니다.

주님으로부터 받은 은혜가 무한합니다. 무궁합니다. 영원한 것입니다. 문제는 우리가 영원한 생명을 얻고 우리 자신이 천국의 백성이 되었다는 사실도 중요합니다만 한국교회가 걱정하고 염려하는 것처럼 우리 자녀들이나 자손대대로 이 복을 누려야 한다는 것입니다.

"내가 너희에게 수고하지 아니한 땅과... 성읍들을 주었더니"(13절)

본문은 이스라엘 백성들에게 자자손손 기억하는 "세겜 언약" 부분입니다. 지금까지도 유대인들은 세겜 언약을 기억합니다. 그들은 애굽 땅에서 400년이나 종살이를 했습니다. 36년이 아닙니다. 400년입니다.

그러나 하나님은 그들의 조상 아브라함과 이삭과 야곱에게 약속하신 언약을 기억하시고 모세를 통하여 그들을 해방시키셨습니다. 결국은 가나안 땅을 차지하게 하셨습니다.

이스라엘의 40년 광야 길은 모세가 인도하였으나 가나안 땅을 차지하고 열두 지파에게 분배하는 일을 감당한 것은 여호수아의 몫이었습니다. 하지만 이제 여호수아가 나이가 들었습니다. 그래서 여호수아는 이스라엘의 열두 족속의 족장들을 세겜 땅으로 부릅니다. 그들에게 과거를 회고하며 부탁을 합니다. 그들과 새로운 언약을 맺습니다. 이것이 바로 세겜 언약입니다.

해방과 자유를 얻고 어려운 일을 성취하였으나 그것이 당대에 그쳐서는 안 됩니다. 지속이 되어야 합니다. 치욕스러운 역사는 한 번으로 끝나야 합니다. 그것은 개인이나 가정이나 교회나 나라나 마찬가지입니다. 광복절을 지키는 목적도 바로 그것입니다. 과거의 역사를 통하여 내일을 바라볼 줄 알아야 합니다.

그래서 먼저 여호수아는 과거를 이야기합니다. "온고이지신"의 바른 의미를 이야기하기 위함입니다. 언약의 백성 이스라엘이 애굽으로부터 해방된 것은 하나님의 은혜였습니다. 광야 40년 생활과 가나안 정복은 전적으로 하나님의 은혜였습니다. 8.15 광복도 이와 같은 하나님의 은총과 은혜 때문이었습니다.

그것을 여호수아는 본문 13절을 통하여 고백하고 있는 것입니다. 열두 지파의 족장들이 세겜 땅 여호수아 앞으로 나아오는 1절부터 읽어야 하지만 과거를 한 마디로 표현한 13절 한 절만 다시 한 번 확인하겠습니다.

> 내가 또 너희의 수고하지 아니한 땅과 너희가 건축지 아니한 성읍을 너희에게 주었더니 너희가 그 가운데 거하며 너희가 또 자기의 심지 아니한 포도원과 감람원의 과실을 먹는다 하셨느니라

수고 아니 한 땅을 하나님은 그들에게 주셨고 건설한 적이 없는 성읍도 그들에게 주셨으며 심지 않은 포도원과 감람원 과실을 먹는다는 표현이 모두 하나님의 은혜라는 고백입니다.

"그러므로 이제는 …온전함과 진실함으로 그를 섬기라"(14절)

그러므로 우리는 그 은혜와 은총을 누려야 합니다. 지켜야 합니다. 하나님께서 주신 광복절입니다. 하나님이 주신 해방입니다. 물론 많이 싸웠

습니다. 엄청난 희생을 치렀습니다.

만주 땅에서, 중국에서, 중앙아시아에서, 동남아시아에서, 심지어는 미국 땅에서 까지도 수많은 애국자들과 순국선열들이 피를 흘리며 수고한 결실이었습니다만 교회에서, 골방에서, 산꼭대기에서, 기도원에서, 산골짝 바위틈에 엎드려서 눈물로 부르짖었던 성도들의 기도에 대한 응답이기도 하였습니다.

설움과 고통으로 정신대로 끌려가고, 곡식들과 놋그릇까지도 공출을 당하고, 온갖 부역과 착취 속의 시달림 속에서도 이 땅을 지켜온 국민들의 피와 땀과 눈물도 있었습니다만 하나님의 은혜였습니다. 주님의 큰 사랑이었습니다. 우리들은 이것을 잊어서는 안 됩니다.

주께서 주신 자유! 하나님께서 주신 복을 우리는 지켜야 합니다. 누려야 합니다. 수고와 노력도 헛되게 하지 않아야 하지만 그리스도께서 주시는 은혜도 헛되이 받지 않아야 합니다. 우리를 자유롭게 하시려고 주신 자유입니다. 그러므로 굳건하게 서서 다시는 종의 멍에를 메지 않아야 합니다.

> 그리스도께서 우리로 자유롭게 하려고 자유를 주셨으니 그러므로 굳세게 서서 다
> 시는 종의 멍에를 메지 말라 (갈 5:1)

세겜에서 백성들에게 외치는 여호수아 음성입니다. 본문 14절 말씀을 읽습니다.

> 그러므로 이제는 여호와를 경외하며 성실과 진정으로 그를 섬길 것이라. 너희의 열

조가 강 저편과 애굽에서 섬기던 신들을 제하여 버리고 여호와만 섬기라

여호수아는 자신의 결심을 이야기합니다. 15절 끝 부분입니다.

오직 나와 내 집은 여호와를 섬기겠노라

"만일 너희가 여호와를 버리면…복을 내리신 후에라도"(20절)

과거의 역사를 회상합니다. 그리고 오늘의 결심을 촉구합니다. 그러나 더
중요한 것은 미래입니다. 다음 세대입니다. 차세대를 이야기합니다. 쟁취
하고 얻은 것이라 할지라도 전달되어져야 합니다. 계속되어야 합니다.
총회에서도 반복적으로 '다음세대'를 위한 정책을 내놓고 있습니다.

"다음세대를 잉태하는 교회!"
"다음세대를 출산하고 양육하는 교회!"
"다음세대와 함께 가는 교회!" 등등의 표어부터가 그렇습니다.

아무리 성장을 논하고 부흥을 이야기한다고 해도 다음세대가 없는 성장
과 부흥은 아무런 의미가 없습니다. 물론 교회에서 말하는 신앙적 차세
대란 꼭 연령만을 가지고 말하지는 않습니다. 새롭게 신앙생활을 시작
하는 모든 세대를 통합하여 이야기할 수도 있습니다.
그러나 실제적으로는 연령적인 다음세대에 대한 걱정은 교회뿐 아니라
국가적, 사회적인 문제라고 할 만큼 심각합니다. 전문가들은 우리나라

가 65세 이상의 인구는 계속 늘어나는 반면, 14세 이하의 인구는 계속 줄어들고 있다고 이야기합니다. 2018년을 기점으로 나라 전체 인구도 급속하게 줄게 되어 우리의 고유문화나 생활양식도 사라지게 될 것이라고 합니다.

대학생 수가 줄어들게 되어 문을 닫는 학교가 생기고, 산업 인력의 부족으로 외국인 노동자들이 늘어나게 될 것이라는 추측은 이제 현실입니다. 실제로 전도를 위하여 어린이 놀이터를 찾았지만 몇 몇 노인들이 벤치에 앉아 담소하는 모습 외에는 아이들을 구경할 수가 없었습니다.

이제는 교회교육도 달라져야 합니다. '일당 백', '일당 천'의 질 높은 교육이 이루어져야만 합니다. 누구나 알고 있고, 관심을 가지고 있지만 좀 더 많은 노력이 필요합니다. 교회교육도 획기적인 변화가 필요하고, 청년들이 주도하는 교회도 중요하지만 실제로 시급한 문제는 성도들 한 사람 한 사람의 인격적인 변화입니다.

젊은이들과 다음세대가 사회적으로 훌륭한 지도자들이 되고, 교회의 유능한 일꾼이 되게 하는 일을 위해서는 전교인들이 먼저 하나가 되어야 합니다. 함께 기도해야 합니다. 뜻을 모아야 합니다. 양육자가 되어야 합니다. 길거리에 나가보면 어른이 없습니다. 아니 이들을 지도할 어른이 되기가 너무 어렵습니다.

생물학적 성장(출산으로 인한 성장)도 중요합니다. 그러나 질 높은 교회지도자로 키우는 일(제자양육)도 중요합니다. 교회가 젊은이들에게 장학금을 지급하고 이들의 학업을 돕는 일은 교회의 존재 목적만큼이나 중요한 일임을 잊지 않아야 합니다.

그래서 세겜 언약의 결론이 중요합니다. 20절에서 25절까지 다 읽어야 하지만 그 성격을 분명하게 보여주는 20절입니다.

> 만일 너희가 여호와를 버리고 이방 신들을 섬기면 너희에게 복을 내리신 후에라도
> 돌이켜 너희에게 화를 내리시고 너희를 멸하시리라

저는 해방 70년을 앞두고 분명하게 해방을 선언합니다. 우리나라의 광복은 애국가의 본래 가사처럼 분명히 "하나님께서 보호하사" 우리민족에 주신 은혜입니다. 지켜야 합니다. 누려야 합니다. 길이 보존해야 합니다. 그러기 위해서라도 우리는 배은망덕한 백성이 되지 않아야 합니다.

> 진리가 너희를 자유케 하리라 (요 8:32)

진리 안에서 참 자유를 주시는 하나님을 믿는 믿음으로 다시 일어서야 합니다. 하나님을 믿는 믿음으로 조국을 지키고, 가정을 지키고, 교회를 지키고 나를 지켜야 합니다.

그래서 애국가 가사 속에서 하나님께 대한 감사가 있고 오늘날 우리가 지켜야 할 믿음이 있고, 미래를 향한 꿈이 있습니다. 흔히 이 가사를 쓰신 분이 안창호 선생님이라 하는 분도 있고 윤치호 선생님이라 하는 분도 있습니다. 두 분 다 신실한 기도의 사람이요, 믿음의 사람이기에 신앙적인 감사와 고백과 미래가 있는 것은 어쩔 수가 없습니다.

다 같이 일어나 그 때의 그 감격으로 우리 그리스도인들이 부르던 애국가를 다 같이 힘차게 부르시겠습니다.

42

자유롭게 하시려고 주신 자유

갈 5:1

그리스도께서 우리를 자유롭게 하려고 자유를 주셨으니 그러므로 굳건하게 서서
다시는 종의 멍에를 메지 말라

우리말에 "줘도 못 찾아 먹느냐?"는 말이 있습니다. 자유를 누리라고 자
유를 주었으나 자유는 고사 하고 종의 멍에를 메는 어리석은 사람이 되
지 말라는 말씀입니다.

사도 바울이 갈라디아 성도들에게 보낸 편지로서의 본문은 예수 그리스
도를 믿는 믿음으로 의롭게 된 그리스도인들이 또 다시 율법의 굴레를
메고 방황하는 모습을 보다 못해 권고하는 내용입니다.

지금 여기서 내 삶이 끝난다 할지라도 나는 지금 바로 천국으로 간다는 것을 믿으시지요? 그런데 자신이 없으신 분들이 가끔은 있습니다. 아니 어쩌면 우리가 생각하는 것보다 많은 사람들이 고개를 갸우뚱거리는 분들이 있습니다.

"내가 뭐 한 일이 있어야지요?"
"가기는 가고 싶은데 아는 게 있어야 하지요?"
"천국에 가야하기 때문에 내가 지금 교회 다니는 것 아닙니까?"

아닙니다. 여러분들은 오늘 밤에 죽어도 다 천국 갑니다. 예수님이 이미 이루어 놓으신 것입니다. "죄는 내가 지었지만 〈이미〉 예수님께서 벌을 받으셨습니다."
"내가 예수를 믿지만 할례를 받아야 할 텐데... 율법을 지켜야 할 텐데... 헌금을 해야 할 텐데... 나는 목사님이 시키는 일을 못했는데..."라는 말을 하며 갈라디아 교인들은 짐을 짊어지고 있는 것입니다.
아닙니다. 이 모든 것은 이미 구원 받았기 때문에 하지 말라 해도 감사함으로 하는 것이어야지 절대로 짊어질 굴레는 아니라는 사실을 믿으시기 바랍니다.
해방 70년! 오늘은 말 그대로 광복절입니다. 우리나라와 민족에게 자유를 주시려고 하나님께서 주신 해방이요, 자유입니다. 적어도 우리 그리스도인들이 이 날은 큰 소리를 칩니다. 하나님께서 주신 광복절이기 때문입니다. 지하실에서 골방에서, 산꼭대기에서, 나무 아래에서 우리 믿음의 선배들이 눈물로 기도하므로 이루어 놓은 광복절!

우리의 선배들이 저 중국 땅에서, 만주 땅에서, 중앙아시아에서, 심지어는 하와이에서, 전 세계 곳곳에서 믿음으로, 하나님의 은혜로, 쟁취한 자유요, 해방이며, 광복인 것입니다.

하지만 저는 묻고 싶습니다. "우리는 지금 참으로 이 자유를 누리고 있습니까?"

표면적으로는 분명히 이 나라는 독립이 되었습니다. 누가 무엇이라고 해도 자유를 누립니다. 분명히 해방된 조국이요, 광복입니다. 그것도 무려 70년이 지난 오늘날입니다. 그러나 아직도 벗어나지 못하고 있는 굴레가 있습니다. 그것이 안타깝다는 것입니다.

우리는 자유라고 하면 먼저 정치적, 경제적 자유를 이야기합니다

일본이라는 나라나 일본 정치가들의 문제이건 아니면 우리 정부나 정치 지도자, 아니면 민간단체나 개인의 문제이건 간에 70년이 지난 아직까지도 사과를 받아야 하느니 말아야 하느니, 배상을 받아야 하느니 말아야 하느니, 부족하다, 만족스럽지 못하다 등의 말을 해서는 안 됩니다.

잊을 수는 없습니다. 잊어서는 안 됩니다. 그래서 우리가 지금 광복절 기념 예배를 드리고 이 절기를 지키는 것 아닙니까? 여전도회가 주관하는 광복절 기념예배 때에도 말씀드렸습니다만 정신대 할머니들의 아픔과 고통을 우리가 기억하고, 강제 징용자들의 한과 마음을 우리들이 대변함으로 속히 이 문제를 해결했어야 하고, 그들과 함께 하는 우리가 되어야 하지만 생명이 있는 겨자씨 한 알이 나물보다 크고 풀보다 큰 것처럼 우리들도 좀 달라야 하지 않을까 하는 것입니다.

과거에는 분명히 작은 겨자 씨였습니다만 그러나 지금 큰 나무가 되니까 새들이 와서 깃들일 만큼 큰 나무가 된 것 아니냐 말입니다.

독일은 2차 대전 후 깨끗이 사과했다고요. 그 상대가 미국이고, 영국이고, 러시아였기 때문이라고 생각해 보신 적은 없습니까? 상대가 한국이니까, 작은 나라니까, 분단된 나라니까 일본이 보기에 별 것 아니라고 생각되기 때문에…

오해하지는 마십시오. 우리나라의 위상이 달라졌습니다. 지난 한 해 동안 일본의 10대 기업 매출 량이 한국의 어느 한 기업의 매출 량에도 미치지 못합니다. 소위 대한항공과 아시아나 항공이 일본 항공을 앞지르고 큰소리치던 일본 자동차가 대규모의 리콜 사태로 기우뚱 거리고…

비록 만족스럽지는 못하고 알맹이가 없다고 불평이 여기저기서 터져 나오기는 했어도 일본 수상이 경제문제에 걸리니까 전례 없이 사과하지 않습니까?

정치적인 자유, 경제적인 자유는 역사적으로 볼 때도 하나님의 절대적인 도움이 필요하였지마는 스스로 쟁취하기 위하여 노력하고 힘써야 하는 것입니다.

성경적으로 보면 7년이면 되는데, 말 안들을 때는 70년입니다만 벌써 남북 분단 70년입니다. 기도해야 합니다. 준비해야 합니다. 종이 된 상태로부터의 자유는 성경에도 7년이면 얻습니다.

개인에게는 70년이면 안 됩니다. 한 생애가 끝나는 것인데, 모든 구속과 속박으로부터 자유 함을 얻는 여러분들이 되십시오. 정치나 경제적인 구속이나 속박은 7년으로 끝나야 합니다.

더 중요한 것은 정신적인 자유입니다

종의 근성을 버려야 합니다. 이게 문제입니다. 에이브라함 링컨이 노예 해방을 선언했습니다. 흑인들이 바로 자유를 누렸을까요?

저는 그들이 온전한 자유를 누리기까지는 그래도 한 7년 정도는 걸렸으리라 봅니다. 집도 따로 마련해야 하고 농사지을 땅도 필요합니다. 자녀들을 양육할 수 있는 기초도 마련해야 합니다. 바로 자유 함을 누리지는 못했을 것입니다. 그러나 꿈이 있고 소망이 있습니다. 이제 품삯도 받고, 일당도 받고, 일한 대가를 지불받게 되었으니 말입니다.

문제는 그 정신마저도 주어진 자유를 여전히 누리지 못한다면 그것은 완전한 자유가 아닙니다. 참다운 자유는 스스로 누려야 합니다. 왠지 기분이 언짢은 게 바로 이겁니다. 70년이 지났는데 아직도 일본, 일본 하는 게 저는 영 언짢습니다. 우리가 자라야 하는데, 큰 나무로 자라야 하는데, 내가 어릴 때 원수 맺은 그 친구를 지금 50년이 지나고 60이 지나도 아직 마음속에 두고 있다면 그거 자유 아닙니다. 어른이 아니라는 이야기입니다.

제 친구 가운데에는 정말 어릴 때에 한이 되고 한이 되는 일은 겪은 이가 있습니다. 자세히 말씀드리지 못합니다. 너무나 억울하게 어머니마저 그 일로 돌아가셨습니다. 이를 악물고 원수 갚을 일만 생각하고 공부했습니다. 너무나 분하고, 분했습니다. 그러나 그는 예수 그리스도를 통하여 장성한 그리스도인이 되었고 은혜와 하나님의 능력을 받아 지금 큰 목회자가 되어 있습니다. 어떻게 원수를 갚았을까요? 그들을 불쌍히 여겼습니다. 그 원수 같은 이들을 정말 사랑하는 마음으로 기도했습니다. 마을 앞에 강을 가로 지르는 낡은 다리를 철거하고 새로운 다리를 놓아 주었습니다.

복 주십니다. 책임을 지십니다. 주님의 말씀대로 큰 나무들이 되시기 바랍니다. 아직도 용서 못할 사람이 있고 다른 사람은 몰라도 그 사람만은 용서 못한다고 "이것까지 참아"라고 했는데 이것만은 못 참는다고 하시는 분이 계신다면 부탁입니다. 자유하십시오. 용서하십시오. 이제 더 이상 그 올무에 묶이지 마시기 바랍니다.

더욱 더 큰 문제는 영적인 자유입니다

법이나 정치적으로, 경제적으로 혹은 정신적인 자유가 주어졌어도 아직도 죄로부터 자유 함을 누리지 못하고 있다면 그것은 온전한 자유가 아닙니다. 참된 자유를 누리시기 바랍니다.

이 진리를 알게 되면 바울처럼 비록 몸은 구속되고 매여 있을지라도 어려운 일이 있고 정치적인, 경제적인 짐을 지고 있을지라도 아니 죽음이 오고 내 인생의 종말이 와도 두려운 것이 없습니다. 이것이 영적인 자유입니다.

그래서 성경은 말씀합니다.

> 진리를 알지니 진리가 너희를 자유하게 하리라 (요 8:32)
>
> 주는 영이시니 주의 영이 계시는 곳에 자유 함이 있으니라 (고후 3:17)

참된 자유는 영적인 자유입니다. 겨자씨가 비록 작은 것이지만 그 속에 생명이 있음으로 나물보다 크게 자랍니다. 풀과는 다릅니다. 나무입니다. 새들이 와서 깃들일 만큼 큰 나무가 됩니다.

그래서 저는 정치 지도자들이나 사회의 지도자들이나 영적으로 세상을 이끌어가야 할 우리 성도들에게 부탁을 드립니다. 우리 민족이나 국가적인 차원에서도, 사회적인 현실 가운데에서도 아직도 매여 있는 어리석은 자리에서 박차고 일어나야 합니다. 더욱 더 크고 고차원적인 자유의 선포가 있었으면 하는 바램입니다.

불평, 불만, 핑계, 남 탓을 하는 것은 아직 진정한 자유의 의미를 모르기 때문입니다. 주님이 계십니다. 불평할 만한 일이, 만족스럽지 못한 일들이, 자유스럽지 못한 일들이 왜 없겠습니까? 기도하시고, 더 큰 마음으로 품고, 포용하고, 덮어 버리고, 나서서 안아버립시다.

개인적인 삶이나 세상에서 살아가는 그리스도인의 모습도 그렇습니다. 로마서 8장 21절입니다.

> 그가 바라시는 것은 피조물도 썩어짐의 종노릇한 데서 해방되어 하나님의 자녀들의 영광의 자유에 이르는 것이니라

하나님의 자녀로서 영광스런 자유를 향하여 나아가는 성도들이 되시기 바랍니다.

43

참된 자유와 진정한 홀로서기

출 13:17-22

이번 휴가에는 자유롭게 어디론가 떠나고 싶다고 생각하신 분들이 많으실 것입니다. 그러나 막상 나가보면 자기 울타리를 벗어나기 힘듭니다. 몸은 해수욕장이나 휴양지에 가 있어도 자녀들 걱정은 말할 것 없고 남편이나 아내 생각, 사업이나 삶에 대한 염려 근심을 떨쳐버릴 수가 없습니다. 자기의 굴레를 벗어날 수가 없습니다.

"목사님! 휴가 기간 만이라도 교회에 대한 생각은 홀홀 털어버리고..."

그런데 그게 그렇게 되는 게 아니더라는 이야기입니다. 자유다! 나 혼자 독립하겠다. 모든 굴레를 벗어버리자! 어쩔 수가 없습니다. 우리의 삶에는 울타리가 필요합니다. 옛 사람들은 큰 성읍을 건설하고 성벽을 쌓습니다. 그리고 그 안에서 편안함을 누렸습니다. 나가면 불안합니다. 나가면 속히 돌아오려고 했습니다.

물리적으로 보면 그것이 성벽이고 울타리이고 담장이지만 가정적으로 보면, 그것이 가족이고 형제이고 부모님이시며, 사회적으로 보면 그것이 민족, 국가, 나라이기도하지만 그것이 바로 법입니다. 선악과입니다. 도덕이고, 관습이고, 전통이고, 율법입니다. 그런데 성경 말씀은 진리가 너희를 자유하게 하리라고 선언합니다.

오늘은 우리 교회가 지키는 광복절 기념주일입니다. 우리 민족의 해방절기입니다. 일제 36년으로부터 자유를 되찾고 국권을 회복한 광복절을 앞두고 하나님께서 우리에게 주신 은혜와 사랑에 대하여 감사하는 주일입니다.

참된 자유가 무엇이며, 진정한 독립이 무엇인지를 바로 알아야 합니다. 따지고 보면 단순한 홀로 서기만큼 위험하고 무서운 것도 없습니다. 어떤 이들은 신앙이 우리를 얽맨다고 생각하는 것 같습니다. 아무리 장난감이 많고, 과자와 좋은 옷이 쌓여 있어도 엄마가 곁에 있지 아니하면 어린 아이는 불안합니다. 실낙원이 인류에게 있어서 가장 큰 비극이라고 하는 이유는 겉으로는 선악과 사건이지만 궁극인 것은 하나님과의 관계 단절입니다.

이스라엘의 해방은 하나님의 계획과 섭리였습니다

먼저 우리가 고백할 것은 모든 역사의 주인은 하나님이시라는 것입니다.

"모든 역사의 주인은 하나님이십니다."

광복절에 관한 한 정말 할 이야기가 많습니다. 적어도 우리 그리스도인들은 더더욱 그렇습니다. 기라성 같은 민족의 지도자들이 다 그리스도인들이었습니다.

얼마 전에 독립 기념관에 가보니까 전시물들이 처음과는 많이 달라져 있었습니다. 옛날 제가 초등학교 교사로 아이들을 인솔해서 독립기념관을 관람했으니 적어도 24-5년은 지났으니까 이젠 정말 옛날이 되어버렸지만 그 당시에는 종교관이라는 것이 있었습니다. 불교관, 천도교관, 기독교관 등등으로 꾸며져 있었습니다. 그런데 관람을 하던 한 학생이 질문을 합니다.

"선생님! 불교신자나 천도교 신자, 유교의 유림들도 독립 운동을 다 했는데 기독교인들은 독립운동을 하지 않았는가 봐요. 기독교인 이름들이 없는데요."

정말 보니까 교회의 역할이나 기독교의 역할에 대한 내용은 있는데 독립 운동가들의 이름들은 게시되어 있지 않았습니다. 그래서 제가 대답했습니다.

"너무 많아서 그래! 아마 독립 운동을 한 기독교인 개인들을 다 소개하려면 이만한 독립 기념관을 하나 더 지어야 할 걸!"

임기응변으로 대답한 것이 아닙니다. 기독교관에다 전시하지 않아서 그렇지 모두가 다 기독교 지도자들 아닙니까? 안창호, 조만식, 이상재, 김구, 이승훈, 남궁 억, 유관순, 함태영, 길선주… 목사로서 할 소린지 모르지만 일본은 깨달아야 합니다. 자비롭고 은혜가 풍성하신 하나님이시지만 일본은 하나님이 얼마나 무서운 분이신가를 알아야 합니다.
그리고 이 땅에서 살아가는 우리나라, 우리 민족도 마찬가지입니다. 하나님을 바로 알고 섬겨야 합니다. 우리에게 베푸신 은혜와 사랑을 바로 알고 기억하여야 합니다. 우리에게 자유와 해방을 주신 분은 하나님이심을 절대로 부인할 수가 없습니다.
광복절 이후에도 마찬가지입니다. 절대로 있어서는 안 될 전쟁을 우리는 경험하였습니다. 전쟁 후의 참혹한 가난과 어려움들을 우리는 겪었습니다. 1964년에 경희대학교 설립자 조영식 박사가 당시 5개 대학 재학생 천명에게 물었답니다. 앞으로 50년 후 우리나라 국민소득이 몇 불이 될까? 대부분 300불로 대답했답니다. 100년 후에는? 500불 정도될 것이라고 대답했다고 합니다. 60년이 지난 오늘날 우리 국민소득이 몇 불입니까? 2만 불입니다. 하나님은 여전히 우리를 사랑하십니다. 이스라엘의 부르짖음을 듣고 그 조상들과의 언약을 기억하신 하나님은 우리들의 기도에도 응답하시고 광복의 큰 기쁨을 주셨습니다. "출애굽이다. 해방이다. 광복이다!" 하는 것에서 그치지 않으십니다. 그 이후에도 하나님은 철저하게 모든 것을 배려하십니다.

혹시 전쟁으로 이 백성들이 잘못될까봐 하나님은 그 길을 돌리십니다. 본문 출애굽기 13장 17절입니다.

> 바로가 백성을 보낸 후에 블레셋 사람의 땅의 길은 가까울지라도 하나님이 그들을 그 길로 인도하지 아니하셨으니 이는 하나님이 말씀하시기를 이 백성이 전쟁을 하게 되면 마음을 돌이켜 애굽으로 돌아갈까 하셨음이라

하나님의 섭리와 배려를 믿으시기 바랍니다. 지금도 우리를 사랑하셔서 이 민족을 보호하시는 분은 하나님이십니다.

정치, 경제, 사회, 문화, 교육 어느 것 하나 내세울 것 없지 않습니까? 정치를 잘 해서? 지하자원이 풍부하고 경제적인 여건이 좋아서? 사회가 정의롭고 질서가 있기 때문에? 문화적인 배경이 풍부하고 우리가 문화 민족이라서? 아니면 교육 여건이 탁월하고 교육 환경이 뛰어나기 때문에? 분명하지 않습니까?

하나님은 여전히 우리를 지키시고 보호하시며 도우시고 계시기 때문에 오늘날 우리들이 이 만큼 살고 있다는 사실을 확실히 믿으시기 바랍니다.

언약의 하나님 앞에서 이스라엘 백성들도 약속을 지켰습니다

하나님의 은혜로 이 자유와 이 복을 누리고 있다면 우리들도 해야 할 일이 있습니다. 우리 선배들이 기도와 헌신으로, 순교와 희생으로, 피와 땀과 눈물로 이루어 놓은 내 조국이라면 이 신앙과 믿음을 계승할 우리들이 지켜야 할 우리의 몫이 있다는 것입니다. 자유와 권리에 따르는 책

임과 의무를 다해야 합니다. 구원의 조건이 아닙니다. 구원받은 백성들에게도 당연히 해야만 하는 일들이 있습니다.

노블리스 오블리지는 사회적으로 지도자들만이 가져야 할 자세가 아닙니다. 하나님 앞에서 그리고 이 세상에서 기독교인보다 더 노불한 사람들이 또 어디에 있습니까? 그러므로 오브리제가 필요합니다. 시편 24편 3절과 4절입니다.

> 여호와의 산에 오를 자가 누구며 그의 거룩한 곳에 설 자가 누구인가 곧 손이 깨끗하며 마음이 청결하며 뜻을 허탄한 데에 두지 아니하며 거짓 맹세지 아니하는 자로다

본문 19절을 보면 출애굽하는 모세는 요셉의 유골을 가지고 나옵니다. 이스라엘 자손들이 맹세한 것이 있기 때문에, 거짓 맹세를 하지 않기 위해서 그 와중에도 약속을 지키기 위해 유골을 챙겼던 것입니다. 거짓맹세(시 24:4)를 하지 아니하였던 것입니다.

가장 분명한 자유와 독립은 하나님과의 동행중에 이루어져야합니다

가장 중요한 것은 하나님과의 동행입니다. 하나님과 함께 하는 삶이라면 어디든 자유 함을 누릴 수 있습니다. 진정한 독립(홀로 서기)도 그 분과의 관계 속에서 이루어져야 합니다. 우리들은 결코 하나님을 떠나서는 살 수 없다는 사실을 알아야 합니다.

지난 주 청년회 예배에 참석을 했습니다. 목사님의 말씀이 인류에게 있

어서 가장 큰 비극이 무엇이냐고 물으셨습니다. 그 답으로 사사기 16장 20절을 말씀하셨습니다. 저는 설교 시간에 조는 사람들에게 뭐라고 하지 않습니다.

한 번도 꾸중을 듣거나 핀잔을 듣거나 저에게 왜 그러느냐는 말이라도 들으신 분은 없으실 겁니다. 교회가 편안하니까, 하나님께서 사랑하는 자에게 잠을 주시니까, 사실은 고의적은 것은 아니지만 부목사님들 설교할 때 제일 잘 조는 사람이 접니다. 그런데 지난 주 청년예배시간인데 말씀을 들으면서 정신이 번쩍 들었습니다.

"삼손이 잠을 깨며 이르기를 내가 전과 같이 나가서 몸을 떨치리라 하였으나 여호와께서 이미 자기를 떠나신 줄을 깨닫지 못하였더라."

잠이 확 달아났습니다. 삼손에게 있어서 가장 큰 비극은 여호와께서 이미 삼손을 떠났다는 것입니다. 그래서 그는 블레셋 사람에게 잡혀서 두 눈이 뽑혔습니다. 거대한 이스라엘의 역사의 수레바퀴를 돌려야 할 그가 불레셋 사람의 맷돌을 돌려야 하는 처참한 신세가 되었던 것입니다. 사울도 마찬가지입니다. 키가 크고 준수하게 생긴 그가 통일된 이스라엘의 역사를 주관해야 할 그가 다윗을 따라 다니다가 비극적인 최후를 맞지 않습니까?

지난 6월 에스겔서에서도 우리가 확인한 바 있습니다. 여호와의 영광이 떠나버린 성전! 여호와의 영광이 떠나버린 예루살렘! 더 이상 성전도 아니고, 더 이상 거룩한 도성도 아니었습니다. 들짐승들의 놀이터에 불과했습니다. 그러나 하나님의 영광이 함께 하였을 때의 영광과 거룩함! 바로 거기에 회복의 역사, 생명의 역사, 부흥의 역사가 있었습니다.

출애굽한 백성들이 비록 40년의 광야 길을 걸었습니다만 진정한 해방과 자유의 기쁨은, 독립의 기쁨은 여호와 하나님의 함께 하심이었습니다. 그 징표가 바로 낮에는 구름기둥이요, 밤에는 불기둥이었습니다. 그래서 본문 마지막 출애굽기 13장 21-22절을 선포합니다.

> 여호와께서 그들 앞에서 가시며 낮에는 구름 기둥으로 그들의 길을 인도하시고 밤에는 불 기둥을 그들에게 비추사 낮이나 밤이나 진행하게 하시니 낮에는 구름 기둥, 밤에는 불 기둥이 백성 앞에서 떠나지 아니하니라

한국교회는 애국충군(愛國忠君)하는 교회로 시작되었습니다. 기독교는 애린봉사(愛隣奉仕)하는 종교로 성장해 왔습니다. 그 중심에는 언제나 하나님 나라의 열정으로 충만했습니다.

오늘날 한국교회의 모습 속에서도 출애굽의 역사적인 사건들이 그대로 나타납니다. 하나님의 나라를 인정하십시오. 진정한 애국은 여기에서 시작됩니다. 하나님의 말씀(통치)에 순종하십시오. 참 자유를 누리는 비결입니다.

언제나 하나님과 동행하십시오. 진정한 독립, 즉 홀로서기를 원하신다면 말입니다.

지금도 하나님은 우리가 바로 이 나라의 진정한 일꾼이 되기를 원하십니다. 결단하는 마음으로 우리교회 남궁 윤원, 남궁 윤일 집사님의 할아버지이신 남궁 억 선생님이 직접 가사를 쓰신 찬송가 580장 1절을 함께 부르겠습니다.

"삼천리 반도 금수강산 하나님 주신 동산

삼천리 반도 금수강산 하나님 주신 동산

이동산에 할 일 많아 사방에 일꾼을 부르네

곧 이 날에 일 가려고 누구가 대답을 할까?

일 하러가세 일하러가 삼천리강산 위해

하나님 명령 받았으니 반도강산에 일하러 가세."

14
part

종교개혁주일

; 宗教改革主日
[Religious Reformation
Sunday]

절기 따라
가는 길

44

오직 의인은 믿음으로 살리라

롬1:16-17, 엡 2:8-9

개혁교회의 시작은 1517년 10월 31일, 95개의 논제를 비텐베르크교회 정문에 부착한 마르틴 루터의 종교 개혁으로부터 시작됩니다.

평소 그가 고민하던 모든 일과 구원에 대한 구체적인 방법은 수도나 고행이 아니라 하나님의 은총으로 가능하다는 사실을 성경 말씀을 통하여 깨닫게 된 그는 성경의 절대적인 권위를 강조하고, 교황청의 면죄부 판매를 비판하면서, 구원은 오직 믿음으로 말미암는다는 사실을 분명히 하였습니다.

교황청으로부터의 파문과 갖은 생명의 위협에도 불구하고 분명한 진리를 선포하였습니다. 그가 강조한 3대 교리는 오직 믿음, 오직 말씀, 오직 은혜로 말미암은 만인 제사장으로서, 성경이 말하는 바울의 정통교리 환원과 함께 성경의 권위를 회복하고, 은총의 교리를 완성함으로서 주님이 이 땅에 오신 목적을 강조하였습니다.

예수 그리스도는 복음(福音)입니다

예수 그리스도가 바로 복음입니다. 모든 믿는 자에게 구원을 주시는 하나님의 능력입니다(롬 1:16).

구약 성경의 모든 내용은 예수 그리스도에게 집중이 됩니다. 유대인들은 그들에게 주어진 구약의 율법을 자랑합니다. 바울도 그랬습니다. 현세적인 것을 모두 가졌습니다. 헬라의 철학과 유대의 종교적인 힘과 로마의 부와 권세, 게다가 가말리엘 문하의 학문적인 기반까지 갖추었습니다. 그러나 그것이 보장해 주는 것은 아무 것도 없었습니다.

참된 기쁨은 예수 그리스도였습니다. 복음은 생명에 관한 것이 아닙니다. 복음은 생명 그 자체입니다. 구원의 능력입니다. 성지순례와 로마의 돌계단을 기어보기도 하였던 마르틴 루터가 깨닫게 된 것도 바로 이것입니다.

예수 그리스도! 그 분이 우리의 모든 것이 되시는 것입니다. 수고가 아닙니다. 땀방울이 아닙니다. 그 분이 우리의 생명이시며. 우리의 모든 것이 되십니다.

복음에는 하나님의 의가 나타납니다

오직 믿음으로 의롭게 되기 때문입니다(롬 1:17). 그러므로 믿어야 합니다. 예수님 한 분 만으로 족합니다. 이것이 우리의 믿음입니다. 예수 그리스도의 피로 우리는 모든 구속을 다 받았습니다. 용서받지 못할 죄는 없습니다. 예수 그리스도의 피 값으로 모든 것이 다 해결함을 받았습니다. 성경 말씀에 더하지도 말고 빼지도 맙시다. 말씀은 완벽합니다.

> 내가 진실로진실로 네게 이르노니 내 말을 듣고 나 보내신 이를 믿는 자는 영생을 얻었고 심판에 이르지 아니 하나니 사망에서 생명으로 옮겼느니라 (요 5:24)

이제 우리에게 남은 것은 관계입니다. 아버지와 아들의 관계입니다. 영접하는 자 곧 이름을 믿는 자에게는 하나님의 자녀가 되는 권세를 주셨으니… 어린이들을 위한 동화지만 재미있는 이야기가 있습니다. 죠지가 고무 총으로 장난을 치다가 아버지의 오리를 쏘아 죽였습니다. 아무도 보는 이가 없는 줄로 알고 뒤뜰에 살짝 묻어버렸습니다. 하지만 형인 톰이 이것을 알고 있었습니다.

그 때부터 죠지는 형에게 매여 온갖 하인 노릇을 다하게 됩니다. 책가방 들어다 주기, 엄마 심부름 대신하기 등등. 거역하면 그때마다 형은 으름장을 놓습니다. "죠지! 너 알지? 오리…" 그러면 꼼짝을 못합니다. 그러나 참다못한 죠지는 결국 이를 감당할 수가 없어서 아버지께 고백합니다. 그리고 용서를 받습니다. 이것을 모르는 톰은 여전히 죠지를 부려 먹으려 합니다. 톰이 "너 알지! 오리?"를 외쳐도 죠지는 당당합니다. "그래 안다, 오리!" 아직도 "너 알지! 오리!"에 붙들려 있는 성도들이 있다면 아셔야 합니다. 우리 주님 앞에 회개하고 돌아온 하나님의 사람들은 당당합니다. 명확히 모든 문제가 해결되었기 때문입니다.

구원은 행위에서 난 것이 아닙니다

은혜로 말미암은 하나님의 선물입니다(엡 2:8). 나의 나 된 것은 하나님의 은혜입니다. 예수 믿는 것이 왜 힘듭니까? 나의 힘으로 믿기 때문입니다. 구원만은 분명합니다. 에베소 2장 9절 다시 한 번 확인합니다.

> 행위에서 난 것이 아니니 이는 누구든지 자랑치 못하게 하려 하심이니라

맨 날 십계명과 레위기와 신명기를 붙잡고 싸우는 사람들이 있습니다. 왜 구약성경을 우리에게 주셨다고 했습니까? 구약은 예수 그리스도에 대한 예언입니다. 십계명을 보세요. 완벽하게 지킬 수 없습니다. 선지자들의 외침을 잘 읽어보세요. 맨 날 심판 이야기입니다.

바울은 이러한 율법과 심판 이야기가 왜 필요하다고 가르칩니까? 안 된다는 겁니다. 그래서 로마서 7장에서

> 오호라, 나는 곤고한 자로다 이 사망의 몸에서 누가 나를 건져내랴?

탄식합니다. 그러나 로마서 8장에서 바로 외칩니다. "성령의 법이 죄와 사망의 법에서 나를 해방"시켰다 선포합니다.

내 힘으로 불가능하기 때문에 예수님이 오신 것입니다. 그러니까 은혜

입니다. 바울은 율법을 몽학선생이라 불렀습니다. 내가 죄인인 것을 알고 도무지 해결 방법이 없는 것을 알고 주님께 도움을 구하게 되고 또 주님은 이 일을 위하여 십자가에 못 박혀 돌아가신 것입니다.

개혁 이전의 상황이 그랬습니다. 성도들의 손에서 성경을 빼앗아 버리고 온갖 율법을 강조하고 심판을 강조하고 두려움과 공포감을 조성하고 그래서 면죄부를 팔고 교회의 권위에 복종할 것을 강조하고...

이제 성경으로 돌아가야 합니다. 개혁이나 갱신이라는 말은 새롭게 한다는 뜻도 있지만 더욱 중요한 것은 "성경으로 돌아가자!"는 정신입니다. 본래 루터는 천주교와는 다른 새로운 종교를 만들자는 것이 아니었습니다. 성경에 근거한 교회가 되어야 하겠다는 개혁의지의 표현이었습니다.

그러나 그 결과는 완전히 달랐습니다. 교황은 루터를 파문에 처했습니다. 교황으로부터 처단 엄명을 받은 독일 황제 카알 5세는 웜스 국회를 소집하여 루터를 처형하려고 했습니다. 루터는 심문대 앞에 섰습니다. 성경의 주장을 철회할 것을 요구받았습니다.

누구나 바른 신앙을 가지려고 하다보면 많은 압력을 받았습니다. 저는 설교가 잘못되었다는 소리를 많이 들었습니다.

"죄 짓는 것이 잘못이 아니고 죄책감에 사로 잡혀 자포자기 하고 얽매이는 것이 문제다. 언제든지 용서해 주시는 하나님이시다"라고 설교 했더니 저더러 "죄에 대해 담대하게 한다"라고 그러더라고요.

하나님 앞에 솔직 합시다. 성경은 우리에게 죄 지었기 때문에 지옥 간다고 말하지 않습니다. 죄를 짓고도 회개하지 않기 때문입니다. 쉬운 말로 예수 믿지 않기 때문에 지옥 가는 것이지 죄 때문에 지옥 갑니까?

주님은 이미 우리의 죄를 모두 십자가에 못 박아 버렸습니다. 그 은혜로 우리는 천국 갑니다. 죄에 대하여 담대할 수 있습니까? 그 은혜, 그 사랑을 생각하면 어찌 죄지을 수가 있습니까?

루터는 말씀을 포기할 수 없었습니다. "주님! 나는 여기에 서 있습니다. 나는 아무런 힘이 없습니다. 주여! 나에게 힘을 주시옵소서. 아멘" 이라고 기도하고 담대히 선포합니다. "마귀가 웜스 국회의사당의 기왓장처럼 많을지라도 나는 진리를 이야기 하지 않을 수 없다!"

우리는 개혁교회 교인입니다. 달라져야 합니다. 변화되어야 합니다. 어제의 내가 다르고 오늘의 내가 달라야 합니다. 그 변화의 힘은 말씀입니다. 오직 말씀입니다. 오직 믿음입니다. 오직 은혜입니다.

우리 모두 주님의 종으로 섬기고 날마다 올바른 제사장의 삶을 사는 복된 성도들이 되시기 바랍니다.

45

처음 신앙을 회복하자

딤후 2:20-22

종교개혁주일입니다. 16세기 종교개혁자들은 부패한 중세의 교회를 개혁하기 위하여 '복음의 원천'인 성경으로 돌아가야 한다는 사실을 강조하였습니다. 오늘의 그리스도인들도 이 땅에 하나님 나라를 세우기 위하여 복음의 근원으로 돌아가야 합니다.

"처음 신앙을 회복하자!"

루터의 종교 개혁 삼대정신을 오직 믿음, 오직 말씀, 만인 제사장이라고 말합니다. 구체적으로 살펴보면 첫째, 우리의 구원은 오직 믿음(sola fide)으로 말미암는다는 것입니다.

루터와 맞장을 두었던 로마천주교회의 대표인 에크는 헌금을 강조합니다. 면죄부를 이야기합니다. 그러나 루터는 이 사실을 로마서 1장 17을 근거로 강조합니다.

> 복음에는 하나님의 의가 나타나서 믿음으로 믿음에 이르게 하나니 기록된 바 오직 의인은 믿음으로 말미암아 살리라 함과 같으니라

둘째, 우리 신앙의 기준은 성경입니다. 오직 말씀(sola Scriptura)으로 사는 신앙을 이야기합니다. 로마가톨릭교회는 교황무오설을 이야기합니다. 교황의 말씀이 곧 하나님 말씀과 같다고 주장합니다. 그러나 루터는 성경무오설을 통하여 우리의 신앙의 절대적 기준은 성경이라고 선포했습니다.

셋째, 만인제사장입니다. 사제들만 제사장이 아니라 모든 그리스도인들은 제사장들입니다. 직고할 수 있습니다. 기도할 수 있다는 이야기입니다. 천주교회처럼 기도문을 읽기만 하는 것이 아니라 제사장인 우리들이 직접 하나님과 교통하고 대화합니다.

제사는 하나님을 영화롭게 하는 것입니다. 은혜로 말미암아 제사는 하나님께만 영광을 돌리는 제사이어야 합니다. 교회는 성물제사나, 마리아 중보나 성인숭배는 금하고 있습니다.

중요한 것은 우리들은 모두 하나님께서 쓰시는 그릇들입니다. 이왕이면 귀한 그릇들이 되시기 바랍니다(20절). 주인의 쓰심에 합당한 준비된 그릇이 되어야 합니다. 바울은 디모데에게 "자기를 깨끗하게 하라"(21절)고

권면합니다.

> 큰 집에는 금 그릇과 은그릇뿐 아니라 나무 그릇과 질그릇도 있어 귀하게 쓰는 것
> 도 있고 천하게 쓰는 것도 있나니 그러므로 누구든지 이런 것에서 자기를 깨끗하
> 게 하면 귀히 쓰는 그릇이 되어 거룩하고 주인의 쓰심에 합당하며 모든 선한 일에
> 준비함이 되리라 (딤후 2:20-21)

청년들에 대한 교훈도 있습니다. 22절입니다.

> 또한 너는 청년의 정욕을 피하고 주를 깨끗한 마음으로 부르는 자들과 함께 의와
> 믿음과 사랑과 화평을 따르라

개혁신앙은 새롭게 한다(renewal)는 말도 되지만 처음 신앙을 회복하는
것입니다. 순교적인 삶을 살았던 초대교회 성도와 130년 전 선배들의
믿음으로 돌아가야 합니다. 궁극적으로는 성경에 기록된 말씀으로 돌아
가야 합니다.
예수님께서도 모세의 법을 들고 나오며 시험하려는 바리새인들을 향하
여 "사람을 지으신 이가 본래" 정하신 법도를 말씀하십니다(마 19:3-6).
혹시라도 마음에 거리낌이 없으시기 바랍니다. 성경 말씀에 근거하여
본래의 신앙, 처음 신앙을 강조하며 드리는 말씀입니다.
마태복음 19장입니다.

> 바리새인들이 예수께 나아와 그를 시험하여 이르되 사람이 어떤 이유가 있으면 그

아내를 버리는 것이 옳으니이까 예수께서 대답하여 이르시되 사람을 지으신 이가 본래 그들을 남자와 여자로 지으시고 말씀하시기를 그러므로 사람이 그 부모를 떠나서 아내에게 합하여 그 둘이 한 몸이 될지니라 하신 것을 읽지 못하였느냐 그런즉 이제 둘이 아니요 한 몸이니 그러므로 하나님이 짝지어 주신 것을 사람이 나누지 못할지니라 하시니 (마 19:3-6)

중요한 말씀은 예수님을 시험하려는 바리새인들을 향하여 "사람을 지으신 이가 본래"(마 19:4)를 강조하십니다. 그러자 바리새인들이 질문합니다. 마태복음 19장 7절 이하입니다.

여짜오되 그러면 어찌하여 모세는 이혼 증서를 주어서 버리라 하였나이까 예수께서 이르시되 모세가 너희 마음의 완악함 때문에 아내 버림을 허락하였거니와 본래는 그렇지 아니하니라 (마 19:7-8)

모세의 법은 "너희 마음의 완악함 때문"이라고 말씀하시며 "본래는 그렇지 아니 하니라!"(마 19:8)고 주님은 분명히 선언하십니다.
신앙의 절대적인 기준은 하나님의 말씀입니다. 그 말씀 중에서도 본래, 원래, 처음이 중요합니다. 모세의 법도 맞습니다. 그러나 완악하기 때문에 주신 말씀, 그래요, 어쩔 수 없습니다. 그러나 진짜 복은 어디로부터 오는 것일까요?
주일을 범해요? 찬양예배, 수요예배, 금요기도회, 새벽 기도회는 어디로 갔습니까? 이유가 있습니다. 핑계거리가 있습니다. 모세의 법대로, 어느 장로님도, 어느 집사님도 그렇게 하던데요. 시대가 변했는데요. 그렇게 하면 못삽니다.

어느 것이 옳습니까? 헌금 생활도, 봉사하는 일도, 가정생활도, 교회 생활도... 핑계하지 맙시다. 성경대로, 처음처럼, 본래대로...

46

새 사람과 성찬예식

마 26:26-30

누구나 새사람이 되고 싶어 하고, 또한 새로워져야 합니다. 오늘은 종교개혁기념주일입니다. 개혁이라는 말은 새로워진다(reformed)는 말입니다. 개혁자 마르틴 루터는 다음 세 가지를 강조합니다.

① 오직 믿음
② 오직 말씀
③ 오직 은혜(만인제사장)

사람으로서 새로워질 수 있는 길은 하나밖에 없습니다. 우리를 위하여 피흘려 주시고 살 찢어 주신 예수 그리스도이십니다. 본문은 이 사실을 구체적으로 보여주시기 위하여 친히 세우신 성만찬 예식 장면입니다. 그래서 성만찬은 말하는 설교가 아니라 행하는 설교입니다.

성찬은 주님이 우리를 위하여 죽으심을 기념하는 것입니다

이 예식에 대한 입장에는 몇 가지가 있습니다. 특히 천주교의 예식을 화체설이라고 합니다. 그러나 성경에는 "나를 기념하라" 하셨기에 개신교의 입장은 기념설입니다.

우리들의 입장은 어떻습니까? 예수 그리스도의 십자가를 기념합니다. 그러나 그리스도의 영이 함께 하신다고 고백합니다. 주께서 함께 하십니다. 영으로, 거룩한 성령으로 우리와 함께 하신다는 것입니다.

성찬식은 보이는 설교입니다. 예수님은 하나님이십니다. 그러나 하나님의 모습으로 우리에게 오시지 않으셨습니다. 사람의 몸을 입고 사람의 모양으로 오셨습니다. 우리를 위하여 죽어주셨습니다. 이 성찬 예식의 떡과 포도주는 유월절 어린양이 되신 예수 그리스도를 상징합니다. 우리의 죄 값으로 지불된 예수님의 피와 살입니다. 그의 피와 살은 우리들의 죄로 말미암은 것입니다. 그의 십자가가 우리들의 모든 죄를 정결케 한 것입니다.

우리는 반드시 이 만찬에 참여하여야 합니다

천국에 들어가는 것은 예수님의 피로 말미암습니다. 저는 벤허라는 영화의 마지막 장면 이야기를 많이 합니다. 쏟아지는 빗물 속에 함께 흘러가는 주님의 피가 지금 이 시간도 우리의 마음속으로 흐르고 있습니다.

이집트의 마지막 밤! 죽음의 사자가 찾아왔습니다. 집집이 죽음의 사자가 방문하게 되자 바로 왕의 궁전에서부터 다리 밑에 사는 거지의 집까지 모든 첫 아이는 다 죽임을 당했습니다. 왕의 장자로부터 처음 난 짐승의 새끼까지 다 죽임을 당했습니다.

이러한 죽음으로부터 아무런 피해를 입지 않은 사람들이 있습니다. 어린양을 미리 죽여서 그 피를 문설주와 문인방에 바른 사람들의 집입니다. 그 집에 누가 사느냐가 중요하지 않습니다. 그 집이 부잣집이냐 가난한 자의 집이냐가 문제가 되지 않습니다. 착한 자인가 악한 자인가를 묻지 않습니다. 문설주에 양의 피를 발랐느냐 바르지 않았느냐의 차이입니다. 성찬식은 바로 이 어린양의 피를 내 마음에 발랐다고 하는 표시입니다.

중요한 것은 우리가 그리스도의 죽음을 나를 위한 것으로 받아들이느냐 아니냐 하는 것입니다. 성찬식은 주님의 피와 살을 취하는 것입니다. 모든 만민들은 다 이 만찬에 참여할 수 있어야 합니다. 사랑하셔서 독생자를 주신 그 사랑을 잊지 않아야 합니다.

성찬예식에 참여하는 우리들은 그 사랑을 잊지 않아야 합니다. 기억해야 합니다. 기념해야 합니다. 우리를 위하여 흘려주신 그 피와 살을 잊지 않아야 합니다.

우리는 가끔 부모님의 유품이나 쓰시던 물건을 보고 그 사랑을 기억하기도 합니다. 혹은 우리의 자녀들을 보면서 부모의 사랑을 추억하며 눈물을 짓기도 합니다. 기억력이 없는 부모에게 짜증을 부리는 던 자식이 자신이 어렸을 때 모습을 기록한 아버지 일기를 보고 회개한 이야기를 들었습니다. 우리 주님의 일생을 기록한 내용 중 오늘 이야기는 정말 중요합니다.

이 피와 살은 함부로 취할 수가 없습니다

성경에서 이 살과 피를 함부로 먹고 마시는 것은 죄가 된다고 하기에 부득이 교회법은 세례교인만 참여할 것을 명령합니다. 더 중요한 것은 영적인 것입니다. 세례 받지 않으신 분들은 마음으로 함께 참여하시기 바랍니다.

직접 떡을 떼고 잔을 마시는 사람도 마찬가지입니다. 이 성찬에는 우리 주님이 함께 하십니다. 화체설을 믿는 것은 아니지만 주님의 피와 살을 먹고 마시는 것입니다. 그러므로 이 예식에 참여하는 성도들은 감사하는 마음이 있어야 합니다. 죄는 내가 짓고 벌은 주님이 받으셨기 때문입니다.

그리고 새로운 결심과 다짐으로 참여하여야 합니다. 너무나 큰 죄를 용서받았기 때문입니다. 또한 몸과 마음의 변화가 있어야 합니다.우리의 신분이 달라졌기 때문입니다. 직분과 품위에 따라 쓰는 말이 다릅니다. 복장도 달라집니다. 새로워질 수밖에 없습니다. 이 상에서 떡을 떼고 잔을 취하는 사람들, 이 만찬에 참여하는 우리 모두는 결국 새사람이 되어야 합니다.

이 예식은 거룩한 예식입니다. 이 떡과 잔을 합당치 않게 먹고 마시지 않아야 합니다. 감사와 감격과 새로운 다짐으로 이 예식에 참여하여야 합니다.

가장 중요한 것은 궁극적으로 우리의 삶이 달라지고 변화되어야 한다는 사실입니다. 우리를 정결케 하시기 위하여, 하나님의 자녀가 되게 하기 위하여, 천국 백성이 되며 하나님 나라를 상속받는 거룩한 성도가 되게 하시기 위하여 주님은 피 흘려주시고 살을 찢어 주셨습니다. 그런데 우리가 그 살과 피를 먹고 마시며 여전히 악한 자리에 머물러 있어야 하는 가 말입니다.

이 종교개혁기념주일 날! 참된 종교 개혁의 의미를 되새기며 예식을 거행하려고 하는 것입니다. 성찬예식은 주님과 내가 하나가 되는 것입니다. 이 떡이 우리 몸속에 들어가서 내 몸과 하나가 됩니다. 이 잔이 우리 몸속에 들어가 내 피와 하나가 됩니다. 그러므로 우리 모두는 거룩한 성전으로서의 삶을 살아야 합니다.

우리의 몸은 창기의 몸과 구별되어야 합니다(고전 6:15-18). 이 성찬에 참여하는 우리 모두는 몸으로 하나님께 영광을 돌려야 합니다(고전 6:19-20). 성찬에 참여하셔서 거룩하신 주님과 하나가 되시기 바랍니다.

15
part

민속명절
; 民俗名節 [holiday]

절기 따라
가는 길

47

엘샤다이 하나님

창 17:1-8

1월 1일이 새해입니까 아니면 구정 설날이 새해입니까? 시간의 주인이신 하나님을 생각하면 '하나님의 시간표'가 중요합니다. 가끔은 하나님의 시간표를 알고 싶어 하는 우리들입니다.

제자들이 "주께서 이스라엘의 회복하심이 이 때입니까?"라고 질문하였을 때 주님은 "때와 시기는 아버지의 권한"이라고 선언하십니다(행 1:6-7).

우리는 '하나님의 때'를 모르기 때문에 때로 방황합니다

아흔 아홉 살의 나이라면 인간적으로 보면 더 이상 꿈이 없습니다. 그런데 하나님은 아브람에게 나타나셨습니다. 아직도 아브라함이 아닙니다.

"아브람이 99세 때에 여호와께서 아브람에게 나타나서 그에게 이르시되."

하나님께서 아브람에게 자신을 어떻게 소개하십니까? "나는 엘 샤다이의 하나님이라." "나는 전능하신 하나님이라." 99세 된 아브람에게 말씀하십니다.

"너는 내 앞에서 행하여 완전하라."

무엇을 행하며 완전을 어떻게 추구할 수 있을까요? '행하여'라는 히브리어는 '할라크'로 우리말의 '걷다'는 뜻이지만 순종과 행위를 의미합니다. 99세임에도 완전을 추구하라는 것은 '엘 샤다이' 하나님이시기 때문입니다. 본래 '쌰다이'는 산을 의미하는 말인데, '화산같이 폭발하는 능력' 혹은 '산 같이 견고한 믿음'을 강조할 때 이 이름이 소개됩니다.

야곱이 숙곳을 떠나 벧엘로 올라갈 때에 참 힘든 고통이 있었습니다. 외동 딸 디나가 이방인들에게 욕을 당하고 그의 가장 사랑하는 아내 라헬이 큰 고통을 당하던 그 때 하나님은 야곱에게 이름을 이스라엘이라고 부르시며 자신을 만군의 여호와 '엘 샤다이 하나님'으로 말씀하십니다. 창세기 35장 10절과 11절입니다.

"하나님이 그에게 이르시되 네 이름이 야곱이지만 네 이름을 다시는 야곱이라 부르지 아니하겠고 이스라엘이 네 이름이 되리라 하시고 그가 그의 이름을 이스라엘이라 부르시고 하나님이 그에게 이르시되 나는 전능한(엘 샤다이) 하나님이라 생육하며 번성하라. 한 백성과 백성들의 총회가 네게서 나오고 왕들이 네 허리에서 나오리라.”

모세에게도 바로 왕 앞에 서기 전에 출 6장 3절에 보면 하나님은 자신을 처음으로 ‘여호와 하나님’으로 소개하며 아브라함과 이삭과 야곱에게 ‘엘 샤다이의 하나님’으로 나타났노라고 말씀하십니다.

‘샤다이’라는 표현이 성경에 48번 나온답니다. 그 48번 중에 욥기에만 31번이나 등장한다면 이해가 되실 겁니다.

본문에도 보면 99세인 아브람에게 내년 이 때 웃을 일이 있을 것이라고 말씀하십니다. 그 아들 이삭의 출생을 말씀하신 것인데 이삭 이름의 뜻은 바로 ‘웃음’입니다. 창세기 17장 21-22절에 분명하게 약속하십니다.

> 내 언약은 내가 내년 이 시기에 사라가 네게 낳을 이삭과 세우리니

그 말씀을 하시고 그를 떠나 올라가셨다고 했는데, 이는 자기의 시간표를 의지하므로 초조하게 시간을 보낸 아브람과는 너무 대조적입니다. 창세기 15장 2절에는 자신의 종인 다메섹 사람 엘리에셀이 나의 상속자라고 하기도 하고, 16장 2절에서는 사래의 여종 하갈을 취하여 이스마엘이라는 아들을 낳기도 하지만, 엘 샤다이의 하나님 여호와께서 이루시는 일들은 철저한 언약과 약속을 통하여 이루십니다.

우리에게는 끝이지만 하나님에게는 그것이 시작일 수 있습니다

우리들의 끝이 하나님의 시작입니다. 사라의 태는 닫혔고, 아브람은 이미 남자의 기능이 끝나버렸습니다. 그런데 하나님은 말씀하십니다.

> 내 언약을 나와 너 사이에 두어 너를 크게 번성케 하리라 (창 17:2)

이미 셔터 문은 내려졌고, 의사는 치료를 중단하였고, 사업은 부도가 나서 끝이 난 상태입니다. 하지만, 그 때가 바로 시작할 때입니다. 어떤 일을 당한다 해도 하나님을 신뢰하면 바로 그 때가 시작입니다. 우리 아버지는 전능하신 하나님! 엘 샤다이의 하나님이시기 때문입니다.

그레그 앤더슨(Greg Anderson)이라는 사람이 있습니다. 우리나라에는 『암 선고를 받았을 때 취해야 할 50가지 필수 수칙』, 『생활에서 느끼는 즐거움이 인생이다』이라는 책의 저자로 널리 알려진 분입니다.

그는 병원에서 의사로부터 말기 암으로 31일 밖에 살 수 없다는 죽음의 선고를 받았습니다. 그러나 그는 이를 극복했습니다. 지금까지도 건강한 삶을 살아가고 있는 그의 간증을 통하여서도 많은 사람들에게 꿈과 희망을 심어 주고 있습니다. 주치의로부터 한 달 안에 죽을 확률이 99%라는 진단을 받았을 때 정말 절망적이었습니다. 그러나 그가 기억해 낸 것은 주일학교 때부터 배우고 익혔던 몇 구절의 신앙문구입니다.

"하나님을 믿고, 네 자신을 신뢰하라. 그러면 무엇이든 할 수 있다."
" Trust in God. Believe in yourself. And you can do anything."

그래서 하나님 앞에 엎드렸고, 하나님은 아직도 그의 귓전에 남아있는 주치의의 선고를 통하여 새로운 믿음을 갖게 하셨습니다.

"죽을 확률이 99 퍼센트! 살아날 확률은 1퍼센트이다. 그렇다면 하나님께서 나에게 주신 1퍼센트를 지키자."

동족에게 버림을 받으시고 이방인에게 능욕을 당하신 우리 주님은 비록 십자가 위에서 죽으셨음에도 불구하고 삼일 만에 다시 부활하셨습니다. 이 일은 실제적인 사건입니다. 지금도 그 1%의 기적을 행하시는 산 자의 하나님이십니다.

"전지전능하신 하나님! 엘 샤다이의 하나님!"

하나님의 시간표에는 "늦었다"라는 말이 없습니다

양력설이냐? 음력설이냐? 그게 중요한 게 아니고 시간의 주인이신 하나님 앞에서, 모든 것을 가능케 하시는 하나님께 우리 자신의 신앙고백과 함께 우리의 마음 자세를 다시 한 번 바로 하는 것이 중요합니다. 빠를수록 좋습니다. 그러나 하나님 앞에서는 늦었다가 없습니다.

이제 후로는 네 이름을 아브람이라 하지 아니하고 아브라함이라 하리니 (5절)

야곱에게도 이스라엘이라고 축복하시며 '엘 샤다이' 하나님이심을 강조하셨는데 그 할아버지 아브람에게도 마찬가지입니다.

100세의 노인, 자식도 없는 그에게 '열국의 아비' 란 이름을 주셨습니다. 젊은 모세가 아닌 80세의 모세에게 위대한 역사를 시작케 하셨습니다. "구하라, 찾으라, 두드리라" 하신 분은 우리 주님이십니다(마 7:7-8). 응답하시겠다는 이야기입니다. 믿으시기 바랍니다.

아브라함을 향한 하나님의 사랑은 이삭의 출산 후에도 계속됩니다. 그래서 아브라함은 이삭을 데리고 모리아 산으로 나아갈 수 있었습니다. 언제나 적절한 은혜와 능력을 준비하신 '여호와 이레' 의 하나님이십니다. 우리도 이제 나아가야 합니다. 헌신하는 마음으로 모리아산으로 나가야 합니다. 하나님의 음성을 듣기 위하여 호렙산으로, 그리고 그 약속의 실현을 위하여 가나안땅으로 나아가야 합니다.

세상과의 소통만 이야기하지 마시고 주님과 먼저 소통이 되어야 합니다. 엘 샤다이 하나님과 먼저 소통이 되고, 대화가 되고 그래서 순종하시므로 큰 능력을 받고 승리하는 믿음의 사람들이 되시기 바랍니다.

설날

48

다시 시작합시다

막 9:14-29

사람들이 사는 곳이라면 세상의 어디든지 문제가 없는 곳이 없습니다. 동물들도 마찬가지입니다. 〈동물의 세계〉라는 프로를 보았는데 짐승들의 세계에도 문제가 많이 있었습니다. 새끼를 낳고, 알을 까도 무서운 천적들이 기다리고 있고, 먹이를 구하려고 해도, 물을 찾아나서도 도저히 힘으로 당할 수 없는 적들이 미리 알고 기다리고 있었습니다.

본문만 해도 언뜻 보기에는 한 가지의 문제인 것처럼 보입니다. 그러나 총체적인 문제가 도사리고 있음을 보게 됩니다. 중요한 것은 이러한 문제들을 어떻게 해결하는가 하는 것입니다.

(1) 많은 사람들이 경험으로 그것을 해결하려고 몸부림칩니다.

(2) 어떤 사람은 자신의 힘으로 해결하려고 합니다.

(3) 이것도 저것도 안 되면 누군가의 힘을 의지해 보려고도 합니다.

먼저 아버지의 문제를 확인합니다

아버지의 문제는 기성세대의 문제입니다. 경험 많은 사람들의 문제입니다. 오해는 하지 마십시오. 사실 경험은 중요합니다. 경험이 중요한 재산입니다. 그러나 경험주의에 빠지지 마십시오.

개들도 경험이 많으면 한 수 접고 들어갑니다. 어린 개가 낯선 사람이 왔다고 왕왕 짖어댑니다. 그러나 나이 많은 개는 마루 밑에 누워서 눈만 끔벅거리며 어린 개에게 말합니다.

"야! 너무 시끄럽게 그러지 말라고! 그거 도둑이 아니라니까."

솔로몬의 아들 르호보암이 유다의 왕이 되었습니다. 르호보암은 경험 많은 노인들을 찾아갑니다. 아버지 솔로몬을 섬겼던 원로들입니다. 중요한 이야기를 합니다. 겸손할 것과 백성들을 사랑함으로 백성의 짐을 무겁게 하지 말고 오히려 후대하므로 힘들지 않게 할 것을 권합니다.

또 르호보암은 젊은 친구들을 찾아갑니다. 의욕이 넘치는 젊은이들입니다. 힘이 있고 자신감이 넘칩니다. 그들은 르호보암에게 내 새끼손가락이 우리 아버지 허리보다 굵으매 노역을 시키되 더 강하게 짐을 지우겠다고 하라고 권합니다. 안타깝게도 르호보암은 노인들의 경험을 무시합니다. 어른들의 말을, 노인들의 경험을 무시한 사람치고 잘 된 사람이 없습니다. 역사적으로도 그렇고, 텔레비전 연속극에도 그렇고 실제적인 우리들의 삶 속에도 그렇습니다.

요사이 문제를 일으키는 젊은 아이들을 보면 설날을 '민속의 날' 이니 뭐니 하지말고 어른 공경의 날, 조상 추모의 날, 경험을 배우는 날로 지켰으면 좋겠습니다. 그래서 성경은 흰 머리 앞에 일어서라고 하는 것입니다. 오해하지 마십시오. 성경에는 센 머리라고 했습니다. 또 저처럼 희다고 센 머리가 아니고요, 여기에서 센 머리는 경험을 이야기합니다. 레위기 19장 32절입니다.

센 머리 앞에 일어서고 노인의 얼굴을 공경하며 네 하나님을 경외하라 나는 여호와니라

경험이 중요하지만 경험이 전부는 아닙니다. 다시 말씀드리면 경험주의에 빠지면 안 됩니다. 내 경험이 최고인 줄 알면 그것 때문에 중요한 것을 잃어버릴 수 있습니다. 나의 경험이 전부는 아닙니다. 당장 본문에 나타납니다. 내가 경험 해 보았다는 것입니다. 내 아들의 문제를 의사도, 무당도, 당신의 제자들도 못 고치더라는 것입니다. 이러한 경험과 고집과 고정 관념이 우상이 될 수 있습니다. 여기에서 뛰쳐나와야 합니다.

참된 믿음은 때때로 내가 얻은 지식이나 경험이나 상식을 뛰어넘습니다. 지금이 그런 때입니다. 경제적인 문제나 정책적인 사회적인 문제들을 해결하려고 할 때 경험이나 통계나 학문으로만 해결하려고 하니까 안 되지 않습니까?

무릎을 세워야 합니다. 기도의 무릎을 세우고 믿음의 손을 모아야 합니

다. "해 보니까 안 되더라!"가 아닙니다. 내가 아는 상식으로는 이해가 안 되더라가 아닙니다. 나의 경험한 바로는 그것은 불가능하다가 아닙니다. 무릎으로, 순종함으로 다시 시작합시다.

다음으로는 자녀의 문제입니다

온갖 방법을 동원해도 안 되는 것이 경험 있는 세대의 문제라면 그 다음은 청소년들의 문제입니다. 신세대들의 문제입니다. 어디든 나아갈 수 있는 용기가 있는 세대의 문제입니다.

우리들의 모든 것을 걸고 있는 희망입니다. 소망입니다. 바램입니다. 아니 우리 기성세대의 전부가 바로 이들입니다.

그러나 어떻습니까? 불에도 넘어집니다. 물에도 자빠집니다. 힘을 믿고 용기를 믿습니다. 스스로 자신의 힘으로 무엇이든 할 수 있다고 생각하는 그들입니다.

그런데 어떻습니까? 불안합니다. 두렵습니다. 안심이 안 됩니다. 거품을 흘리며 덤비는 세대의 문제들입니다. 꼭 나이만을 두고 하는 이야기는 아닙니다.

모세가 그랬습니다. 40세 때였습니다. 자신감이 넘칩니다. 용기가 있습니다. 권세도 있었습니다. 막강한 애굽의 바로 궁에서 자란 왕자의 신분입니다. 정의감에 불타오릅니다. 자신의 힘으로는 못할 것이 없는 사람이었습니다. 그러나 하나님은 이러한 때에 쓰지 아니하셨습니다.

모세는 어느 날 노예들이 일하는 현장에 나갔습니다. 히브리인인 노예와 애굽 군인이 다투고 있었습니다. 모세가 보니까 애굽인이 부당했습니다. 그래서 그만 그 사람을 쳐 죽이고 말았습니다.

이 일로 어떻게 됩니까? 혈기로, 용기로 되는 것은 아닙니다. 그는 오히려 이 일로 멀리 미디안 광야로 쫓겨납니다.

언제 다시 부르십니까? 80세! 그의 나이 여든에 다시 부름을 받습니다. 이스라엘 민족의 지도자로 세움을 받습니다. 자신의 힘과 능력과 용기와 권세와 명예가 있을 때가 아니었습니다.

하나님의 일은 하나님이 하십니다. 하나님은 외모보다는 그 중심을 보십니다. 믿음입니다. 무릎입니다. 순종입니다. 다시 시작합시다.

순수한 믿음으로 나아간 소년 다윗의 물맷돌에 힘 있는 장수 골리앗이 쓰러집니다. 담대하고 힘이 살아서 펄펄 뛰는 시몬을 순종하는 베드로로, 편협하고 옹졸하고 복수심이 가득한 요한을 사랑의 요한으로, 이중적인 성격에다 의심 많던 도마를 믿음으로 순종하던 선교사로 사용하신 주님이십니다.

우리들도 자신의 경험이 아닙니다. 무릎입니다. 자신의 능력과 혈기와 힘이 아닙니다. 믿음입니다. 지식과 학문과 부와 재산이 아닙니다. 순종입니다. 양력 새해든 음력 새해든 그것이 문제가 아닙니다. 우리는 지금 다시 시작해야만 합니다.

더 큰 문제는 제자들의 문제입니다

신앙인들의 문제입니다. 주님을 믿고 따르는 사람들의 문제입니다. 사람들은 아니 거의 모든 사람들은 이래도 안 되고 저래도 안 될 때 종교를 찾습니다.

속지 마십시오. 종교가 만사가 아닙니다. 종교가 무엇입니까? 교묘하게
도 인간의 심리를 이용하여 그들을 자극합니다. 유혹합니다. 도덕이다,
윤리다, 법이다, 도라고 하여 방황하는 심령들을 끌어들입니다. 이것이
종교입니다. 저는 우리 교회가 종교인들의 모임이 되지 않도록 해 달라
고 늘 기도합니다.

종교인이 되면 안 됩니다. 종교를 믿으면 안 됩니다. 종교는 인본주의의
꼭대기에서 우리를 현혹시키는 가장 무서운 적그리스도입니다. 인간의
지식과 철학과 도덕적인 최고의 자리에서 수많은 사람들을 혼란스럽게
만드는 우리 신앙들의 가장 무서운 적입니다.

여러분들은 교회에 나오셨습니다. 오늘 성도들을 만납니다. 목사를 만
납니다. 장로, 집사, 권사들을 만납니다. 만나야 합니다. 그러나 여러분
들이 꼭 만나야 할 분은 이 사람들이 아닙니다. 여러분의 목사는 종교인
입니다. 거룩한 예복을 입고 성경을 손에 들고 고상한 체 설교하는 종교
인입니다. 여러분들이 오늘 목사의 이야기만 듣고, 목사의 소리만 듣고,
목사를 만나고 가시면 속으신 것입니다.

주님을 만나시기 바랍니다. 예수님을 만나시기 바랍니다. 목사가, 장로
나 집사나 권사가 여러분들의 문제를 해결해 주지 못합니다. 주님만이
문제를 해결해 주실 수 있습니다.

문제를 안고 온 아버지와 아들은 소문을 듣고 찾아왔습니다. 그러나 이
들은 주님을 만나지 못했습니다. 제자들을 만났습니다. 그래서 문제를
해결하지 못했습니다. 아버지는 결론을 내립니다.

"이들로서는 이 문제를 해결할 수가 없다."

오늘 우리의 문제가 무엇입니까? 초대교회는 순수했습니다. 말씀을 들었습니다. 기도했습니다. 믿었습니다. 순종했습니다. 전도했습니다. 선교했습니다. 금식했습니다. 능력이 나타났습니다. 앉은뱅이가 일어나고, 죽은 자가 부활을 하고, 병든 자가 낫게 되고... 오늘날은 왜 이런 역사가 일어나지 않습니까? 교회가 제도화됩니다. 조직화됩니다. 비대해집니다. 종교화되어 버립니다. 능력이 사라집니다. 인간이 나타납니다. 교회의 권위가 강조되고 인간적인 조직과 제도가 신앙을 짓누릅니다.

"교회가 교회되게 합시다."

주님을 만나야 합니다. 말씀을 듣고 믿어야 합니다. 기도해야 합니다. 주님을 만나야 합니다. 순종해야 합니다. 다시 시작하여야 합니다. 이 시대의 사람들도 마찬가지입니다. 마지막 기대를 신앙인들에게 겁니다. 그러나 다를 바가 없습니다. 문제를 해결하지 못합니다. 실망을 합니다. 그래서 안티 세력들이 늘어가고 비판 세력들이 일어납니다. 주님은 이들을 향하여 찾아오셨습니다. 그리고 질문하십니다.

"할 수 있거든이 무슨 말이냐? 믿는 자에게는 능치 못함이 없느니라."
"아버지 용서하소서! 나의 믿음 없는 것을 용서하소서. 내가 믿나이다."

그러자 말씀 한 마디로 이 문제를 해결하여 주십니다. 무엇이 문제입니까? 문제가 없다면 오히려 무덤입니다. 하실 수 있는 분은 주님이십니다. 됩니다! 믿는 자에게는 능치 못하심이 없으십니다.

다시 시작합시다! 주님은 언제나 우리들의 결단을 기다립니다. 경험이 필요합니다. 그러나 경험주의는 안 됩니다. 힘과 능력이 필요합니다. 그러나 인간적인 힘이 아닙니다. 교회에 나와야 합니다. 그러나 종교적인 만남은 안 됩니다.

이대로는 안 됩니다. 다시 시작하여야 합니다. 주님과 함께 믿음으로, 기도로, 순종함으로 다시 시작하여야 합니다. 새롭게 시작하는 새해가 되시기 바랍니다.

추석

49

예수님과 명절신앙

요 5:1-18

추석명절입니다. 음력으로 8월 보름이라 어느 때보다 둥근 달이 떠오르는 절기라서 그런지 몰라도 우리 조상들은 "더도 말고 덜도 말고 한가위만 같아라"고 했는데, 보름달보다도 더 꽉 찬 주님의 은총이 함께 하시기를 기도합니다.

저는 평소 명절 신앙을 강조합니다. 1년 내내 명절과 같은 날이었으면 하는 바람이 있기 때문입니다. 얼마나 좋습니까? 명절이라는 그것 하나로 기뻐하고 즐거워하던 시절이 있었기 때문입니다.

저는 명절 신앙을 다음과 같은 세 가지로 요약합니다. 첫째, 하나님께 경배하고 제사하는 절기입니다. 저는 이것을 "경배 신앙"이라 표현합니다. 우리 조상들도 명절이 되면 꼭 제사를 지냈습니다. 아마득한 옛날에도 명절이 되면 하늘에 제사를 지냈다는 기록이 있습니다.

둘째, "기쁨 신앙" 혹은 "잔치 신앙"입니다. 어릴 때에는 이 날만을 손꼽아 기다렸습니다. 물론 먹을 것이 귀한 그 시절에 먹을 것이 있었고, 옷이 귀한 그 시절에 설빔, 추석빔, 우리는 설칠, 팔월 칠이라고 했는데 여하튼 물려받든, 얻어 입든, 사 입든 새 옷 한 벌은 생겼으니까요.

저는 용돈 같은 것은 받지 못했습니다만 가족이 모이고, 시집간 누나가 친정 나들이를 오고. 동네 사람들이 함께 어울리고... 정말 명절은 즐거워야 합니다. 기뻐야 합니다. 명절 자체가 잔치입니다.

명절에는 중요한 다짐과 새 출발이 있어야 합니다. 그래서 저는 명절 신앙의 세 번째 표현을 "다짐의 신앙"이라고 부릅니다. 새로운 각오와 다짐이 없다면 내일을 위한 꿈과 설계를 세우고, 어른들에게 덕담을 듣고, 서로 격려하고... 새롭게 시작하는 것이 명절의 가장 중요한 주제가 되는 것입니다.

예수님도 명절에 예루살렘에 올라가셨습니다

유대인의 명절이 되어 예수께서 예루살렘에 올라가시니라 (요 5:1)

왜 예루살렘에 올라가셨을까요? 예루살렘은 거룩한 도시입니다. 성전이 있었기 때문입니다. 유대인들은 명절이 되면 이 성전에서 하나님께 제사를 드렸습니다. 주께서 명절이 되면 예루살렘에 올라가신 것도 바로 이 때문입니다.

"하나님께 예배를 드리기 위해서." 명절은 예배를 드리는 날입니다. 고대의 우리나라 기록에도 이러한 특별한 제천행사들이 기록으로 남아 있습니다.

고구려의 동맹, 예의 무천, 부여의 영고와 같은 행사들인데, 이들은 대개 추수가 끝나는 시월에 하늘에다 제사를 지냈다는 것입니다. 물론 기독교 복음이 전해지기 전이요, 아마득한 고대이며 하나님이라는 존재를 알지도 못하던 시대이기는 하지만 모두가 다 하늘에 제사를 지냈다는 기록으로 보아 오늘날 불신자들의 조상 제사와는 또 다른 일면이 있었음을 보여주고 있습니다.

더구나 추석명절은 우리의 고유의 추수감사절인 셈입니다. 그래서 추수감사절을 추석에 맞추어 지내는 교회도 있습니다. 설날도 마찬가지입니다. 명절은 감사와 예배가 있어야 합니다. 주님도 명절에 예루살렘에 올라갔습니다.

우리 그리스도인들은 일 년 내내 명절을 지키는 자들입니다. 세상의 어떤 명절보다 큰 날이 주일입니다. 그래서 주일은 하나님께 예배드리며 주를 경배하는 것입니다.

이웃도 가정도 세상도 섬겨야 하지만 가장 기본적인 섬김이 하나님께 대한 섬김입니다. 명절은 하나님께 경배하고 예배를 드림으로 섬기는 날임을 꼭 기억하시기 바랍니다.

예수님도 명절에 이웃을 섬기시되, 사랑을 베푸셨습니다

예루살렘 양문 곁 베데스다 연못가에서 주님은 38년 된 병자를 만나십니다.

각색 병든 자들이 많이 있었습니다. 다리를 저는 사람과 혈기가 마른 사람들 그리고 성서학자들의 견해에 의하면 많은 피부병 환자들도 있었을 것으로 추정한답니다.

간헐 온천으로 이 연못이 동할 때 먼저 뛰어드는 사람이 병이 낫는다고 했는데 온천물이 특히 피부병에 좋게 때문이라고 합니다. 그러나 중요한 것은 그 많은 사람 가운데 38년 된 병자를 보시고 말씀하십니다.

네가 낫고자 하느냐? (6절)

38년 된 병자는 주님의 능력을 알지 못하고 이 물이 움직일 때에 자기를 그 물속에 넣어주는 자가 없음을 이야기합니다. 그에게 감격적인 사건이 일어납니다.

"일어나 네 자리를 들고 걸어가라!"

베데스다 연못은 예루살렘 성전 앞 양문 곁에 있습니다. 아마 제사 지낼 양들을 씻었던 연못이었을 것입니다.

명절이 되어도 병 고침을 고대하며 성전 앞으로 나아온 38년 된 병자! 명절이지만 주일이 더 큰 줄로 알고 주의 성전으로 나아온 부족한 우리들을 주님께서 만나 주심으로 감격적인 일이 나타나기를 기도합니다.

명절날! 이런 감격이 있어야 합니다.

1년 내내 명절이어야 한다는 말은 일 년 내내 이런 감격적인 날들이어야 한다는 말입니다. 명절 신앙이 잔치 신앙이라면 일 년 내내 잔치할 만큼 감격적인 날이어야 한다는 것입니다. 38년 된 병이 나았다는 말은 잔치할 만큼 감격적인 사건임을 이야기합니다.

지금도 주님은 우리에게 찾아와 물으십니다.

"네 문제가 해결되기를 원하느냐?"

"네가 병 낫기를 원하느냐?"

"네가 부유해 지기를 원하느냐?"

"네가 지금 일이 잘 되기를 원하느냐?"

"네가 그녀와 결혼하기를 원하느냐?"

"네가 능력받기를 원하느냐?"

세상 어떤 명절보다 더 큰 명절인 안식일에 주님은 이렇게 물으시고 그 소원을 들어 주심으로 감격적인 삶, 잔치하는 신앙을 가지고 살기를 원하십니다. 이 감격이 언제나 여러분들과 함께하시기를 기도합니다.

명절은 단순히 쉬는 날이 아닙니다

내 아버지께서도 이제까지 일하시니 나도 일하노라 (17절)

명절은 무조건 쉬는 날이 아닙니다. 명절보다 더 큰 명절인 안식일날도 마찬가지입니다. 주님도 안식일에 중요한 일들을 하셨습니다. 그래서 많은 유대인들, 그 중에 바리새인들에게 공격을 받기도 하십니다.

덕담을 나누고, 서로 격려하고, 가족을 만나고, 조상들의 무덤에 성묘를 하고... 이러한 일들을 하는 이유가 무엇입니까? 반성입니다. 다짐입니다. 새로운 출발입니다. 내일을 위한 날입니다. 새로운 삶을 위한 날입니다. 그것이 아니라면 명절은 아무런 의미가 없습니다. 각오와 다짐이 있는 그래서 새로운 삶을 시작하는 복된 날이 되시기 바랍니다.

우리 조상들도 명절에 고향을 찾았고, 하늘에 감사를 드렸고, 새 옷을 입고 새 음식을 나누며 기쁨으로 이 날을 즐겼습니다. 새로운 각오와 다짐으로 새로운 삶을 시작하였습니다.

그러나 이제 주님이 오셨습니다. 명절과 안식일의 주인이신 그 분이 진정한 명절의 의미를 가르쳐 주셨습니다. 우리의 응답이 있어야 합니다. 유대인들은 이러한 사실을 보고 이것을 논쟁의 미끼로 삼았습니다. 우리들은 주님의 이러한 능력에 대하여 오히려 의심합니다. 변론하지 맙시다. 믿읍시다. 유대인들과 우리는 다릅니다. 주님은 우리의 기대보다 더 크고 놀라운 일을 계획하고 계신 분이십니다. 우리 주님 자신이 큰 명절이 되신 분이시라는 것입니다.

주님을 만나고 그 분과 함께 하시기만 하면 꿈이 있습니다. 소망이 넘칩니다. 새롭습니다. 감격이 있습니다. 38년된 병자도 깨끗하게 하신 주님이십니다.

이 명절의 축복이 일 년 내내 계속됨으로 주님의 큰 복을 누리시게 되기를 간절히 기도합니다.

50

명절다운 명절

스 6:19-22

기독교 신앙은 절기 신앙입니다. 유월절, 칠칠절, 초막절은 물론 안식일까지도 사실은 절기입니다. 절기 신앙은 곧 명절 신앙입니다. 이스라엘의 역대 왕들의 업적이나 평가를 할 때에도 절기 준수 여부에 따라 그 선함과 악함이 평가되었습니다.

예수님께서도 명절이 되면 예루살렘으로 올라가셨습니다(요 4:45, 5:1). 우리들도 마찬가지입니다. 세상의 어떤 명절보다 더 큰 날이 안식일입니다. 주일만큼 큰 날은 아니지만 추석을 맞는 우리들도 바른 명절 신앙을 가져야 합니다.

그 구체적인 모습을 스룹바벨 성전 봉헌 후 온 이스라엘이 유월절을 맞는 기록을 통하여 살펴보려고 하는 것입니다.

일제히 몸을 정결케 하였습니다

명절은 모이는 절기입니다. 가족들이 모이고, 친척들이 모이고, 성도들이 모이는 절기입니다. 무엇보다 중요한 것은 몸과 마음을 정결케 하는 일입니다. 에스라 6장 19절부터 20절 상반절입니다.

> 사로 잡혔던 자의 자손이 첫째 달 14일에 유월절을 지키되 제사장들과 레위 사람들이 일제히 몸을 정결케 하여 다 정결하매

이번 추석에 목욕들 하셨나요? 옛날에는 정말 목욕을 했습니다. 명절에는 꼭 했습니다. 이스라엘도 그랬습니다. 21절에 "사로 잡혔다가 돌아온 이스라엘 자손과 자기 땅에 사는 이방 사람의 더러운 것으로부터 스스로 구별한 모든 이스라엘 사람들에게 속하여 이스라엘의 하나님 여호와를 찾는 사람들" 이라고 했습니다. 잔치 음식도 이렇게 구별한, 정결케 한 사람들이 먹었다는 것입니다.

실제적으로 정결케 하는 예식은 목욕이 아닙니다. 제사였습니다. 매 절기마다 제사를 드림으로 정결케 한 것입니다. 어린 양의 피로 번제를 드리고, 속죄제를 드리고, 속건제를 드리고 정결케 하는 것이었습니다.

예루살렘 언덕과 감람산 사이에는 큰 골짜기가 있었는데 명절이 되면 서쪽과 남쪽을 향한 힌놈의 골짜기와 동쪽으로 흐르는 기드론 골짜기에는 양의 피가 강을 이루었다고 합니다.

우리 조상들도 고구려의 동맹, 예의 무천, 부여의 영고와 같이 가을이 되면 하늘에 제사를 지내는 전통이 있었습니다. 물론 이 제사들은 하늘에 대하여 풍년을 감사하는 제사들이었습니다.

그러나 오늘 우리 기독교인들이 명절마다 우리 자신을 정결케 한다는 것은 예수 그리스도의 사랑과 우리들을 위하여 피 흘려 주심에 대한 분명한 응답인 것입니다. 주님의 사랑과 은혜에 대한 감사와 함께 나 자신을 정결케 하고 새롭게 시작한다는 진정한 의미 말입니다.

이러한 새로운 결심과 다짐이 없다면 명절이나 절기는 아무런 의미가 없는 것입니다. 아름다운 새 출발이 되시고 우리를 죄로부터 정결케 해 주신 주님의 크신 사랑이 언제나 함께 하시는 복된 성도들이 되시기를 바랍니다.

먹고 즐거워하며 나누었습니다

명절에는 음식이 있습니다. 그들은 함께 먹고 즐거워했습니다. 에스라 6장 21절 하반절부터 22절 상반절입니다.

> 이스라엘의 하나님 여호와를 찾는 자들이 다 먹고 즐거움으로 이레 동안 유월절을 지켰으니 여호와께서 그들을 즐겁게 하시고

먹는 즐거움이 중요한 몫을 하는 때가 명절입니다. 동서양을 막론하고 다 그렇게 하는 것 같습니다. 아직 원주민이라 불리는 선교지의 토속인들도 보면 아무리 어려워도 명절 잔치에는 먹는 것을 준비하는 것을 보

게 됩니다. 우리 조상들도 그랬습니다. 제가 어릴 때에도 그렇게 먹을 것이 없어도 명절에는 그래도 다 잘 먹었던 것 같습니다.

주일이 세상의 어떤 명절보다 더 큰 날이라고 했으니까 잘 먹어야 합니다. 영적인 양식인 말씀의 떡을 잘 드시는 복된 주일이 되시기 바랍니다. 생명의 양식이 말씀 아닙니까?

본문은 즐거움을 이야기합니다. 잔칫날 찡그리고 화내고 다투면 참 명절 맛이 아닙니다. 매 주일마다 즐거운 날이 되시기 바랍니다. 행복해야 합니다.

여호와를 찾는 자들이 다 먹고 즐거움으로 유월절을 이레 동안이나 지켰다고 했습니다. 이에 여호와께서도 그들을 즐겁게 해 주셨다고 했습니다. 정말 즐거운 날이 되시기 바랍니다. 아니, 나날이 늘 즐거운 날들이 되시기 바랍니다.

그러나 명절이라 할지라도 즐겁지 못한 사람들이 있습니다. 먹지 못하는 사람들이 있습니다. 괴롭고, 외롭고, 고통스러운 사람들이 있습니다. 그래서 이 날은 무엇보다 중요한 것이 서로 함께 나누는 것입니다.

기쁨은 나누면 커지고 고통는 나누면 줄어든다고 하는 데 아직도 이산의 아픔을 가지고 살아가는 사람들이 몇 십만이나 됩니다. 그 중에서도 북에다 이산가족을 두고 가족 상봉을 신청한 사람만도 8만 6천이라고 합니다. 처음 신청한 사람이 15만 명이 넘었는데 이 10년도 안 되는 사이에 돌아가시고 남은 사람이 그렇답니다. 1년에 서둘러도 상봉할 수 있는 수가 2-300 명이랍니다. 1년에 천 명씩 만나도 86년이나 기다려야 한다는데 얼마나 보고 싶겠습니까?

다섯 살, 여섯 살 되던 그 아이들과 헤어져서 평생을 보고 싶어하고 그리워하는 그들! 그 아픔을 어떻게 우리가 나눌 수 있겠습니까? 기도해야 합니다. 어려워도, 경제적으로 힘들어도 민족의 통일은 이루어져야 하는 것입니다. 인류입니다.

이 명절에 먹고, 즐거워해야 합니다. 그러나 그렇지 못한 분들을 위하여 기도하는 일도 잊지 마시기 바랍니다.

거룩한 일을 위하여 하나님께서 힘을 더해 주셨습니다

여호와께서 그들에게 즐거움을 더하게 하셨습니다. 심지어는 이방 왕의 마음까지도 돌이키게 하시는 하나님이십니다. 기도해야 하는 이유도 이렇게 변화시키시는 분은 하나님이시기 때문입니다. 본문 마지막 부분입니다.

"또 앗수르 왕의 마음을 그들에게 돌려 이스라엘의 하나님이신 하나님의 성전 건축하는 손을 힘 있게 하도록 하셨음이더라."

하나님은 거룩한 일들을 감당하는 그들에게 힘을 더하여 주셨습니다. 명절에는 가족이 모여 서로 아름다운 사랑을 나눔으로 힘을 얻습니다. 더구나 하나님 앞에 나아와 예배를 드림으로 얻게 되는 이 힘은 세상의 어떤 힘보다, 어느 누구의 힘보다 더 중요합니다. 주일마다 세상의 어떤 명절 보다 더 큰 명절인 안식일마다 주님 앞에 나오시는 성도들이 늘 새 힘을 얻게 되기를 바랍니다.

이사야 선지자의 외침처럼(사 40:29-31) 소년이라도 피곤하고 곤비하며,

장정이라도 넘어지며 쓰러지되, 여호와를 앙망하는 자는 오직 새 힘을 얻으리니 독수리가 날개 치며 올라감 같을 것이라고 했습니다.

달려가도 피곤하지 아니하고 걸어가도 피곤치 아니하는 새 힘을 날마다 하나님으로부터 공급받는 복이 있는 사람들이 바로 우리들입니다. 명절을 통하여, 절기를 통하여, 주일을 통하여 늘 공급 받기에 부족함이 없는 여러 분들이 되시기 바랍니다.

명절 신앙의 중심은 몸과 마음을 정결케 하고 새롭게 하는 신앙입니다. 그래서 명절은 즐거워야 합니다. 저는 이것을 '잔치 신앙' 이라 부릅니다.

명절 신앙은 나눔의 신앙입니다. 복음을 나누는 일도 잊어서는 안 됩니다. 그럴 때에 하나님은 우리들에게 새로운 힘을 더해 주십니다. 명절에 있어서 가장 중요한 것은 새로운 결심입니다. 우리 자신을 정결케 하고 새로운 힘을 얻는 것입니다. 정말 더도 말고 덜도 말고 한가위 같은 은혜가 충만하시기를 바랍니다.

절기 따라
가는 길

초판 1쇄   2015년 10월 11일
지은이   손윤탁
펴낸이   김현태
펴낸곳   따스한 이야기

등록   No. 305-2011-000035
전화   070-8699-8765
이메일   jhyuntae512@hanmail.net
총판   생명의 말씀사
주문전화   02)3159-8211
팩스   080-022-8585,6

값 14,000원